Couverture Peplum
(Photo Diaf)
Mise en page : Grégoire Bourdin
Illustrations : Jacques Melchior

Collection conçue et réalisée par Pack 2. Agence éditoriale.

© Hachette Livre, 1995
43, quai de Grenelle, 75905 Paris Cedex 15
ISBN : 2.01.115817-6

Tous droits de traduction, de reproduction et d'adaptation réservés pour tous pays.

GUIDE PRATIQUE DE L'INSTITUTEUR

MATERNELLE

Christiane Filleul

avec la collaboration de :
Marguerite Greuter
Françoise Guillaumond

SOMMAIRE

LA RENTRÉE ! 7
Le cadre de votre enseignement 8
La réunion de prérentrée 14
Aménager sa classe 19
Préparer la rentrée des élèves 28
Visiter votre école 35
Le premier jour de classe 38
La première semaine 48
Les premières semaines :
activités types (toutes sections) 56

PÉDAGOGIE ET ORGANISATION DE LA CLASSE 61
Vos "outils" 62
Les "outils" des élèves 92
L'affichage
et la décoration en classe 96
Organiser des aires
d'activités dans la classe 104
Les sorties 113

LES RELATIONS HUMAINES 129
Les enfants et vous 130
Les enfants entre eux 160
Les relations entre
les adultes de l'école 177

LES GRANDS DOMAINES D'ACTIVITÉS 199
Socialisation et autonomie 201
Langage et écriture 219
Découvrir le monde 244
Imaginer, sentir, créer 273
Classifier, sérier,
dénombrer, mesurer... 286

Bibliographie 301
Abréviations et sigles 305
Index 307
Table des matières détaillée 309

AVANT-PROPOS

Le but de ce guide est de vous accompagner dans tout votre parcours quotidien d'instituteur d'école maternelle.
Il est conçu pour vous aider de façon concrète à guider les très jeunes enfants dans la diversité et l'abondance de leurs découvertes, dans les expériences de leur première éducation hors de la famille, dans leur apprentissage de la société et des autres, dans la construction de leur personnalité.

Nous avons écrit ce guide pour faciliter l'organisation matérielle et pédagogique de votre travail et pour vous suggérer des pistes, des astuces, des activités "qui marchent".

Nous souhaitons participer ainsi à la construction de votre carrière d'enseignant heureux.

CHAPITRE 1

LA, RENTRÉE !

Nous y voilà ! C'est la fin des vacances et un mélange de curiosité, d'enthousiasme et... d'angoisse vous a empêché de dormir une bonne partie de la nuit. Quel instituteur (et pas seulement les premières années !) n'a ressenti la rentrée comme un grand jour ?

Ce qui commence aujourd'hui, c'est une année de travail et d'organisation, d'interrogations, de surprises, bonnes ou mauvaises, de réussites et d'erreurs. C'est aussi une aventure heureuse avec une trentaine d'enfants !

LA RENTRÉE

Le cadre de votre enseignement

 PÉDAGOGIE ET "PAYSAGE DIFFÉRENCIÉ"

École à classe unique, à deux classes, à huit classes, à la campagne, en ville ? Autant de réalités qui vont entraîner des pratiques de classe diverses.

■ Vous êtes nommé en zone urbaine

Votre école a quatre ou six classes. La répartition des enfants se fait généralement en groupes-classes selon les âges : une organisation rassurante pour enfants, parents et enseignant.

■ Vous allez exercer dans une école rurale

Votre école a une, deux ou trois classes. S'il s'agit d'une classe unique regroupant des enfants d'âges différents, un aménagement particulier s'impose (les petits ne doivent pas être gênés ou bousculés par les grands, la surveillance ne doit pas être trop difficile, les deux ou trois niveaux de groupes-classes doivent avoir une place précise et de bons repères dans la classe).

Des apprentissages autonomes doivent se mettre en place le plus rapidement possible (voir *Se débrouiller tout seul*, p. 57) pour vous permettre par exemple d'expliquer un travail à un groupe pendant que les autres sont occupés calmement à une autre activité.

De plus en plus, des structures sont mises en place pour améliorer la scolarisation en milieu rural :
– Les regroupements pédagogiques intercommunaux (RPI) sont de trois types.

De type concentré (RPIC) : les structures scolaires de plusieurs communes sont regroupées en un seul lieu où l'on trouve alors au moins une classe maternelle et deux classes élémentaires (possibilité de travailler en équipe, enrichissement de l'équipement...).
De type dispersé (RPID) : plusieurs communes conservent une ou plusieurs classes correspondant chacune à un cycle ou à des niveaux (suppression de la classe unique).
Le troisième type de regroupement est le bassin intercommunal d'écoles (BIE) : les structures scolaires d'un secteur sont réparties sur plusieurs sites, chacune d'entre elles assure une organisation pédagogique cohérente.
– Des équipes mobiles d'animation et de liaison académique (EMALA) sont mises en place : une équipe d'enseignants se déplace de commune isolée en commune isolée, dans un véhicule équipé de matériel pédagogique, audiovisuel, de ressources documentaires afin d'assurer la liaison entre les écoles.
– Des regroupements périodiques sont organisés : des petites écoles se rencontrent à intervalles réguliers, souvent par niveaux, afin de mieux utiliser les compétences et les équipements (informatique, BCD, installations sportives...).

■ En l'absence d'école ou de classe maternelle

Lorsqu'il n'y a pas de classe maternelle, les enfants de cinq ans sont admis à l'école élémentaire dans une section enfantine. Cette classe ou section remplit le rôle d'une grande section et les enfants peuvent y suivre le cycle des apprentissages fondamentaux.

■ Vous êtes affecté dans une école de zone d'éducation prioritaire (ZEP)

Il s'agit d'un secteur défini géographiquement où les enfants, en général issus de milieux sociaux défavorisés, rencontrent des difficultés scolaires et pour lesquels un soutien pédagogique particulier est nécessaire.
Afin de pouvoir mettre en œuvre des actions efficaces pour aider les

LA RENTRÉE

élèves, ces écoles sont dotées de moyens supplémentaires (dotation en postes, en heures, en crédits). L'accueil des enfants de deux ans y est privilégié.

▶ LES CYCLES

■ Les buts de l'organisation par cycle

L'organisation du travail par cycle introduit la notion de compétences à acquérir dans chaque niveau de cycle.

Il s'agit de tenir compte du développement de l'enfant en proposant des apprentissages liés aux compétences acquises précédemment, en assurant de façon efficace la continuité des apprentissages, en prenant en compte les différences de maturité dues aux écarts d'âge à l'intérieur d'une même année de naissance.

La continuité entre les cycles permet une meilleure transition entre l'école maternelle et l'école primaire, l'école élémentaire et le collège. La création d'un conseil des maîtres de cycle, le travail en équipe autour du projet d'école, l'animation pédagogique dans les circonscriptions caractérisent cette organisation de la scolarité en cycles.

■ Les trois cycles

Le cycle 1 est le cycle des apprentissages premiers.

Il couvre toute l'école maternelle.

"Le cycle des apprentissages premiers se caractérise par la très grande richesse, la variété, le foisonnement des découvertes, des expériences, des acquisitions qui accompagnent les prodigieux développements de l'enfant entre deux et six ans, période exceptionnelle dont dépendent en grande partie les évolutions ultérieures."*

Le cycle 2 est le cycle des apprentissages fondamentaux ; il s'étend de la grande section à la fin du cours élémentaire première année.

"Ce cycle qui s'étend de la grande section de l'école maternelle à la fin du cours élémentaire première année a une fonction essentielle : assurer la structuration des apprentissages fondamentaux et instrumentaux."*

Le cadre de votre enseignement

Le cycle 3 est le cycle des approfondissements, il correspond aux trois dernières années de l'école élémentaire (CE2 – CM1 – CM2).
"Ce cycle est caractérisé par un double aspect : renforcement et consolidation des apprentissages du cycle précédent d'une part, élargissement des notions abordées et souci de rigueur plus grand dans le domaine des méthodes de travail et d'investigation d'autre part." *

UNE CLASSE CHARNIÈRE

La grande section est une classe charnière. C'est l'aboutissement des apprentissages premiers et le commencement des apprentissages fondamentaux. Cette classe est la seule à appartenir à la fois à deux cycles : le cycle 1 et le cycle 2.

LE PROJET D'ÉCOLE

Le projet d'école s'inscrit dans une durée de trois ans qui s'accorde avec celle d'un cycle pluriannuel ; des avenants peuvent être élaborés chaque année.
Si vous arrivez à sa dernière année, vous participerez à l'élaboration du projet suivant.
Le projet d'école est fondamental : moteur de l'école, il place l'enfant au centre du système éducatif et renforce l'efficacité de l'école.
– Il définit les modalités de mise en œuvre des objectifs et programmes nationaux, dans le contexte particulier de chaque école.
– Il précise les stratégies et les étapes pour atteindre ces objectifs.
– Il mobilise les équipes pédagogiques (cycle) et associe l'ensemble des partenaires de l'école à la réflexion et aux décisions prises.
– Il a valeur de contrat entre l'équipe de l'école et les autorités de tutelle et est validé par les responsables (locaux) de l'Éducation nationale.
– Il fait l'objet d'une double évaluation : une évaluation interne qui relève de l'équipe pédagogique et éventuellement des intervenants extérieurs ; une évaluation externe assurée par les corps d'inspection et

*Ministère de l'Éducation nationale – *Les cycles à l'école primaire* – CNDP-Hachette-1991.

qui garantit le respect des orientations nationales.

Cette évaluation fait apparaître d'une part ce qui a pu être mis en œuvre, d'autre part ce qui était prévu mais n'a pu être réalisé. Elle est donc essentielle pour l'évolution du projet.

En maternelle les projets d'école tournent souvent autour du langage.

EXEMPLE DE MISE EN ŒUVRE D'UN PROJET D'ÉCOLE "COMMUNICATION ET LANGAGE"

Le début du projet

Dans une école de ZEP, l'analyse de la réalité scolaire a fait apparaître une proportion importante d'enfants étrangers rencontrant des difficultés de communication.

L'équipe pédagogique met alors en place un projet "Communication / langage" en relation avec l'école primaire du secteur et axe le travail sur la langue orale et écrite (phonologie, sens, syntaxe, utilisation des différents types de langage : narratif, descriptif, injonctif, explicatif...).

Les actions menées

Elles sont de plusieurs ordres, tout au long de l'année :
- productions et échanges d'écrits (affiches, invitations, poésies, recettes...) ;
- réalisation de spectacles en commun ;
- prêt de livres animé par les parents volontaires et les élèves.

L'évaluation du projet

À la fin de l'année, le bilan fait apparaître l'utilité de poursuivre le projet "Communication/langage". On décide d'intégrer au projet une animation qui existe déjà et qui marche bien : la chorale de l'école.

(Une chorale regroupe des enfants de l'école une fois par semaine. Des rencontres ont lieu avec la chorale du conservatoire de la ville une fois par trimestre.) Cette activité pourra enrichir le projet et permettra son évolution.

L'évolution du projet

Le projet est reformulé en "Pratique du chant choral et des activités musicales au service du langage oral et du langage écrit". Sont prévus :
– le maintien de la chorale au sein de l'école,
– des rencontres plus fréquentes avec la chorale du conservatoire,
– des rencontres avec des chœurs d'enfants,
– des démonstrations d'instruments de musique, par des professeurs du conservatoire,
– la création de spectacles musicaux,
– la formation d'un petit orchestre (réalisation de partitions avec travaux de codage et décodage effectués par les enfants).

Des subventions sont demandées pour l'achat de matériel (chaîne stéréo, magnétophone, instruments) et la rémunération des intervenants extérieurs.

AUTRES EXEMPLES DE PROJETS

Aménagement d'une cour
Situation :
Problème de sécurité d'un talus boueux reliant deux parties de la cour. Parallèlement, nécessité de préserver les rares espaces "verts" d'une école de cité urbaine.
Projet :
Aménager la cour autour du talus réhabilité.
Actions :
Intervention d'un architecte, de classes d'un lycée professionnel.
Travaux avec les enfants sur les propositions (élaboration, dessin, vote) ; sur le plan (maquettes, repérage, photos, fléchage...) ; sur la sécurité ; sur les différentes matières utilisées ; sur le corps en mouvement ; sur la chronologie (avant, pendant, après).

L'album à l'école maternelle
Situation :
Absence de bibliothèque dans une école rurale. Bibliothèque municipale très éloignée. Peu de livres dans les maisons.
Projet :
Aménager une bibliothèque.
Actions :
Intervention d'illustrateurs et d'auteurs ; municipalité et inspection académique pour une partie du financement.
Travail sur le livre (pages, couverture, titre, diversité de la typographie...) ; sur le contenu (personnages réels, imaginaires, chronologie...) ; invention d'une histoire pour en faire un livre ; utilisation d'une imprimerie ; exposition.

Jumelage de deux écoles
Situation :
Fort absentéisme du samedi dû à deux facteurs différents : beaucoup d'enfants de parents divorcés et situation économique particulière de la ville (grosse usine fermée et nouvelle usine implantée à 200 km. Beaucoup de pères sont absents une partie de la semaine).
Projet :
Aménager le temps scolaire pour libérer le samedi. Établir un "pont" avec le nouveau lieu de travail des pères.
Actions :
Intervention d'une école de la ville où travaillent les pères (correspondance), d'un transporteur (voyages en car), de la municipalité des deux villes, du directeur de la nouvelle usine.
Remplacement de la classe du samedi matin par le mercredi matin.
Correspondance avec la deuxième école (lettres, colis, visites, échanges, rencontres sportives). Découverte de l'autre région (géographie, activités économiques, l'usine des pères...). Exposition commune.

LA RENTRÉE

La réunion de prérentrée

*Ce jour précède la rentrée des enfants.
Il vous permet d'organiser leur arrivée et de faire connaissance
avec votre nouvelle école et, peut-être, votre nouveau métier.
C'est là que s'organise l'année scolaire à venir,
là que se définissent les projets communs
(classes vertes, page 118 ; décloisonnement, page 168 ;
projet d'école, page 11 ; coopérative, page 172).*

 L'ATTRIBUTION DES CLASSES

L'attribution des classes se fait en conseil des maîtres, le jour de la prérentrée. Si l'équipe pédagogique précédente reste en place, vous n'aurez sans doute plus qu'à vous satisfaire de la classe qui vous est attribuée ! Si vous avez le choix, sachez qu'un directeur d'école peut hésiter à confier la section des petits à un débutant ; les enfants n'ayant jamais été scolarisés, la mise en route est plus longue. Toutefois votre personnalité peut vous la faire préférer à toute autre.

■ Les cas les plus fréquents

Traditionnellement les enfants (en principe trente élèves) sont répartis par niveaux de façon à constituer des classes homogènes :
– petite section : enfants âgés de trois à quatre ans ;
– moyenne section : enfants âgés de quatre à cinq ans ;
– grande section : enfants âgés de cinq à six ans.
Ce type de répartition simplifie le travail de l'enseignant. Les différences entre les enfants sont moindres, ce qui permet de proposer des activités adaptées, en principe, à tous les enfants du groupe.

La réunion de prérentrée

POUR VOUS AIDER À CHOISIR UNE CLASSE

La PS est une classe hétérogène, soit parce que votre école accueille les enfants dès deux ans, soit parce que, de toute façon, à trois ans le niveau de développement des enfants est très variable. L'accueil a une très grande importance. Les enfants ont besoin de sécurité et de mouvement. La socialisation est un objectif primordial.

La MS est l'âge de l'expression de soi dans tous les domaines (langue, graphisme, expression artistique...). Les acquis réalisés en PS doivent être consolidés.

En GS, les objectifs de début de cycle (autonomie, socialisation...) sont atteints.

Les apprentissages sont de plus en plus structurés et le désir d'apprendre est particulièrement fort. Il va falloir préparer les enfants à l'école élémentaire et éventuellement "entrer dans le cycle 2".

Certaines écoles scolarisent les enfants dès l'âge de deux ans regroupés dans une section de tout-petits. Cet accueil est étendu en priorité dans les écoles situées dans un environnement social défavorisé (ZEP), que ce soit dans les zones urbaines, rurales ou de montagne. Il concerne les enfants qui ont atteint l'âge de deux ans au jour de la rentrée scolaire.

L'ÉCOLE À DEUX ANS

Est-il souhaitable que les enfants de deux ans se retrouvent déjà à l'école ?

Bien entendu votre opinion ne changera probablement pas la situation dans votre école, mais comme le sujet est important et qu'un parent peut vous poser la question, mieux vaut y réfléchir posément à l'avance.

D'une façon générale, il semble qu'en ZEP cela soit très souvent utile et même souhaitable. Il s'agit alors de compenser les difficultés sociales ou familiales (langue maternelle différente du français, apport culturel très faible, manque de place, de temps...) et d'offrir à l'enfant un lieu calme et enrichissant, pour une structuration équilibrée de sa personnalité.

Cependant, il est clair également qu'à deux ans la relation avec les parents doit rester, si possible, très privilégiée.

Vous pourrez donc éventuellement vous voir attribuer une classe de tout-petits ou " classe de bébés "... Dans certaines écoles, ces classes bénéficient d'effectifs allégés et une ATSEM y assiste l'enseignant tout au long de la journée (voir p. 179 des détails sur les ATSEM, dont le métier est d'aider l'enseignant dans les tâches qui ne sont pas directement pédagogiques).

■ D'autres cas de figures

D'autres répartitions sont possibles selon le nombre d'enfants par tranche d'âge ou selon certains choix pédagogiques :
– Une PS avec des enfants de trois ans et de deux ans.
Remarque : si l'effectif le permet, certaines écoles accueillent des enfants tout au long de l'année ; ce qui n'est pas toujours souhaitable pour le groupe-classe mais parfois nécessaire pour éviter une fermeture de classe.
– Une PS/MS avec des enfants de quatre ans et de trois ans. Les enfants de trois ans choisis peuvent être ceux qui ont été scolarisés à deux ans (connaissance des lieux, du rythme scolaire, du personnel, enfants plus autonomes).
Il peut s'agir aussi des enfants de PS nés en début d'année civile. En effet, quand les enfants sont de nouveaux élèves, le choix le plus arbitraire est le calendrier civil.
– Une MS/GS avec des enfants de cinq ans et quatre ans. Les enfants de quatre ans peuvent être choisis suivant le critère du calendrier civil.
– Des enfants de PS et de GS regroupés, par exemple pour favoriser le tutorat (parrainage) et créer une situation de responsabilité.

▶ LA DISTRIBUTION DES LISTES D'ÉLÈVES (UNE FOIS LES CLASSES ATTRIBUÉES)

Les listes des élèves sont établies à partir des fiches d'inscription de la mairie ; réparties par classe, elles vous permettent de compléter le cahier d'appel (voir page 28).

La réunion de prérentrée

 L'ATTRIBUTION DES LOCAUX

Les heures et les jours d'attribution pour chaque classe des locaux pédagogiques de l'école (salle de motricité, BCD, salle d'audiovisuel…) sont décidés en conseil des maîtres. Si l'école est dépourvue d'une salle de motricité, les activités physiques peuvent avoir lieu dans le dortoir, les halls ou (cas extrême !) les salles de classe.
Notez les horaires concernant votre classe afin de les intégrer dans votre emploi du temps.

 **LES SURVEILLANCES
(CANTINE, ENTRÉE, SORTIE, RÉCRÉATION)**

Un service de surveillance des élèves avant et après la classe et pendant les récréations est organisé en conseil des maîtres sous la responsabilité du directeur. Dans les écoles à plusieurs classes, un service par roulement est mis en place : il doit, pendant les récréations, garantir la sécurité des enfants (nombre de maîtres suffisant, compte tenu des effectifs, de l'âge des enfants, de la cour et de ses dangers. Voir p. 138 : *Responsabilités*). Notez dans votre emploi du temps vos heures et jours de service.
La surveillance des repas n'est plus une obligation depuis l'arrêté du 26 janvier 1978. Dans certaines écoles, les maîtres l'assurent contre rémunération de la municipalité ; vous avez le choix d'y participer.

 **SI VOUS N'ARRIVEZ PAS DANS L'ÉCOLE
LE JOUR DE LA PRÉRENTRÉE**

Normalement, votre présence est obligatoire le jour de la prérentrée. Mais il peut arriver que vous receviez votre affectation avec un peu de retard et que vous ne puissiez assister à la réunion. Dans ce cas, présentez-vous au directeur dès votre arrivée et obtenez un bref entretien. Recueillez quelques informations sur l'organisation de l'école (horaires, structure pédagogique, services des maîtres, surtout le premier que vous aurez à assurer, renseignez-vous sur la possibilité de déjeuner sur place). À la fin de la première demi-journée ou à la récréation sans service de cour, questionnez vos collègues sur le règlement de l'école, les équipements, les locaux, le matériel, les outils pédagogiques utilisés, les fournitures scolaires, les projets d'école, de cycles, les activités périscolaires. Il est probable que votre premier week-end sera consacré à faire ce que décrivent les pages qui suivent et qui se fait habituellement le jour de la prérentrée.

▶ L'AUTONOME

"L'autonome" est une association loi 1901, à but non lucratif et gérée par des bénévoles. Son rôle principal consiste à apporter de l'aide aux enseignants "en proie aux risques du métier". Il s'agit d'une défense de l'adhérent pouvant aller jusqu'à l'intervention en justice, par exemple dans les affaires d'agression physique ou verbale dont l'enseignant serait soit la victime soit le coupable pendant l'exercice de sa profession. L'adhésion se fait à l'école. Adhérez : c'est très important.

Aménager sa classe

Pour un accueil de meilleure qualité, il est conseillé d'installer le décor avant l'arrivée des enfants, un décor simple suffit pour l'instant : l'aménagement d'une classe maternelle doit évoluer et changer régulièrement et les enfants pourront par la suite y être étroitement associés.

LE MOBILIER QUE VOUS DÉCOUVREZ EN ENTRANT (LA PLUPART DU TEMPS)

– Une armoire ;
– des meubles de rangement divers ;
– des tables, des chaises (le nombre de chaises correspond-il bien au nombre d'élèves ?) ;
– des tapis et coussins ;
– un bureau.

LES TABLEAUX

– Le tableau noir ou vert pour l'écriture à la craie ;
– le tableau blanc pour l'écriture au marqueur à effacement à sec ;
– le tableau en acier émaillé blanc pour l'écriture au marqueur à effacement à sec et l'affichage par plots magnétiques.
Attention à l'utilisation du scripteur : certains feutres ne s'effacent pas !
Pour effacer la craie, préférez l'éponge mouillée à la brosse (la poussière de craie est désagréable).

LA RENTRÉE

 UN PEU DE RANGEMENT

La place du mobilier n'est pas immuable, modifiez l'aménagement s'il ne vous convient pas. N'hésitez pas à demander aide, conseils, au directeur, aux collègues, aux ATSEM (voir page 179). Cette classe un peu "inhabitée" aujourd'hui, personnalisez-la pour qu'elle devienne lieu de vie. Mettez en place une petite décoration, toujours à hauteur des yeux des enfants : une reproduction, une affiche, un dessin d'enfant achevé, des portraits, des objets bien choisis.
Tout cela doit pouvoir se trouver dans l'école ainsi que, éventuellement, des plantes vertes !
Faites un rapide inventaire du matériel dont vous disposez : ouvrez les armoires, les placards de rangement, inspectez les jeux éducatifs, papiers divers, outils scripteurs, matériel sonore, matériel audiovisuel. Vérifiez l'état de ce matériel. Faites aussi un rapide inventaire du petit matériel indispensable : tampons-dateurs, agrafeuses, ciseaux, colle.
Notez ce qui manque, ce qui est à compléter rapidement. Vous pourrez éventuellement trouver du matériel inutilisé dans d'autres classes (assurez-vous bien sûr auprès de vos collègues que vous pouvez le prendre) ou dans la réserve de l'école (consultez le directeur). Vous pourrez faire acheter le reste dans les jours qui viennent.

Il est préférable, au moment de la rentrée, d'éviter de sortir trop d'objets, ce qui surcharge la classe et complique la tâche d'exploration et de maîtrise des enfants.

 PROPOSITIONS D'AMÉNAGEMENT MINIMUM DE CLASSE

Il s'agit ici simplement de mettre en place les éléments essentiels et indispensables dès la rentrée pour un bon fonctionnement de la classe à ses débuts. Ensuite tout au long de l'année et même au cours des années la classe s'enrichira.

Aménager sa classe

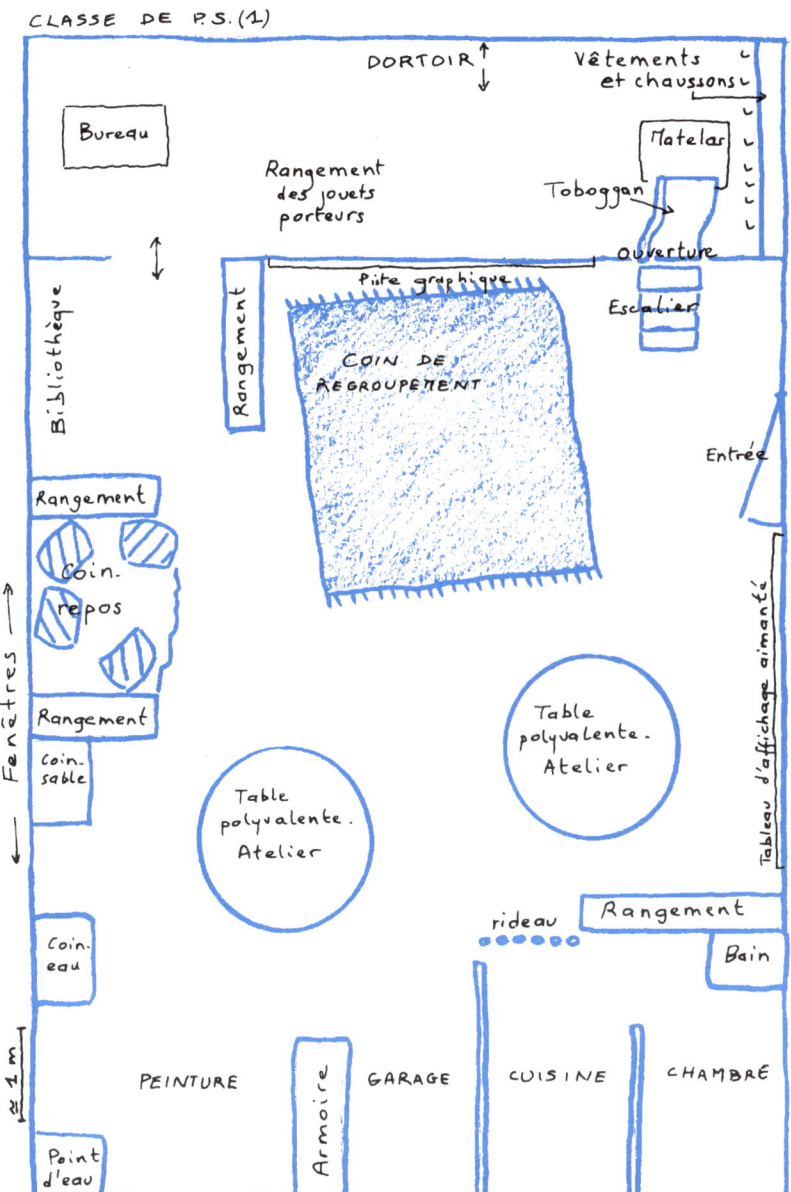

LA RENTRÉE

CLASSE DE PS. (2)

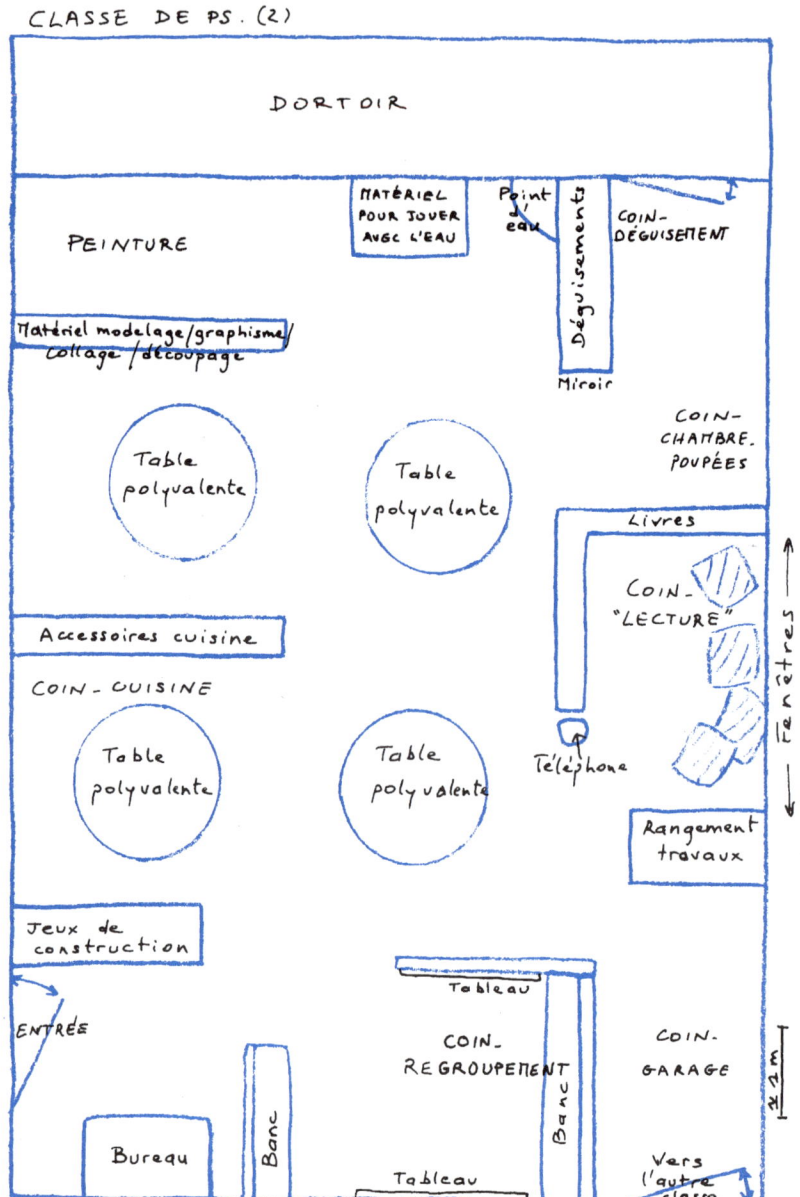

Aménager sa classe

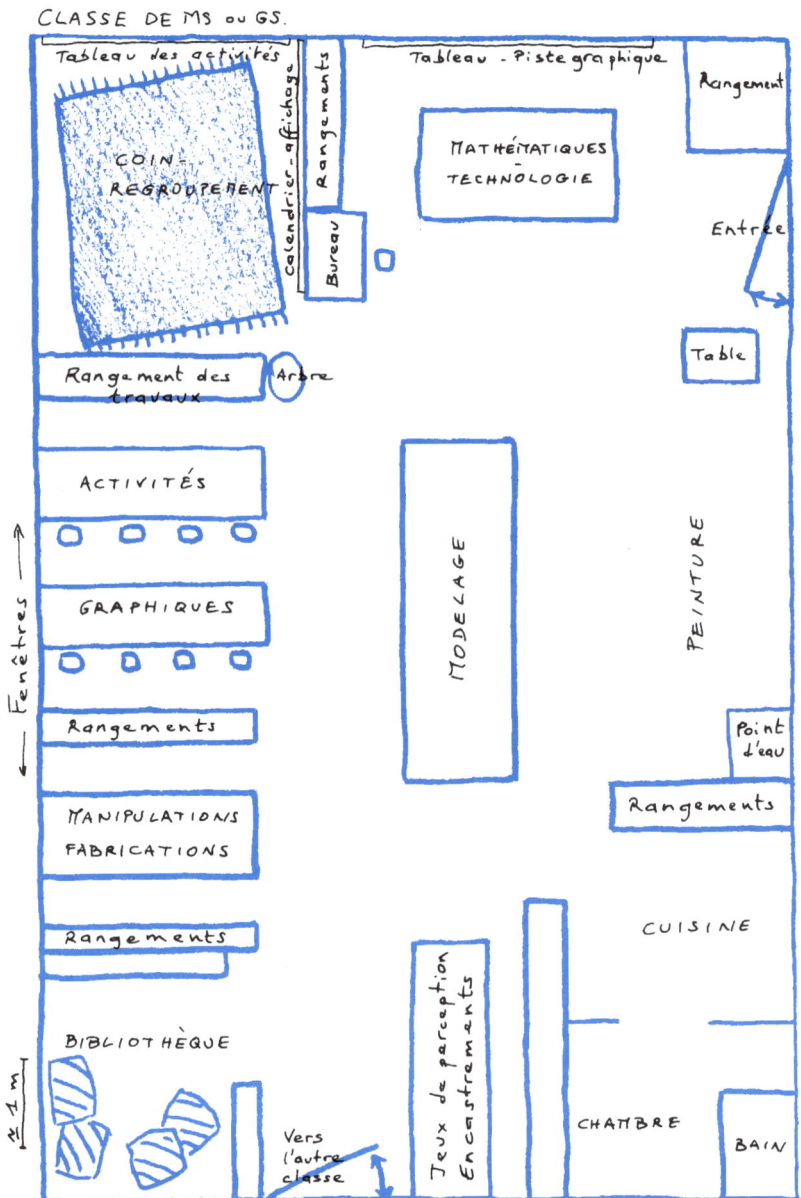

LA RENTRÉE

Les plans donnés sur les pages précédentes représentent des "classes idéales" installées en plusieurs années. Ils peuvent vous servir de référence, pour faire au mieux avec le matériel qui est à votre disposition. Mais pas de panique s'il vous manque de quoi aménager certains espaces !

Même si chaque "coin" du plan n'a pas une place véritablement matérialisée (classe trop petite, manque de meubles ou de matériel), il faut savoir que le coin-regroupement, le coin-repos et le coin-activités (avec table et chaises) sont absolument indispensables.

À vous de réfléchir dès maintenant à la façon dont vous attribuez à chaque espace un type de situation de classe.

Pour le dortoir, prévoir l'endroit où les enfants rangeront leurs vêtements au moment du déshabillage (pied du lit, banc dans le dortoir, casier). Pour sécuriser les enfants, il est nécessaire que chacun se voit attribuer un lit qui restera le sien, du moins en PS, de même qu'un endroit précis et personnalisé de rangement pour ses affaires, au moment du déshabillage.

Le lieu de rangement se situe dans le dortoir, où les enfants se déshabillent.

LE MINIMUM AVANT LA RENTRÉE

(Cette liste est développée ci-contre)

- Une aire de rassemblement (regroupements, chant, bilans, heure du conte...), si possible avec un tapis et des coussins.
- Quelques grandes tables et un nombre de chaises suffisant pour au minimum la moitié des élèves (les autres pouvant être dans les coins-jeux debout ou assis par terre sur des tapis). Les chaises sont surtout nécessaires en MS et GS, les tout-petits de la PS étant beaucoup plus souvent sous les chaises ou à côté que dessus !
- Un lieu où les enfants feront la sieste avec des lits en nombre suffisant et des endroits prévus pour le rangement des vêtements.
- Quelques étagères et/ou armoires pour ranger le matériel de tous les ateliers et des coins-jeux.
- Un grand tableau d'affichage (ou un pan de mur !) et un tableau pour écrire. Si vous disposez de tout cela à la fin de la journée de prérentrée, la situation se présente plutôt bien !

Mais au réveil, chaque enfant prend ses affaires dans son casier et vient s'habiller dans la classe (aire de rassemblement, tapis) pour éviter de réveiller ceux qui dorment encore.

Si l'école ne dispose ni d'une salle de motricité ni d'un préau (c'est tout de même assez rare !), prévoyez aussi quel endroit de la classe ou du dortoir vous servira de salle de gymnastique (en ayant le moins de déménagement à faire à chaque séance).

 L'AFFICHAGE RÉGLEMENTAIRE

■ L'emploi du temps

Il permet à l'inspecteur, au conseiller pédagogique, au directeur de se rendre compte du fonctionnement général de la classe.

Il tient compte des contraintes spécifiques de l'école. Il fait alterner les activités collectives ou individuelles libres ou dirigées, celles qui exigent une attention soutenue ou celles qui sont plus délassantes. Il prévoit des temps de repos, de sommeil, selon les besoins des enfants. Il veille à la durée des activités.

Certes, il est indispensable surtout en début d'année, et chez les petits pendant toute l'année, de respecter le déroulement prévu, mais l'emploi du temps doit être un guide et non un carcan ! Si un projet de classe, d'école l'impose, modifiez-le, mais prévenez vos élèves. (Voir p. 62 comment vous pourrez établir cet emploi du temps.)

■ Le règlement intérieur de l'école

Il est rédigé par l'équipe pédagogique et voté lors du premier conseil d'école. Il peut être complété éventuellement par celui de la classe, alors élaboré avec les enfants. Il est sans doute déjà affiché dans votre classe. Sinon, demandez-le au directeur.

LA RENTRÉE

■ Le tableau de répartition par âge des élèves de la classe

Afin de pouvoir être "lu" par les enfants, il peut être représenté, par exemple, par un train : la locomotive (année de naissance) suivie de douze wagons (les mois) portant les photos, les prénoms et les jours de naissance des enfants.

EXEMPLE DE PRÉSENTATION D'UNE PYRAMIDE DES ÂGES DESTINÉE AUX ADULTES

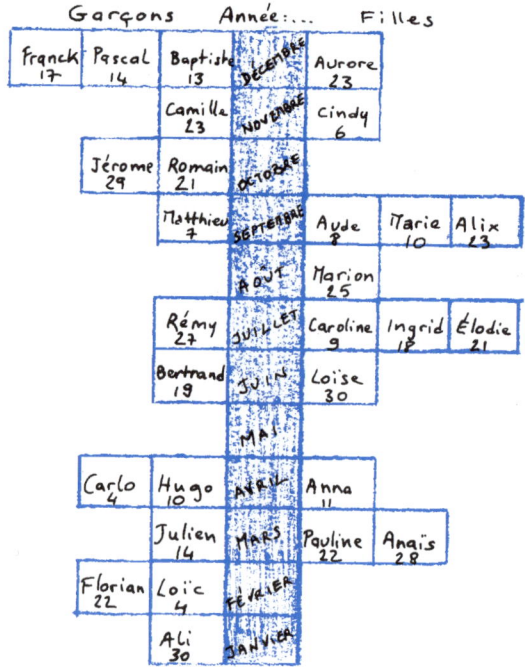

Aménager sa classe

**EXEMPLE DE PRÉSENTATION
POUR LES ENFANTS**

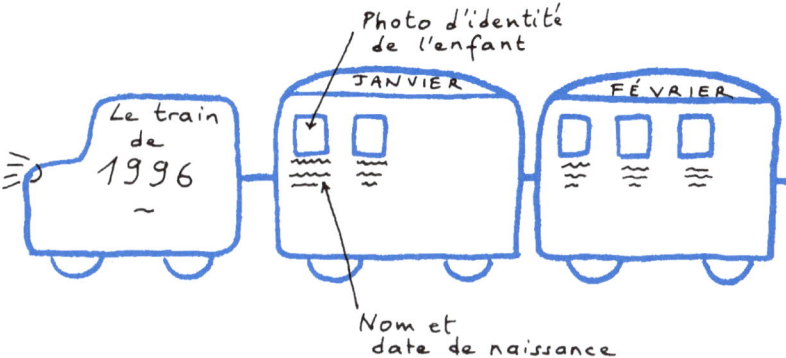

■ Les listes de textes

La liste des comptines, poésies apprises et la liste des contes lus viendront compléter cet affichage en cours d'année.

Une boîte à textes (chants, comptines, poésies) peut aussi être fixée au mur et manipulée aisément par les enfants. Ils sauront facilement reconnaître chacune des fiches, à l'aide de repères : dessins, photographies, codages, choisis par eux. Dans ce cas, utilisez des fiches cartonnées que vous aurez de préférence recouvertes de papier adhésif transparent.

LA RENTRÉE

Préparer la rentrée des élèves

 POUR COMMENCER : CE QUI EST INDISPENSABLE

■ Les registres et documents réglementaires
• **Le registre d'appel journalier**
Il est fourni par l'école. Les enfants y sont inscrits par ordre alphabétique. Le relevé des absences est obligatoire et doit impérativement être fait au début de chaque demi-journée. Il est indispensable d'y apporter les renseignements concernant les enfants (nom, prénom, date et lieu de naissance) et les parents (profession, adresse, téléphone).

L'enfant n'est soumis à l'obligation scolaire qu'à l'âge de six ans mais l'inscription à l'école maternelle implique l'engagement pour la famille d'une fréquentation régulière. En cas d'absences répétitives, systématiques, l'enfant pourra être rayé de la liste des inscrits et rendu à sa famille par le directeur qui aura, au préalable, réuni l'équipe éducative.

Les motifs des absences sont notés dans la colonne des "observations" du cahier d'appel ainsi que le pourcentage des absences en fin de mois.

AU CRAYON !
Il est préférable durant les premières semaines qui suivent la rentrée de remplir le registre d'appel au crayon. En effet, des enfants inscrits peuvent ne pas se présenter à l'école.
D'autre part des petits nouveaux peuvent encore arriver. À la fin du mois de septembre, il ne vous restera plus qu'à reprendre votre registre et à le remplir à l'encre cette fois-ci, en respectant l'ordre alphabétique.

Le cahier-journal

C'est un outil personnel mais il doit rester à l'école dans l'éventualité d'un remplacement inopiné. Vous déciderez seul de son support (cahier de petit ou grand format, classeur). Le classeur étant un support mobile, il vous permet l'insertion des fiches de préparation et de documents. Le cahier-journal sert à l'organisation de votre action pédagogique, à son évaluation et aux prévisions de son prolongement.

Il doit être fonctionnel, utile, efficace et donner une vision de l'ensemble des activités de la journée, de la semaine. Il est souhaitable de prévoir ses activités sur une semaine mais les commentaires doivent être quotidiens. Écrivez-le en termes succincts et complétez-le par des fiches de préparation de leçons : elles décrivent pour chaque séquence dans le détail l'objectif, l'organisation prévue, le matériel, le déroulement.

EXEMPLE DE CONTENU DU CAHIER-JOURNAL EN MS

MATIN

EPS
(Collectif)
Jeu collectif : la course des deux ballons (dominante : lancer) + fiche de préparation (voir p. 76. *Établir une fiche de préparation*).

Langage
(Collectif)
Imaginer un arbre de Noël original. Inventer son histoire.

Lecture
(Groupe bleu)
Rechercher dans les publicités des magazines le mot NOËL (calligraphies différentes).

Graphisme
(Groupe jaune)
Décorer les boules de Noël.

Écriture
(Groupe vert)
Cartes de vœux.

Mathématiques
(Groupe rouge)
Algorithmes répétitifs pour faire des guirlandes. Cf fiche de préparation (voir p. 76).

APRÈS-MIDI

Ateliers
(Activités effectuées en groupe sous contrat)
Peinture : paysage d'hiver (travail à l'éponge).
Découpage/assemblage : guirlandes.
Pâte à sel : couronnes de Noël.
Jeux collectifs : dominos des formes et des couleurs.

Histoire racontée
(Collectif)
"Le petit sapin" (S. C. Bryant, "Comment raconter des histoires à nos enfants" p. 188).

Chant
(Collectif)
"Sapin, sapin", A. Sylvestre.

Comptines
(Collectif)
Comptines numériques connues ("1, 2, 3, nous irons aux bois" et "Y en a une, c'est une prune...")

Poésie
(Collectif)
"Chanson pour les enfants l'hiver", J. Prévert.

A posteriori, elles seront complétées par les modifications apportées, la manière de procéder des élèves, leurs réussites ou leurs échecs.

L'organisation proposée ici n'est qu'un exemple qui ne doit pas être pris comme modèle standard. Vous pouvez utilisez des colonnes, des listes, des tableaux à double entrée, des tableaux d'organisation. L'important est que vous y retrouviez rapidement les informations nécessaires à la bonne conduite de votre classe et que vous pensiez toujours à souligner ce qui motive chaque activité décrite.

Ce travail, indispensable au départ, devient vite répétitif. On peut choisir de travailler par thème, et de préparer sa classe plutôt à la semaine qu'à la journée.

N'hésitez pas à introduire dans votre cahier de préparation des réalisations d'enfants (réussies ou pas), de façon à mieux rendre compte des difficultés rencontrées.

- **Le cahier de comptabilité de coopérative**

C'est un cahier simple ou un cahier officiel de l'OCCE (Office central des coopératives d'écoles), selon le fonctionnement en vigueur dans l'école (voir page 172, *La coopérative*).

- **Le livret scolaire**

Il peut être propre à l'école ou acheté chez un éditeur. Renseignez-vous sur les habitudes de l'école.

Vous devez en avoir un par élève. Il permet le suivi de chaque enfant. Y sont notés : les résultats des évaluations périodiques ; des indications sur les acquis de l'élève ; les propositions et les décisions de l'instituteur et du conseil des maîtres de cycle concernant la durée de passage de l'enfant dans un cycle. Il est régulièrement communiqué aux parents qui le signent. Il sert d'instrument de liaison entre les maîtres. Il suit l'élève en cas de changement d'école.

■ Les autres documents utiles
• Une photocopie de la fiche individuelle de chaque enfant

Elle est distribuée obligatoirement en début d'année et remise au directeur. Vous y trouverez les informations suivantes pour chaque enfant : nom, prénom, date et lieu de naissance, adresse, numéro de téléphone du domicile, les numéros de téléphone à appeler en cas d'urgence. Une autorisation écrite est nécessaire dans le cas où les parents ne peuvent pas venir chercher leurs enfants à la sortie de l'école (informez les ATSEM).

Pour plus de facilité, établissez, à partir de ces fiches, une liste des enfants précisant les noms et prénoms des personnes autorisées à venir les chercher à la sortie de l'école. Cela permettra au remplaçant, en cas d'absence imprévue, de s'y retrouver facilement lui aussi.

Les enfants de grande section peuvent même être associés à la réalisation d'une affiche sous le titre "Qui vient me chercher ?" Attention cependant aux situations familiales délicates qu'il vaut mieux éviter de souligner.

• Le cahier "polyvalent"

Ce cahier contient la liste des élèves (écrite au crayon en début d'année) et permet à l'instituteur de vérifier, en créant des colonnes suivant les besoins, tous les retours de documents (attestations d'assurance, autorisations de sortie) ainsi que les comptabilités exceptionnelles concernant les spectacles, les sorties...

CE QUE VOUS DEVEZ AVOIR DÈS LA RENTRÉE

(Cette liste est développée ci-contre)
- Le registre d'appel
- Le cahier journal
- Les livrets scolaires (un par élève)
- Les fiches individuelles des élèves
- Le cahier polyvalent avec la liste des élèves

LA RENTRÉE

- **La liste des élèves peut être fixée à l'entrée de la classe le jour de la rentrée.**

Elle est destinée aux parents. Si un double niveau existe dans votre classe, faites deux colonnes distinctes dans cette liste. Inscrivez également votre nom et votre prénom.

L'ORDRE DES LISTES

Si la liste par ordre alphabétique est la plus commode pour la circulation des documents administratifs, n'hésitez pas à utiliser d'autres classements lorsqu'ils sont plus pratiques. Vous pouvez ainsi classer les enfants par ordre de date de naissance, du plus âgé au plus jeune. Cette liste se révèle fort utile lors des évaluations (voir exemple ci-dessous) : douze mois d'écart dans une même classe d'âge, c'est énorme, et il est nécessaire d'en tenir compte. Vous photocopierez cette liste en de nombreux exemplaires à garder à portée de main.

CLASSE DE PETITS
"Je saute sur le gros tapis, j'arrive sur les pieds."

Bryan CHARLES 9/01	Abs.
Solène PRETEUX 20/01	●
Arnaud AMIET 19/02	●
Guillaume CUCOD 21/02	○

Abs. = absent. ● **rouge** : je n'y arrive pas. ● **orange** : j'ai du mal, mais j'y arrive à peu près. ○ **vert** : j'y arrive sans problème.

▶ LE MATÉRIEL À METTRE EN PLACE

■ **Établissez votre emploi du temps de la journée de rentrée**

Pour le moment, rédigez uniquement l'organisation de la journée de rentrée. L'emploi du temps définitif sera élaboré dans les prochains jours (voir p. 62).

Préparer la rentrée des élèves

Il s'agit surtout maintenant de prévoir une liste chronologique de ce que vous allez faire demain (aidez-vous des propositions pour la première journée, p. 38) et de préparer ce dont vous aurez besoin : une ronde chantée ou une comptine mimée, des chants, des jeux de doigts ou de rythme, un album à regarder ensemble ou de la musique à écouter.

■ Préparez quelques ateliers avec le matériel nécessaire le plus simple possible

– Jeux individuels (par exemple : jeu de construction, garage, poupée) et collectifs (lotos, jeu de memory) ;
– feuilles à dessin, crayons, feutres ;
– pâte à modeler.
(Certains instituteurs préfèrent ne pas sortir si tôt le matériel de dessin et de modelage, qui fera un peu plus tard l'objet d'une "inauguration" plus encadrée. Ils préfèrent utiliser, pour le premier jour, uniquement des jeux de construction ou le matériel de deux coins-jeux simples : la chambre et le garage par exemple.)

■ Pour rassurer les plus petits

Accrochez une étiquette-prénom, avant l'arrivée des enfants, à chacun des portemanteaux. Cela vous permettra d'éviter une panique générale, au moment de l'habillage avant de sortir en récréation : les enfants, souvent vêtus de neuf, ne reconnaissent pas leurs propres vêtements.
D'autre part, ici encore, vous pouvez utiliser l'ordre des dates de naissance dans la disposition des étiquettes. Les plus jeunes se trouvant près de la porte d'entrée de la classe. Bien sûr, par la suite, les portemanteaux seront davantage personnalisés et l'ordre chronologique ne sera plus indispensable.

■ Prévoyez

– Des friandises pour "séduire" ;
– des mouchoirs en papier pour sécher les larmes ;
– des disques, cassettes ;

LA RENTRÉE

– des comptines, jeux de doigts, pour se rassembler ;
– de courtes histoires ;
– et quelques provisions de "câlins" pour rassurer les plus jeunes ou les plus sensibles.

En petite section, les enfants ne savent pas forcément se nommer. Fabriquez rapidement des colliers "étiquettes-prénoms". Vous pouvez coller (ou dessiner) sur chacune une gommette différente ou une vignette d'animal, par exemple.

Cela pourra faire l'objet d'un petit jeu de reconnaissance à l'occasion des présentations et pour briser la glace entre les enfants ("Qui a le lapin ?" ou "Qui a cette gommette ronde et rouge ?" et "Qui a aussi une gommette ronde, mais d'une autre couleur ?") Cette gommette (ou ce dessin) peut aussi se retrouver sur le portemanteau de chaque enfant, où elle restera jusqu'à un travail en commun de personnalisation des portemanteaux.

Indispensables en PS, ces étiquettes sont utiles dans chaque section pour vous aider à identifier les enfants. Elles pourront vous servir ultérieurement.

LE "TRUC" QUI CAPTIVE (POUR LA PS)

Le "truc" qui captive et qui étonne va vous aider à calmer les pleurs, le premier jour : un aquarium avec des poissons, une cage avec un oiseau ou un autre animal, une grande marionnette, un (ou plusieurs) livre d'images animées, une boîte à musique, un jouet mécanique...

Venu de chez vous, déniché dans l'école ou emprunté à quelqu'un, vous en avez certainement un à portée de main.

(Voir aussi *La branche totem* p. 102)

Visiter votre école

Votre classe est prête à accueillir les élèves. Vous n'avez sans doute plus beaucoup de temps aujourd'hui pour élargir votre "tour de reconnaissance" à l'ensemble de l'école. Faites cependant un bref repérage des lieux (où sont les toilettes des élèves ? où sont les différents lieux de rangement de l'école : réserve, matériel audiovisuel, trousse à pharmacie...). Vous ferez une visite plus détaillée dans les prochains jours pour découvrir les documents et le matériel qui vous seront utiles tout au long de l'année.

▶ L'AFFICHAGE, LES REGISTRES DANS L'ÉCOLE

Un certain nombre de registres et de circulaires sont à votre disposition, le plus souvent dans le bureau du directeur. Consultez-les.
– Registre matricule dans lequel figurent : les noms des maîtres et leur situation administrative ; les noms des enfants dans l'ordre de leur inscription avec leurs date et lieu de naissance, leur filiation, la date de leur radiation (pour ceux qui ne sont plus dans l'établissement)…
– Registre d'inventaire : du mobilier de l'école ; du matériel d'enseignement ; du matériel mis à disposition du personnel.
– Circulaires, BO, bulletins départementaux, comptes rendus des conseils des maîtres, des conseils d'école.
– Catalogues de bibliothèque.
– Registre de sécurité avec plan d'évacuation des locaux, numéros de téléphone utiles en cas d'urgence (SAMU, pompiers…).
– Registre destiné au médecin du service de santé scolaire.
– Cahier de comptabilité de la coopérative.

– Règlement intérieur de l'école inspiré du règlement type des écoles maternelles.
– Tableau de service des maîtres.
– Tableau d'occupation des locaux.
– Fichier enfants avec leur nom, prénom, date et lieu de naissance.
– Noms, adresse, téléphone (domicile, travail) des personnes responsables, de la personne à contacter en cas d'urgence.
– Les autorisations de sortie précisant les noms des personnes responsables des enfants au moment des sorties.
– Emploi du temps des ATSEM.

▶ L'INFIRMERIE

Ne cherchez pas une salle spécifique occupée par une infirmière diplômée… L'infirmerie se limite, dans les écoles, à une petite armoire contenant le matériel nécessaire aux premiers soins. Cette armoire doit fermer à clé ! La clé est soit à proximité, mais inaccessible pour les enfants, soit dans le bureau du directeur. (Voir page 142, *Cas d'urgence,* et page 138, *Responsabilités.*)
Renseignez-vous dans l'école pour savoir si un de vos collègues est plus apte (diplôme de secourisme) que vous à donner les premiers soins et signalez toutes chutes au directeur.

▶ LE MATÉRIEL COMMUN À TOUTE L'ÉCOLE

En vous installant, recensez le matériel et la documentation communs à toutes les classes. Les moyens financiers et les choix pédagogiques de l'école créent des différences d'un établissement à l'autre. Dans les grandes écoles, il existe un cahier d'inventaire où figurent les dates de sortie et de rentrée du matériel.
Demandez le mode d'emploi de chaque appareil. N'oubliez pas que vous êtes responsable du bon emploi de ce matériel ainsi que de son entretien et de son rangement.

Visiter votre école

MATÉRIEL COMMUN (LISTE NON LIMITATIVE...)

	Vous allez sûrement trouver	Vous pouvez peut-être trouver
Audiovisuel	électrophone, magnétophone, télévision, projecteur de diapos – écran	chaîne stéréo complète, caméscope, appareil photo
Instruments	petites percussions : tambourins, cymbales, maracas, triangles... xylophone	piano
EPS	ballons, balles, cerceaux, anneaux, cordes, sacs de sable, nattes, bancs, plans inclinés, mini-panneau de basket, patinettes, porteurs, patins à roulettes	ensemble de gym composé de divers modules : échelle, toboggan, barres fixes... poutre... mini-trampoline, mini-tremplin, agrès, mur d'escalade, rubans, dossards de couleur
Reproduction de documents	duplicateur à alcool	photocopieur
Télématique	Minitel	
Informatique		ordinateur
Appareils	cuisinière électrique – cafetière – réfrigérateur	four à terre – émaux, micro-ondes
Fournitures (réserve)	peinture, colle, encres, feutres, craies, papiers divers...	
Bibliothèque	pédagogique : pédagogie générale, psychologie de l'enfant – législation scolaire – pratique du métier – activités pédagogiques...	BCD

LA RENTRÉE

Le premier jour de classe

▶ L'ACCUEIL

Il doit de préférence avoir lieu dans la classe, mais la disposition des locaux (classe très petite ou encombrée, classe très éloignée de l'entrée de l'école) ne le permet pas toujours. Certains instituteurs préfèrent l'accueil dans le hall pour éviter que les enfants ne touchent à tout dans la classe au moment de flottement des arrivées échelonnées. À vous de choisir en fonction des lieux et de votre intuition.

■ Dans la classe des petits

Il s'agit d'organiser un accueil chaleureux tout en évitant la pagaille et l'énervement ! L'ATSEM vous assiste pour l'accueil des petits (elle doit être là pour vous aider, consoler un enfant, l'accompagner pour satisfaire un besoin pressant). Permettez aux parents, aux grands frères ou aux grandes sœurs d'accompagner les enfants dans la classe, de rester un moment. Acceptez les objets "transitionnels" (peluches, doudous...).

Dans certaines écoles les instituteurs des classes de petits organisent des rentrées échelonnées. (Les enfants arrivent par groupe, ce qui permet un accueil plus personnalisé.) Si vous êtes là assez tôt pour participer à l'organisation de la rentrée dans votre établissement, parlez de cette possibilité avec votre directeur.

Dans d'autres écoles, la rentrée peut être décalée : les grands et les moyens rentrent le premier jour, ce qui permet de les préparer à l'arrivée des petits le lendemain ; ou les petits rentrent d'abord. Ils ont alors toute l'équipe des enseignants et des ATSEM pour les accueillir.

Le premier jour de classe

D'une manière ou d'une autre, ce type de décision relève du conseil des maîtres et reste soumis à l'accord de l'inspecteur de la circonscription.

Vous allez accueillir chaque enfant accompagné de ses parents. Vous vous présentez et lui demandez son nom. Proposez-lui le collier étiquette-prénom : l'enfant se sentira connu et attendu ; offrez-lui un "cadeau de bienvenue", une friandise. Échangez avec lui quelques mots simples et rassurants. En l'invitant à visiter la classe, proposez-lui de choisir une activité dans un coin-jeu ou dans un atelier déjà installé.
N'oubliez pas d'avoir sous la main un carnet ou des fiches pour noter tout ce que les parents pourraient avoir à vous dire de particulier. L'enfant mange-t-il à la cantine ? Avec quoi s'endort-il ? Mais restez pratique, ne rentrez pas trop dans les détails, ce n'est pas le moment. N'oubliez pas non plus la grosse boîte de mouchoirs en papier pour "effacer" les chagrins et moucher les nez.

Dès le départ des derniers parents, quand les enfants commencent à se calmer de la séparation, rassemblez-les à l'aide d'une comptine, d'une chanson, d'un jeu de doigts. Présentez l'ATSEM à l'ensemble de votre classe. Profitez-en pour distribuer un gâteau réconfortant.

POUR LES SÉPARATIONS DIFFICILES

Si la séparation d'avec les parents est trop douloureuse, dites à l'enfant que Maman, Papa vont travailler et viendront le chercher à l'école à telle heure, puis écrivez sur une fiche que vous remettez aux parents en présence de l'enfant : "l'heure des mamans".

Toutes les occasions sont bonnes pour nommer chaque enfant à haute voix et répéter son prénom le plus souvent possible à l'intention du groupe-classe (la distribution du gâteau ou du bonbon est un excellent prétexte). C'est important pour la constitution du groupe et le repérage des premiers copains et copines mais aussi pour vous (vous n'aurez pas

LES PRÉSENTATIONS

Se présenter peut faire l'objet de petits jeux destinés à dédramatiser les premiers moments passés ensemble.

On peut commencer par le jeu du secret. Chacun se tourne vers son voisin ou vers vous pour dire son prénom à l'oreille.

On continue par le jeu du haut-parleur. Chacun à tour de rôle crie son prénom dans ses mains placées en porte-voix.

On finit par le jeu de la mémoire. Chacun essaie de se souvenir du prénom d'un autre et le dit aux autres : "Lui, il s'appelle Jérémie."

---

toujours des étiquettes de secours pour vous rappeler les prénoms).
Si tous les enfants ne se joignent pas au groupe, c'est normal, n'insistez pas : cela viendra plus tard.

Préparez ensuite le grand déplacement collectif vers les toilettes (il permet de repérer les lieux). Quand les enfants seront plus autonomes, et si la disposition des locaux le permet, ils pourront s'y rendre seuls ou en petits groupes.

■ Dans les classes des moyens et des grands

Organisez le même accueil chaleureux, attentif, toujours dans la classe. Quelques ateliers libres auront été préparés pour que les enfants qui le souhaitent puissent trouver une activité. Allez vers chacun d'eux, échangez quelques mots. Puis, au bout de trois quarts d'heure environ, invitez les enfants à se regrouper dans l'aire de rassemblement à l'aide d'une comptine, d'une musique, établissez une conversation familière, présentez-vous, demandez aux enfants de le faire à leur tour. Découvrez ensemble, sans vous attarder, l'organisation matérielle de la classe : l'emplacement des ateliers, leur fonction, le rangement du matériel nécessaire.

Le premier jour de classe

Maintenez les rituels sécurisants tout au long de l'année. L'accueil se fait toujours dans la classe de manière échelonnée, mais limitée dans le temps (un quart d'heure pour les moyens et les grands, un peu plus long chez les petits). Recueillez les réflexions spontanées pour établir un contact avec les parents et une relation personnelle avec l'enfant.
Pendant la durée de l'accueil en PS, ceux qui le souhaitent peuvent aller dans les coins-jeux.
En MS et GS, les élèves mettent à jour le tableau des présences puis ils se regroupent dans l'aire de rassemblement. Une chanson, une comptine, une orchestration (ambiance musicale à varier) peuvent agrémenter cet accueil.

COMMENT ÉVITER LA PAGAILLE ?

- Limitez le matériel mis à la disposition des enfants dans les coins-jeux, la bibliothèque, les ateliers (vaisselle, voitures, jeux de construction, puzzles, livres, pochettes de feutres).
- Limitez aussi le nombre d'ateliers : ne proposez pas, dès le premier jour, la peinture, le collage, le bricolage. Certains ateliers nécessitent des explications claires, par petits groupes, pour apprendre à utiliser le matériel, à le ranger.
N'allez pas trop vite pour ne pas être débordé !
- Essayez d'éviter de faire coïncider les moments de déplacement dans l'école avec ceux d'une autre classe, les croisements dans les couloirs ou les escaliers sont propices au désordre et éventuellement aux petits accidents.
- Dîtes-vous que tout moment de la journée est également important et prévoyez largement du temps pour chaque activité (se déshabiller, jouer, descendre l'escalier, aller aux toilettes, ranger...). Pensez aussi aux temps d'articulation (regroupement, distributions, répartitions en groupes...).

La fin de l'accueil est signifiée par la fermeture de la porte d'entrée de votre classe : soyez très rigoureux. Invitez fermement et avec le sourire les parents à sortir ! (Voir page 182, *Les parents d'élèves*.)
Vérifiez et mettez à jour les différents tableaux de présence : restaurant scolaire ; garderie ; responsabilités... Élaborez le projet du jour.

LA RENTRÉE

▶ LE DÉROULEMENT DE LA PREMIÈRE JOURNÉE

PROPOSITIONS POUR UNE PREMIÈRE JOURNÉE EN PETITE SECTION

8h20/9h20
Accueil échelonné dans la classe avec parents et ATSEM. Présentation. Conversations familières. (Voir p. 38, où l'accueil est développé.)

Exploration de la classe et du dortoir : les enfants abordent librement les différents coins-jeux et ateliers (jeux de locomotion dans le dortoir – gros camions, divers "jouets porteurs"– poupées, cuisine, gros jeux de construction, dessin avec gros feutres, craies...).
L'instituteur réconforte, aide, donne les premières consignes d'utilisation et de rangement du matériel, les premières règles de vie ensemble. L'ATSEM est toujours là pour l'aider.

9h20
Regroupement à l'aide d'une comptine, d'un chant ou d'un jeu gestuel. Préférez des comptines mimées très simples, courtes et visuelles ("Pomme de reinette", "Le grand cerf", jeux de doigts).
(Variantes : ● Petite séance de présentation mutuelle. "Y a-t-il une Anita

---

UN JEU SOLITAIRE !

Le regroupement en petite section au tout début de l'année est parfois un jeu... solitaire pour l'enseignant.
Ne vous étonnez pas (et ne vous attristez surtout pas !) de vous retrouver quelquefois en train de faire quasiment seul le jeu de doigts ou la comptine mimée pendant que les enfants "vaquent" à leurs diverses opérations de découverte.

Ils manquent souvent d'attention : l'un regarde le pull de son voisin, l'autre explore le dortoir, le troisième démonte une roue de camion avec frénésie, un autre encore pleure dans son coin...
Essayez le plus possible de capter leur intérêt : cela viendra très progressivement et l'ATSEM vous aidera à réunir le "troupeau" !

Le premier jour de classe

dans la classe ?" On cherche. On s'interroge. Personne. "Une Sophie ?
– Oui, moi !" On peut aussi rechercher les jumeaux de prénom : "Il y a deux Tristan dans la classe ! Tristan Leber et Tristan Zamith".

• Séquence avec une marionnette qui pleure à chaudes larmes car c'est son premier jour d'école, puis découvre petit à petit qu'elle va faire toute sorte d'activités qu'elles aime et trouver des copains...)
Pas de rondes chantées ce jour-là (elles sont un peu difficiles à organiser dès le début).
Le regroupement est souvent un peu illusoire (voir l'encadré *Un jeu solitaire*).

Passage collectif aux toilettes.
Collation dans la classe : ce sont l'ATSEM et l'instituteur qui font le service. Plus tard, les enfants pourront y prendre part.

Habillage : on commence à apprendre dès le premier jour à chercher son vêtement au portemanteau et à l'enfiler, aidé par l'adulte.

10h/10h30
Récréation (en présence de l'instituteur de la classe, au début de l'année, pour rassurer les enfants, quel que soit l'instituteur responsable du service de récréation). Ne vous étonnez pas d'avoir tous les enfants "en grappe" autour de vous !

Retour dans la classe.
Déshabillage : on enlève son vêtement et on apprend dès maintenant à le suspendre au bon portemanteau. Jeu sur les gommettes des étiquettes-prénoms.

Les gros jeux dans la classe et dans le dortoir remplacent provisoirement les activités effectuées dans la salle de motricité (qui ne sera découverte que plus tard dans la semaine).

LA RENTRÉE

11h

Regroupement (5 minutes) : chants, comptines, jeux de doigts, jeux de rythme. On reprend bien sûr les mêmes qu'en début de matinée.

Lecture d'un album ou audition musicale (très court). (Voir p. 230, *Plusieurs façons de raconter une histoire.*)

11h20/11h30

Sortie. Les enfants qui déjeunent à la cantine sont emmenés par l'ATSEM dix minutes avant que les autres ne partent avec leurs parents, pour éviter les "grandes détresses".

13h20

Installation dans le dortoir. L'ATSEM aide encore (choisir son lit, apprendre à se déshabiller, à ranger ses vêtements...). Ici encore, chacun retrouve sa gommette ou son dessin et son prénom.

Sieste.
Réveil échelonné. L'ATSEM emmène les enfants aux toilettes au fur et à mesure de leur réveil. Habillage dans la classe (aire de rassemblement ou coin-bibliothèque) pour laisser dormir les autres.

Dans la classe, activités libres calmes :
- coin-jeux poupées
- coin-bibliothèque (avec instituteur)
- jeux individuels
- dessin

L'instituteur accueille les élèves au fur et à mesure de leur réveil, aide, discute, rappelle les premières consignes énoncées le matin...

Vers 15h15

Regroupement : de nouveau les comptines !

Le premier jour de classe

15h30
Récréation avec l'instituteur ou gros jeux dans la classe.

16h
Moment collectif: lecture d'une histoire très courte, audition musicale.

Sortie. **16h20/16h30**

PROPOSITIONS POUR UNE PREMIÈRE JOURNÉE EN MOYENNE OU GRANDE SECTION

8h20
Accueil échelonné dans la classe, conversations familières (voir p. 38 où l'accueil est développé). Notez votre prénom et votre nom au tableau. Les enfants annoncent les leurs à leur tour.

Activités librement choisies: coins-jeux d'imitation (garage, poupées), jeux éducatifs individuels (puzzles, encastrements), bibliothèque, atelier de graphisme...

9h
Premier regroupement: comptines – chants connus... (5 à 10 minutes).

Retour aux activités libres: l'instituteur circule, observe, intervient pour préciser des consignes (courtes et claires) d'utilisation, de rangement du matériel. Il énonce les premières règles de vie dans la classe, l'école, les sanitaires, la cour. Il fait prendre conscience du nombre trop important d'enfants dans certains "coins" et de la gêne occasionnée (questionnements pour trouver la solution)...

LA RENTRÉE

Vers 9h30
Deuxième regroupement de la matinée : musique, comptines...

9h45
Collation organisée par l'instituteur éventuellement aidé par l'ATSEM (en moyenne section) ou par des enfants (en grande section). Les autres enfants s'installent et attendent tranquillement.

Habillage (pour les septembre frais).

10h/10h30
Récréation. L'instituteur de service ce jour-là s'occupe de vos élèves. Si c'est votre tour, vous surveillez la récréation (voir p. 17). Ne vous laissez pas accaparer par vos élèves, qui viendront tout naturellement vers vous : vous devez surveiller aussi les autres enfants. En principe, vous serez deux enseignants de service.

10h30
Activités physiques dans la salle de jeu : jeux collectifs, pour que les enfants entrent le plus possible en contact les uns avec les autres.

11h
Retour en classe. Moment collectif dans la classe : chants connus, comptines.

11h30
Sortie.

13h20
Accueil.
Repos collectif ou sieste, si possible dans la salle de jeu (coussins, tapis...). Certains enfants s'endorment.

Vers 14h
Retour en classe : comptines, chant, poésie (10 minutes) pour instaurer le rythme de ce qui sera plus tard un vrai moment de travail sur la poésie.

14h15
Présentation des différents "coins" d'activités. Discussion sur le problème évoqué le matin avec les enfants et élaboration d'un projet : fabriquer des colliers pour gérer l'accès aux différents "coins".

Atelier : fabrication des colliers (voir encadré).

Rangement.
Bilan.

15h15/15h45
Récréation.
Regroupement dans la classe : conte ou audition musicale.

16h20/16h30
Sortie.

●●●●●●●●●●●●●●●●●●●●●●●●●

DES COLLIERS POUR L'ACCÈS AUX COINS-JEUX

Pour éviter la bousculade dans certains coins, il faut limiter le nombre des enfants présents en même temps. L'entrée n'est possible que si l'on enfile l'un des quatre ou cinq colliers disponibles. Ces colliers doivent être de couleurs différentes selon les coins. Il faut en faire un nombre égal au nombre maximum d'enfants admis par coin.

Perles de bois, mais aussi boutons ou anneaux, ou simple médaillon de carton décoré d'un code et enfilé sur une cordelette... Les possibilités sont multiples.

LA RENTRÉE

La première semaine

▶ EN PETITE SECTION

La première semaine (et cela continuera pendant plusieurs semaines !) sera surtout consacrée à découvrir très progressivement les lieux et les règles de la vie en commun. Cet apprentissage se fait en expliquant clairement, inlassablement les mêmes choses de jour en jour : patience !

QUELQUES ACTIVITÉS INCONTOURNABLES

- Visiter la classe.
- Visiter l'école.
- Se servir de son mouchoir (quand ? pourquoi ? où le mettre ?)
- Répondre à l'appel, le matin.
- S'habiller, se déshabiller (quand ? où ? comment ? pourquoi ?)
- Découvrir la cour de récréation. Savoir s'y comporter correctement.
- Découvrir petit à petit tous les coins-jeux et les règles de circulation.
- Apprendre à ranger.
- Comprendre et utiliser les différents tableaux d'affichage.
- Enregistrer les rituels (sieste, passage aux toilettes, regroupement, etc.).

■ Le deuxième jour

• **Matin**

Accueil dans la classe. Les enfants fréquentent les coins-jeux et les ateliers librement (présence de l'ATSEM).

Exploration du coin-cuisine : l'instituteur décrit avec les enfants le matériel, son utilisation, le rangement à la place indiquée (séance de 10 mn environ : il faudra la reprendre régulièrement et agir de la même façon pour tous les "coins").

Regroupement. Même déroulement que la veille.

La première semaine

- **Après-midi**

Sieste (même organisation que la veille).

Le réveil échelonné permet d'amorcer plus facilement (les élèves sont moins nombreux dans la classe) une activité nécessitant une participation importante de l'enseignant : **exploitation du coin-peinture.** Trois ou quatre enfants. L'enseignant énonce les consignes (tablier, un pinceau dans chaque pot, égoutter le pinceau, le replacer au bon endroit, ranger le matériel, aller se laver les mains). L'enseignant écrit le prénom et le nom de l'enfant sur son dessin et inscrit la date. (Les étiquettes-prénoms à coller soi-même et le tampon-dateur seront proposés plus tard, au bout de quelques semaines.)
Ensuite, même déroulement que la veille.

■ Le troisième jour

Mise en place d'un déroulement de journée calqué sur l'emploi du temps définitif (voir p. 62).

- **Matin**

Accueil dans la classe.
Les enfants fréquentent librement les différents "coins" : poupées, jeu de construction, puzzle, encastrement, atelier de dessin…
Regroupement.
Exploration de la salle de jeu : découverte de l'espace, jeux de déplacement (sauter, courir, marcher, ramper…) avec les enfants qui veulent participer, comptines à mimer ou à danser. Retour au calme (voir p. 218, *Organiser un retour au calme*).
Retour en classe.
Collation.
Répartition libre dans les coins (jeux d'imitation, de construction, jeux individuels, dessin, peinture).
Exploitation de l'atelier-dessin. Projet proposé : faire un dessin pour personnaliser le cahier de correspondance. Consignes portant sur le respect et le rangement du matériel, sur son utilisation (ne pas trop

LA RENTRÉE

appuyer sur la pointe pour ne pas casser la mine des crayons ou la craie, reboucher les feutres après usage...). Le maître écrit le prénom de chaque enfant et note la date.

Regroupement, habillage, récréation, nouveau regroupement, repas.

- **Après-midi**
Sieste.
Le maître se tient dans le **coin-bibliothèque** au moment du réveil échelonné. Il énonce aux enfants présents les consignes d'utilisation : respect, maniement, rangement des livres ("Où sont rangés les livres chez vous ? Que se passerait-il si on les mettait tous en désordre dans le coffre à jouets ? Pourquoi faut-il faire attention aux livres ?"). C'est le début de l'apprentissage du classement : on peut commencer par un classement très simple, par exemple par taille.

Le maître raconte ensuite une histoire à la demande (séance à reprendre régulièrement).

Travail sur des fiches de bristol préparées par l'instituteur : chacune porte le prénom d'un enfant. Chaque enfant colle sur sa fiche l'une des deux photos qu'il a apportées (demandées aux parents le jour de la rentrée). On installe ensemble les fiches complétées au-dessus des portemanteaux par ordre alphabétique ou par âge des enfants.

L'autre photo fournie par les parents servira à la fabrication du tableau des présences dès le quatrième jour.

Récréation.

Projection de diapositives (sur les animaux, par exemple), dans la classe ou en dehors si l'école possède une salle de projection (BCD par exemple, ce qui permettrait la découverte d'un nouvel espace).

Et voici revenue "l'heure des mamans".

La première semaine

■ Le quatrième jour
• **Matin**
Accueil dans la classe.
Les enfants fréquentent librement les différents "coins".
Regroupement.
Salle de jeux : découverte du matériel. Chacun joue avec le matériel individuel de son choix. Retour au calme.
Retour en classe, **collation** servie par le maître et l'ATSEM.
Regroupement et exploitation d'un projet : le bain de la poupée (15 minutes environ). Baignoire ou bassine, savonnette, shampooing, gant, serviette... Verbaliser et utiliser le vocabulaire précis (les gestes, les produits appropriés, les parties du corps à laver, l'hygiène quotidienne).
Récréation.
Regroupement.
Distribuer aux enfants des cartes de bristol préparées avec le prénom et la deuxième photo de chaque enfant (photocopie de la première si la deuxième a été égarée). Reconnaître son prénom écrit. **Organiser ensemble le tableau des présences** (voir p. 96).
Repas.

• **Après-midi**
Sieste.
Installation et exploitation du "coin-eau" : tabliers de protection, serpillières, objets de récupération pour remplir, transvaser, verser.
Récréation, lecture d'une histoire, "l'heure des mamans".

Au bout d'une semaine, l'emploi du temps définitif est mis en place. Il faudra rappeler très régulièrement et inlassablement les consignes énoncées lors de cette première semaine. Petit à petit, introduisez d'autres activités (modelage, découpage, collage), d'autres projets (organisation des groupes, visite de l'école, rencontre des différentes personnes qui travaillent à l'école...). Reportez-vous au paragraphe *Les premières semaines*, p. 56.

LA RENTRÉE

▶ EN MOYENNE ET GRANDE SECTIONS

La première semaine est sensiblement la même en moyenne et grande sections. Pour les MS, il s'agit de découvrir les éléments de base qui vont permettre l'organisation d'une bonne partie du travail de l'année. Pour les GS, il s'agit de rappeler ces éléments après de longues semaines de vacances et de s'assurer que tous les enfants de la classe ont les mêmes repères.

▪ Le deuxième jour

• **Matin**
Accueil dans la classe.
Projet : constituer des groupes-couleurs (ou un autre système de regroupement, par exemple les groupes d'animaux : groupe des écureuils, des marmottes...) pour mettre rapidement en place les différents tableaux et donner un repère aux enfants dans la reconnaissance de leur prénom (voir *Comment former des groupes*, p. 160).
Ateliers libres par groupes. Dessin, peinture, modelage, découpage (rotation libre).
Exploitation plus particulière de l'atelier découpage : se servir des ciseaux. Choisir et découper des surfaces colorées (catalogues, magazines) correspondant aux couleurs des groupes. Trier et classer dans quatre boîtes.
Collation organisée par le maître aidé des enfants.
Activités physiques : jeux avec des cerceaux (posés par terre : on court, puis, au signal convenu, on se regroupe par deux à l'intérieur d'un cerceau, avant de recommencer à courir jusqu'au nouveau signal), des ballons (porter un ballon à deux, coincé entre les deux fronts), des foulards. Associations et regroupements par couleurs.
Récréation.
Chants et comptines connus ("Qui connaît une chanson ? Qui la connaissait déjà ? On l'apprend tous ensemble.").
Repas.

La première semaine

- **Après-midi**

Repos collectif.
Lecture de comptines, poésies.
Répartition libre des enfants dans **les ateliers**. Dessin, peinture, découpage, collage.
Exploitation plus particulière de l'atelier collage : points de colle derrière la surface à coller, reboucher le bâton de colle... coller les découpages réalisés le matin, en les classant par couleur sur quatre panneaux qui serviront à matérialiser les groupes. Les étiquettes-prénoms des enfants viendront compléter ce travail. Installer des étiquettes-prénoms au-dessus des portemanteaux (classées par groupe-couleur).
Il existe mille autres façons de personnaliser les portemanteaux : photo d'animal choisie dans une boîte à images, jouet découpé dans un catalogue, tampons coloriés...

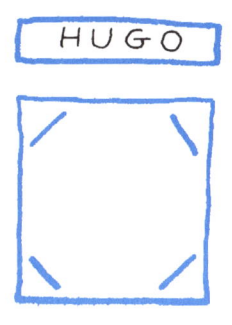

AFFICHAGE PERSONNEL

Sous l'étiquette-prénom peut être fixée une affichette cartonnée dans laquelle seront ménagées quatre fentes au cutter qui permettront d'insérer chaque mois un dessin différent. En moyenne section la consigne peut être la suivante : " Je me dessine... " (tout en utilisant à chaque fois une nouvelle technique). Cela permettra d'avoir tout au long de l'année l'évolution du bonhomme de chaque enfant.

Récréation.
Projection d'une histoire en diapositives.
Sortie.

LA RENTRÉE

■ Le troisième jour
• **Matin**
Accueil.
Projet : mettre en place les jours de la semaine, présenter le calendrier, la date (à partir d'une comptine sur les jours, par exemple).
Répartition libre des enfants dans les ateliers. Graphisme, peinture, modelage, découpage, collage. Expliquer à quoi va servir le calendrier chaque jour. Parler de la date (de quoi se compose-t-elle ? pourquoi la met-on sur les dessins que l'on fait ?)

Exploitation de l'atelier de graphisme : dessiner un bonhomme (ou une femme) pour personnaliser le cahier de correspondance (sous-main, feutres, feuilles, consignes de respect et de rangement du matériel). En MS et GS, coller son étiquette-prénom, dater avec le tampon-dateur. Certains élèves de GS savent déjà écrire leur prénom. Les laisser faire, bien sûr.
Collation organisée par le maître aidé des enfants.

Activités physiques : installer un parcours très simple avec les enfants (un banc, une chaise, un cerceau à plat sur le sol, un tapis), l'utiliser en changeant les consignes (tourner autour du banc, passer sous la chaise, sauter à pieds joints dans le cerceau, rouler sur le tapis ; ensuite grimper sur le banc, en sauter, tourner autour de la chaise, ramasser le cerceau et le passer autour de son corps par la tête, ramper sur le tapis...). Enfin, on peut modifier la disposition du parcours (voir aussi *Activités d'éducation physique*, p. 211).
Récréation, comptines et chant, repas.

• **Après-midi**
Repos collectif.
Lecture de comptines et de poésie.
Répartition des enfants dans **les ateliers** du matin (rotation).
Récréation, lecture d'un conte, sortie.

La première semaine

■ Le quatrième jour

• Matin

Accueil. Projet : découverte, pour les MS, et rappel, pour les GS, du déroulement d'une journée (Horloge : voir p. 99).

Répartition libre dans les différents ateliers : graphisme et peinture, modelage, découpage et collage, jeux individuels.

Exploitation de l'atelier de jeux individuels : images séquentielles, puzzles, encastrements. Le maître observe les enfants, énonce les consignes, met en place avec les enfants un codage des différents jeux, à l'aide de gommettes de couleurs et de formes différentes, pour en faciliter le tri et le rangement.

Collation organisée par le maître aidé des enfants.

Activités physiques : jeux collectifs. **Récréation, regroupement, repas.**

• Après-midi

Repos collectif puis lecture de comptines et de poésie.

Répartition libre dans les ateliers : rechercher ensemble le signe qui identifiera chaque atelier (graphisme et écriture ; peinture ; découpage et collage ; modelage ; jeux mathématiques). Ce signe sera plus tard utilisé sur le tableau des ateliers dirigés et sur le tableau à double entrée pour le travail libre par contrat (voir p. 163).

Remplacez la décoration de la classe du premier jour par les productions de la semaine (que vous aurez vous-même sélectionnées et préparées la veille, en les encadrant éventuellement d'un large trait de marqueur noir). **Récréation, histoire, sortie.**

La première semaine est terminée. Les activités mises en place vont vous permettre d'organiser tous les tableaux nécessaires à la bonne marche de la classe : tableau des présences, tableau de cantine, tableau de la date et du calendrier, responsabilités, ateliers dirigés, ateliers libres faisant l'objet d'un contrat (voir p. 96). Dans les semaines qui viennent vous fabriquerez les séries d'étiquettes-prénoms et les étiquettes-jours correspondant aux différents affichages.

LA RENTRÉE

Les premières semaines : activités types (toutes sections)

Pour arriver le plus rapidement possible à un bon fonctionnement de la classe et à une certaine autonomie des enfants, mettez les premières semaines à profit pour continuer à or-ga-ni-ser. Cette organisation passe par des discussions de tout le groupe.

▶ ON S'ORGANISE TOUS ENSEMBLE DANS LA CLASSE

■ Le fonctionnement

– Mettre en place le tableau d'activités (dès la deuxième semaine en MS et GS ; échelonné à partir de la troisième semaine en PS).
– Mettre en circulation les albums et cahiers choisis et les personnaliser.
– Continuer à coder, à l'aide de signes, de gommettes de couleurs, les jeux individuels (puzzles, encastrements) pour faciliter le tri et le rangement.
– Préciser les règles de vie qui vont régir le fonctionnement de la classe (afficher ce règlement).
– Introduire peu à peu de nouveaux ateliers (modelage, découpage, collage), leur nombre ayant été volontairement réduit les premiers jours.
– Rechercher les moyens d'enrichir les coins-jeux, les ateliers.

■ La décoration

– Apporter d'éventuelles modifications à l'aménagement de votre nouveau lieu de vie en évitant toutefois de chambouler trop vite l'espace

Les premières semaines : activités types

dans la petite section. Les petits ont besoin de repères précis, sécurisants.
– Personnaliser la classe en remplaçant la décoration du premier jour par les productions des enfants.

> ●●●●●●●●●●●●●●●●
>
> **AFFICHER PARTOUT**
>
> **N'**oubliez pas qu'on peut afficher ailleurs que sur les murs. Vous pouvez utiliser le plafond pour y accrocher des mobiles et l'abaisser ainsi au niveau des enfants (ce qui est pour eux plus sécurisant). Les cerceaux sont des supports commodes pour l'accrochage en hauteur.

■ La convivialité

Pour apprendre à un petit à se conduire comme un "grand", il suffit le plus souvent de montrer l'exemple : s'essuyer les pieds avant de rentrer en classe, surtout si la cour de récréation comporte un terrain d'herbe plus ou moins boueux, ne pas oublier de dire "bonjour", "au revoir", "s'il te plaît", "merci".

▶ ON APPREND À SE DÉBROUILLER TOUT SEUL

Rendre les enfants autonomes est l'un des objectifs majeurs de l'école maternelle. De plus cela permet que toutes les activités (et donc les apprentissages) se déroulent dans une atmosphère plus confiante et plus sereine.

Quelques exemples de comportements à acquérir :
– se déplacer calmement ;
– se servir seul ;
– savoir utiliser et ranger le matériel ;
– seul ou avec un camarade enfiler sa blouse de protection pour certaines activités salissantes ;
– reconstituer les puzzles, les jeux d'encastrement avant de les ranger ;
– former une boule de pâte à modeler, sans mélanger les couleurs après l'activité modelage ;
– manipuler les livres avec soin, les ranger à leur place dans le coin bibliothèque ;

SECTION DES PETITS...
DÉBUT DE L'ANNÉE

Soyez patient, n'espérez pas obtenir des résultats spectaculaires et rapides. Ne culpabilisez pas si, certains jours, vous avez la désagréable impression de "ne rien faire". Tout moment est activité de communication, activité motrice, scientifique : enfiler son manteau, distribuer un gâteau à ses camarades, se savonner les mains.

– acquérir des méthodes de travail : par exemple, en atelier, l'instituteur travaille avec un petit groupe alors que les autres enfants sont en activité autonome.

– apprendre à attendre (première étape pour apprendre à se maîtriser et à se concentrer).

L'ATSEM, dans la classe des petits, peut participer à cette mise en route.

POUR OBTENIR UN CHANGEMENT D'ACTIVITÉ, UN REGROUPEMENT DES ENFANTS

Utilisez des repères spatio-temporels : un chant, une comptine, un instrument de musique :
- quelques notes jouées sur un xylophone donnent le signal de rangement des ateliers ;
- la mélodie d'une boîte à musique invite à s'asseoir dans l'aire de rassemblement ;
- telle petite comptine incite à se préparer à sortir.

Simples chez les petits, vous pouvez introduire des repères plus complexes chez les grands. Par exemple : un enfant de service déclenche un signal sonore (musique sur cassette magnétophone) quand les aiguilles de la vraie horloge sont positionnées à l'emplacement indiqué par deux gommettes collées en permanence sur le cadran : les enfants savent alors qu'ils ont un quart d'heure pour ranger les ateliers et se rassembler.

▶ ON ORGANISE UNE VISITE GUIDÉE DE L'ÉCOLE

Aidez les enfants à se repérer dans les différents espaces de l'école, dans les autres classes, les salles communes, le bureau, le restaurant scolaire, la garderie, la "tisanerie" (cuisine et local des ATSEM).

Pensez à ouvrir toutes les portes, surtout celles des placards. Les lieux mystérieux peuvent être des causes d'angoisse pour les enfants très jeunes.
Présentez les différentes personnes et leur fonction :

> Les couloirs sont parfois longs et sombres.
> Et si on allait découvrir l'école avec des tricycles, des porteurs…
> comme des aventuriers ?

collègues, ATSEM, directeur. Faites connaissance avec les enfants des autres classes en organisant avec vos collègues des rencontres autres que les récréations (invitation à un goûter, à la présentation d'un chant, d'un conte).

DOUDOU, DODO…

Que faire de ces "doudou", ces "dodo" et autres objets transitionnels qui, le matin, accompagnent les enfants ? Proposez quelques activités autour de cet objet :
– l'utiliser au même titre que le matériel de la classe ;
– le transformer en marionnette, en marotte ;
– l'associer à la "vie" de la marionnette de la classe…
et petit à petit pousser les enfants à accepter de s'en séparer, le temps de chanter, de peindre…
– une boîte de rangement à "doudou" peut aider les enfants à prendre leurs distances avec lui.

CHAPITRE 2

PÉDAGOGIE ET ORGANISATION DE LA CLASSE

Vous avez fait votre tour de reconnaissance et vous avez mis en place ce qui était absolument incontournable pour votre classe.
Il s'agit maintenant d'organiser votre travail et celui des enfants.

PÉDAGOGIE ET ORGANISATION DE LA CLASSE

Vos "outils"

▶ **L'EMPLOI DU TEMPS**

Il faut respecter tout au long de l'année les repères horaires de l'emploi du temps. C'est par cette régularité que l'enfant acquiert un sentiment de sécurité et la notion de temps scolaire. Voici une proposition d'emploi du temps type (assez proche de l'emploi du temps de la première journée, p. 42).

PROPOSITIONS POUR UN EMPLOI DU TEMPS EN PETITE SECTION

8h20
Accueil échelonné dans la classe.
Conversations familières. Échanges personnels avec l'enfant.
Activités librement choisies (coins-jeux d'imitation, atelier dessin, gros jeux…).

8h45
Regroupement : chant, comptines, jeux de doigts… Langage.
Mise à jour des différents tableaux.

9h
Activités physiques, retour au calme.

9h30
Collation.
Moment collectif, chant… Langage.
Présentations des ateliers avec rotation (dirigés/autonomes).

10h15
Regroupement : bilan.

10h30
Récréation.

11h
Jeux de rythme ou lecture d'un album, ou écoute musicale.

11h20/11h30
Sortie.

13h20
Installation dans le dortoir : **sieste.**
Accueil échelonné dans la classe.
Activités liées au projet (projet de la journée, de la semaine ou d'une durée plus longue) en cours.

15h15
Regroupement : jeux vocaux, rythmes...

15h30
Récréation.

16h
Conte ou **projection de film (de diapositives)** ou **animation de marionnettes.**

16h20/16h30
Sortie.

PÉDAGOGIE ET ORGANISATION DE LA CLASSE

PROPOSITIONS POUR UN EMPLOI DU TEMPS EN MOYENNE SECTION

8h20
Accueil.
Dans la classe : recueillir les réflexions spontanées, mise à jour du tableau des présences, soins aux plantes, animaux.

8h35
Regroupement. Langage.
Vérification, élaboration, lecture des différents tableaux.
Élaboration du projet (induit les activités). Éclatement en groupes d'activités. **Atelier dirigé : graphisme ou maths... Ateliers autonomes selon le projet.**

9h45
Regroupement, bilan, collation.

10h
Activités physiques.
Retour au calme.

10h30
Récréation.

11h
Moment collectif : jeux vocaux, chant.

11h20/11h30
Sortie.

13h20
Accueil.
Dans la classe.

Vos "outils"

Moment de détente ; repos selon les besoins individuels. **Poésie.**

14h
Activités en ateliers : rappel du projet ou élaboration du nouveau projet. Mise en œuvre en ateliers libres. **Regroupement, bilan, mise à jour des tableaux de contrôle des différentes activités, rangement, classement des travaux.**

15h15
Récréation.

15h45
Moment collectif : jeux de rythmes, jeux d'écoute, jeux musicaux…
Jeux dramatiques, marionnettes…
Conte ou audition musicale ou projection.

16h20/16h30
Sortie.

Remarques : *En MS et en GS, les enfants ont pris l'habitude de ce qu'est l'emploi du temps d'une journée. Il est moins nécessaire de maintenir de façon aussi stricte qu'en PS une totale régularité. Faire alterner deux types d'emploi du temps peut permettre de mieux développer certaines activités qui demandent plus de temps (bricolage pour mettre en place le décor du récit du soir, installation et exploitation approfondie d'un circuit de motricité et de découverte sensorielle, visite à l'extérieur de l'école…). L'emploi du temps qui viendra en alternance avec ceux qui sont présentés ici peut donc prévoir une plage assez longue (le matin ou l'après-midi ; mais jamais plus d'une heure et demie) réservée aux activités "à la carte" demandant un développement plus étalé dans le temps. Attention cependant : l'emploi du temps est aussi un garde-fou pour vous, qui vous évite de trop vous appesantir sur une activité au détriment des autres.*

PÉDAGOGIE ET ORGANISATION DE LA CLASSE

PROPOSITIONS POUR UN EMPLOI DU TEMPS EN GRANDE SECTION

8h20
Accueil dans la classe, **soins aux plantes, aux animaux, mise à jour du tableau des présences.**

8h35
Regroupement – langage.
Vérification, élaboration, lecture des différents tableaux.
Élaboration du projet (induit les activités). Éclatement en groupes d'activités : **Atelier dirigé : maths ou écriture ou langage...**
Ateliers autonomes selon le projet.

9h45
Regroupement, bilan, collation.

10h/10h30
Récréation.

10h50
Moment collectif : chant.
Activités physiques. Retour au calme.

11h20/11h30
Sortie.

13h20
Accueil dans la classe.
Poésie.
Repos selon les besoins.
Activités en groupes : complément des activités du matin en fonction du projet. **Regroupement, bilan, mise à jour des tableaux de contrôle des différentes activités, rangement, classement des travaux.**

15h
Récréation.

15h30
Activités libres.

16h
Conte ou audition musicale ou projection.

16h20/16h30
Sortie.

▶ **LES ACTIVITÉS "TAMPONS"**

Elles sont prévues pour que les enfants les plus rapides dans l'exécution de leur travail puissent trouver une autre activité pendant que les autres finissent. Elles servent aussi au moment du réveil échelonné. Elles sont accompagnées de la consigne rigoureuse de : "Ne pas faire de bruit afin de ne pas gêner les enfants qui n'ont pas fini le travail ou qui dorment encore !"
– Un atelier "à la carte" avec du matériel connu pour travailler en autonomie, par exemple : les plus grands peuvent mettre à jour un cahier personnel (voir page 92, cahiers et albums) en utilisant des techniques bien maîtrisées : dessin, collage, écriture ou réaliser des fiches d'exercices ludiques, individuels (jeux sensoriels, mathématiques, graphiques, coloriages) ;
– l'atelier de jeux individuels : puzzles, encastrements, imagiers, jeux de laçage, d'enfilage ;
– la bibliothèque ou le coin écoute (à condition que le magnétophone soit équipé de casques d'écoute).

UN EXEMPLE DE RITUEL DU MATIN

Le même rituel est répété chaque jour. Vous aurez à l'expliquer en début d'année sur le cahier journal.

L'enfant recherche son étiquette qu'il ira afficher sur **le tableau des présences** (travail de lecture pour toutes les sections). On peut aussi faire l'appel, sous forme d'un jeu dont les règles peuvent varier (tous les enfants se cachent et on ne se montre qu'à l'appel de son nom ; ou, à l'appel de son nom, on va se placer en file derrière celui qui a été appelé avant ; ou encore chacun met ses mains devant son visage et se "dévoile" au moment de l'appel de son nom. Les possibilités sont infinies).
On compte les présents et les absents sont nommés.

On nomme le jour à l'aide d'une étiquette portant le nom du jour (les jours sans école sont écrits en rouge). En PS, chaque jour peut avoir une couleur différente correspondant par exemple à un foulard de la marionnette de la classe à changer chaque jour.
Sur le panneau d'affichage de l'aire de regroupement, on enlève la feuille du calendrier éphéméride. La date est "écrite" à l'aide des étiquettes (voir p. 97).

On indique sur **le tableau météo** (créé par vous, par les enfants ou acheté dans le commerce selon les besoins de la section concernée) le temps qu'il fait, le mois de l'année et la saison.

On change le foulard de la marotte de la classe : la couleur du foulard correspondant à celle de l'étiquette du jour (exemple, lundi : vert). Les enfants sont chargés, avec l'aide de l'instituteur ou seuls selon la section ou le moment de l'année, de remplir cette tâche qui pourra être répertoriée sur le tableau des responsabilités.

On fait le programme des temps forts de la journée : Aujourd'hui, on va au gymnase, à la piscine... C'est le jour des céréales... C'est le jour de l'atelier cuisine. Chaque activité est illustrée par un dessin ou une photo.

On peut aussi écrire une phrase au tableau liée à l'événement le plus marquant de la journée, la "relire" ensemble, la laisser toute la journée et la "relire" le lendemain.

On découvre les "trésors" apportés par les uns ou les autres en piochant dans le "panier à trésors" où ils ont été déposés en entrant. C'est l'occasion de faire de la syntaxe : "Qui a apporté cela ? Qu'est-ce que c'est ?" et autres interrogations. Ou "Ce n'est pas Ludovic qui a apporté ce trésor. Ce n'est pas Julie, non plus" et autres négations...

Vos "outils"

▶ TEMPS FORTS / TEMPS FAIBLES

Pour élaborer votre emploi du temps et surtout pour répartir les efforts de concentration que vous allez demander à vos élèves, il peut être utile de consulter le tableau ci-dessous.

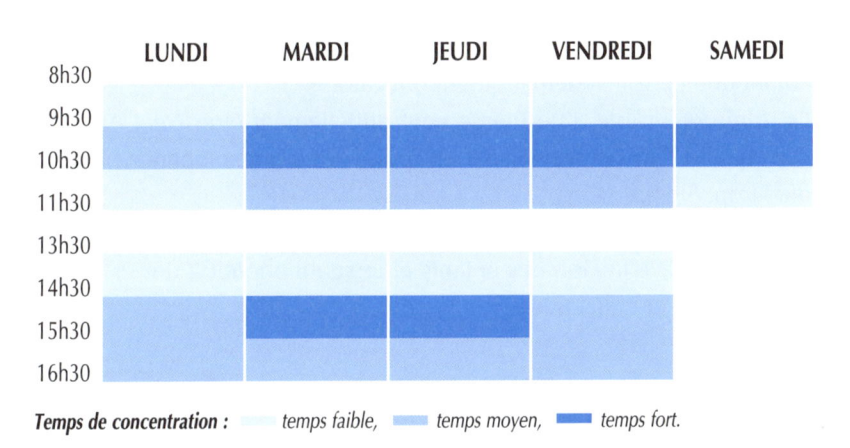

	LUNDI	MARDI	JEUDI	VENDREDI	SAMEDI
8h30					
9h30					
10h30	moyen	fort	fort	fort	moyen
11h30					
13h30					
14h30					
15h30	moyen	fort	fort	moyen	
16h30					

Temps de concentration : ▬ temps faible, ▬ temps moyen, ▬ temps fort.

Remarques :
Lundi est considéré comme un "mauvais jour", un jour sans temps fort : les enfants se "remettent" de la rupture de rythme du week-end ! *(Ce fait très réel est encore plus net pour les enfants qui connaissent des problèmes familiaux.)*
Mardi et jeudi sont comparables, de bon rendement.
Vendredi est variable : les enfants les plus jeunes accusent la fatigue accumulée tout au long de la semaine.
Le **samedi matin** est un bon moment à la maternelle : les enfants sont souvent moins nombreux (absentéisme du week-end) et plus calmes.
Ces réflexions peuvent vous amener à mettre en place des ateliers, à lancer de nouvelles activités, à démarrer le travail autour d'un thème plutôt le jeudi que le lundi. Il existe des variantes de ce constat, parfois même contradictoires. Ces données sont en effet à prendre avec certaines précautions et plutôt comme un outil auxiliaire. Ce d'autant que, selon les horaires de votre école (entrée à 8 h 30 ou à 9 h), le rythme des enfants sera éventuellement différent.

▶ ORGANISER UN TRIMESTRE, UNE PARTIE DE L'ANNÉE AUTOUR D'UN THÈME

Organiser un travail sur des périodes plus ou moins longues selon le thème choisi (semaine, mois ou trimestre) apporte une unité et un sens au travail de l'enfant. Le thème doit être un centre d'intérêt profond auquel peut se rattacher l'ensemble des activités de la classe, sans pour autant que ce soit systématique ni obligatoire.
La durée prévisible d'un thème peut difficilement être fixée. Arrêtez-vous quand l'intérêt des enfants est épuisé (mais n'abandonnez pas non plus trop vite !).
La qualité d'un thème se révèle lorsqu'il met en jeu l'imagination, les sentiments, la réflexion des enfants et lorsqu'il aboutit à des créations personnelles et collectives.

▶ VOS PRÉPARATIONS

La préparation est bien sûr une part importante de votre travail. Si vous ne vous organisez pas, elle peut même "manger" tout votre temps disponible en dehors de la classe, week-ends compris.

■ Organiser son temps de préparation

En maternelle, en plus de l'élaboration de vos progressions et de la tenue du cahier-journal, la préparation comprend une quantité de découpages, de fabrications d'étiquettes (mots, prénoms, vignettes...), d'élaboration de modèles en plusieurs exemplaires (algorithmes, par exemple). Elle comprend également la recherche de matériel de base varié pour les différents ateliers et la réunion de documentation iconographique ou autre dans les domaines les plus divers (animaux, plantes, technologie, biologie, géographie...).
Travailler jusqu'à minuit tous les soirs n'est pas une solution. Vous avez aussi besoin de vous détendre et de prendre du recul par rapport à votre pratique pédagogique.

QUELQUES EXEMPLES DE THÈMES

Le thème peut être très restreint au départ et se déployer petit à petit, en fonction des suggestions des enfants ou de l'évolution des découvertes.
- Le cirque.
- Les sorcières.
- Le loup.
- Les hippopotames.
- Un événement artistique ou sportif.
- La construction d'un immeuble voisin.
- L'arbre.
- Le vent.
- Le lait.
- Les affiches publicitaires.
- Des chansons traditionnelles.

Le thème peut aussi être plus général au départ, quitte à se concentrer ensuite sur un point particulièrement riche et pour lequel les enfants montrent tout à coup une vraie passion.
- Thème de la nature avec les observations que permet le cycle des saisons.
- Thème lié au milieu, à l'environnement de l'enfant : le village, la ville, le quartier.
- Thème des grandes fêtes.
- Thème des contes… Veillez à ne pas enlever la poésie du conte en le décortiquant trop, il doit être le point de départ pour un thème plus vaste. (Exemple : *Le Petit Prince* de Saint-Exupéry peut être le point de départ d'une étude autour des planètes.)
- Thème que fournit la vie des animaux domestiques, sauvages ou extraordinaires (licorne, centaure).
- Thèmes proposés par les enfants et qui font appel à leur vécu (préparation d'un voyage, d'un événement familial).
- Thème de l'alimentation (plats différents suivant les pays, à quoi ça sert de se nourrir ? Comment faire pour bien se nourrir ?).
- Thème de travail autour des différentes cultures de la classe (mode de vie, habitat, climat…).
- Thèmes "venus de l'extérieur" : d'une association humanitaire (Médecins du monde par exemple organise des actions concrètes dans les écoles volontaires pour les enfants du tiers monde, un pays en guerre) ou d'un partenaire de l'école (par exemple, proposition de travail sur le sommeil dans le cadre d'un projet santé municipal).

Bien entendu, choisissez toujours un thème qui vous plaise.
L'enthousiasme se communique. Attention cependant, emporté par votre enthousiasme, à ne pas entraîner les enfants sur un terrain trop difficile pour eux (le meilleur signe de cette situation est le désintérêt complet d'une majorité d'enfants pour le travail sur ce thème).

Il est donc essentiel de profiter au mieux des plages libres de votre temps à l'école pour avancer votre cahier-journal, aménager votre classe et préparer les activités. Le moment de la sieste des enfants est un temps très utile pour préparer sur place le matériel de base des activités en ateliers, en évitant d'avoir à transporter, chez vous puis de nouveau à l'école, les feuilles de papier grand format, les boîtes de gommettes, les modèles volumineux à afficher...

■ Les outils et les traces

Des traces écrites de vos préparations et des outils commodes sont décrits dans les paragraphes qui suivent. Ils sont de trois types :
– Les documents qui prévoient, au trimestre, à l'année, de façon chronologique, les activités à proposer à la classe : objectifs généraux, progression en graphisme, mathématiques, lecture, motricité...
– Les fiches de préparation de chaque activité qui font apparaître les objectifs à atteindre et les compétences à faire acquérir, l'organisation matérielle, le déroulement (contenu, forme de travail, gestion du temps) et enfin le bilan (objectifs atteints ou non, pourquoi ?, les enseignements à en tirer et les changements éventuels à apporter pour un meilleur résultat).
– Le cahier-journal qui décrit la vie et l'évolution de la classe.

■ Les progressions

En maternelle, les progressions que vous établirez concerneront essentiellement le graphisme, la motricité, les mathématiques, la lecture, la pratique de la langue orale et l'éducation artistique.

Au début de l'année, parez au plus pressé :
– Ne cherchez pas à établir dès les premières semaines des progressions pour toute l'année.
– Aidez-vous, au début, des suggestions des pages 56 et suivantes, pour le quotidien de la classe.

Vos "outils"

EXEMPLES DE PROGRESSION

MOTRICITÉ (PS)

Locomotion
Se déplacer pour repérer les classes, les couloirs, les toilettes, la salle de motricité, la cour de récréation, à pied, sur des engins porteurs, avec des patinettes, des tricycles, dans différentes attitudes, différentes directions (se rassembler, se disperser).

Déplacements sur gros matériel
(Tables, chaises, bancs, supports métalliques, échelles, espaliers.) Grimper, descendre, cheminer en situation plus élevée, à quatre pattes, à cheval, debout, cheminer dans des souricières, sur des plans peu inclinés.

Jeux fonctionnels, matériel divers
Pousser, tirer, entrer, sortir, porter, empiler, jeter, récupérer (balles, ballons, cartons, caissettes, draps).
S'essayer à des actions à plusieurs (se tirer, se pousser). Construire, démolir, lancer, ne pas lancer.

Jeux mimés, danse
En dispersion puis en farandole à former sur des chansons enfantines *(Savez-vous planter les choux, Un petit bois charmant, Trampolino, Dans le pré s'en va le train, À la ronde).*

Jeux collectifs
Jeux de poursuite (tous le même rôle), attraper la maîtresse, rechercher la marionnette, (avec tenue d'un rôle) être chat avec la maîtresse.
Jeu du loup ("Loup y es-tu?"), pour s'échapper, se percher, se réfugier.

GRAPHISME (MS)

Les ronds remplissant une surface (concentriques, sécants).
– Les lignes (horizontales, verticales, obliques, quadrillages : voir l'exemple d'exercices joint page suivante).
– Les serpentines
– Les boucles
  sens positif :
  sens négatif :
  algorithmes :
– Les "ponts" :
– Les "pointus" :
– Les combinaisons :

L'écriture :
Son prénom, des mots simples :
maman   papa

PÉDAGOGIE ET ORGANISATION DE LA CLASSE

EXEMPLES D'EXERCICES EN GRAPHISME DIRIGÉ

Maîtriser le geste graphique en liaison avec la préparation à l'écriture

La ligne droite horizontale : tracés de gauche à droite

Points verts = début
Points rouges = fin

Tracés interrompus par des obstacles dispersés

La ligne droite verticale : tracés de haut en bas

tracés interrompus par des obstacles dispersés

Le quadrillage

Tracés ininterrompus commandés par des obstacles dispersés à contourner

Vos "outils"

– Ne vous obstinez pas à tout vouloir mettre noir sur blanc. Une à deux fiches de préparation par jour suffiront amplement.

– Pendant ce temps, organisez-vous à votre rythme, mettez en place progressivement vos divers outils pédagogiques. Au bout de quelques semaines, vous y verrez plus clair, vous aurez pris l'habitude de la classe et il sera beaucoup plus facile d'établir des progressions, en consultant éventuellement vos collègues.

■ Les fiches de préparation

Les fiches de préparation vous servent de guide pour la marche à suivre de la séquence le jour où vous l'organisez en classe. Elles sont ensuite insérées dans le cahier-journal où elles restent jusqu'à la fin de l'année, comme compte rendu. Elles pourront enfin être réutilisées (avec d'éventuelles améliorations ou modifications) l'année suivante.

Elles peuvent être de couleurs différentes selon le type d'activité, porter un code simple précisant la difficulté.
Vous pouvez les numéroter pour les classer plus aisément et utiliser leurs numéros comme renvois dans vos progressions.

SACRO-SAINTE PROGRESSION

Une progression ne doit pas être un carcan.
Vous pourrez bien souvent en aborder les diverses activités dans un ordre différent d'une année sur l'autre, selon qu'un événement fortuit ou une particularité du calendrier l'aura justifié.
L'essentiel n°1, c'est la motivation des enfants.
L'essentiel n°2, c'est de savoir toujours où on en est, ce qui a été fait et ce qui reste à faire. (Photocopiez vos progressions et cochez les activités faites chaque jour.)
De toute façon, vous vous apercevrez vite que c'est en classe que tout s'invente bien souvent. Gardez en tête les objectifs à atteindre et sachez improviser en fonction de la demande et de la disponibilité des enfants.

EXEMPLES DE FICHES DE PRÉPARATION (PLUS OU MOINS DÉTAILLÉES)

MS. MATHS

Projet: faire des guirlandes de Noël.
Domaine disciplinaire concerné: mathématiques.
Compétences générales:
– fixer son attention, se concentrer sur une tâche;
– identifier, analyser ses erreurs;
– reconnaître et nommer des formes géométriques simples.
Objectifs: réaliser des algorithmes répétitifs.
Organisation: groupe de 6 enfants
Durée: environ 20 mn
Matériel: gommettes de différentes formes et couleurs, longues bandes de papier.
Déroulement et consignes:
– expliquer la règle de l'algorithme oralement à partir d'une série réalisée spontanément par un enfant;
– réaliser des guirlandes avec le papier et les gommettes, par groupes de deux enfants en suivant la règle de l'algorithme.
Évaluation et commentaire:

GS. TRAVAIL SUR LES CONTES

Cette séquence s'inscrit dans un travail de longue durée si possible enrichi par des événements forts: intervention régulière d'une conteuse dans la classe, visites régulières d'une bibliothèque...
Objectifs à long terme:
– distinguer ce qui relève de l'imaginaire et ce qui relève du réel;
– enrichir son vocabulaire.

Séquence du jour:

I. Compétences

Compétences transversales:
– prendre conscience de la notion de chronologie, maîtriser un déroulement;
– imaginer et créer des histoires;
– s'exprimer par le jeu de la parole ou du dessin.
Compétences disciplinaires:
– langage: produire des textes variés en les dictant ou en les enregistrant;
– arts plastiques: illustrer un conte en s'assurant de la pertinence du dessin (différentes expressions du visage, dessiner des personnages, des animaux en mouvement, permanence de certains éléments comme les vêtements, la couleur des yeux, des cheveux...).

II. Matériaux de départ

– Autant de débuts d'histoires que de groupes d'enfants (les mêmes);
– magnétophones;
– matériel de dessin (feuilles, crayons de couleur, feutres);
– livres de référence (livres de contes, encyclopédies, dictionnaires) à consulter en libre-service par les différents groupes constitués.

III. Déroulement

Présentation collective:
– raconter le début de l'histoire;
– présentation de deux à trois images qui racontent le début de l'histoire.
Travail par groupes de 4 à 6 enfants (imaginer la suite de l'histoire).

(suite)
Phase de synthèse : écoute des productions (enregistrements) et affichage des productions (illustrations).

IV. *Prolongements envisagés*
– Faire un livre de l'histoire terminée (un par enfant ou un grand livre pour tout le groupe-classe).
– Aller raconter l'histoire aux enfants des classes voisines.

GS. LE CALENDRIER DE L'AVENT

I. *Compétences*
Compétences transversales :
– notion de chronologie ;
– s'inscrire dans un projet collectif.

Compétences disciplinaires :
– identifier certains types d'écrits : les calendriers ;
– identifier des mots familiers (lundi, mardi, mercredi...) et les écrire ;
– numération ordinale ;
– décorer le calendrier de l'avent (paysages de Noël) ;
– se dessiner (miniaturisation) ;
– créer un objet.

II. *Matériaux de départ*
– calendriers variés ;
– magazines à découper ;
– livres de références : livres de contes sur Noël, livres sur l'hiver, livres sur les animaux des pays froids...
– miroirs (pour se dessiner) ;
– matériel pour dessiner, ciseaux, cartes en papier bristol, colle, grande enveloppe, panneau d'affichage.

III. *Déroulement*
Phase collective :
– présentation des calendriers ;
– recherche sur les calendriers de la date de Noël, de celle des vacances ;
– caractéristiques des différents calendriers de l'avent (pour en construire un) ;
– choix d'un mode de fonctionnement du calendrier à construire (par exemple, pour un calendrier train de Noël : chaque enfant se dessine en miniature et découpe sa silhouette ; les silhouettes sont rangées dans une grande enveloppe ; chaque jour une silhouette est tirée au sort et collée sur la carte paysage du jour).

Remarque : prévoir que tous les enfants doivent être montés dans le train de l'avent, avant le début des vacances de Noël (le lundi, on peut faire monter des enfants dans le wagon du dimanche précédent. Si nécessaire, faire monter plusieurs enfants par jour, selon le nombre d'enfants dans la classe).

– Recenser avec les enfants les différentes tâches nécessaires pour la fabrication de ce calendrier de l'avent : se dessiner et découper sa silhouette, dessiner des cartes-paysages de Noël, écrire ou découper dans des magazines (programme télé par exemple) le nom des jours (distinguer les jours d'école et les autres), numéroter les jours (en écrivant les chiffres ou en les découpant dans des revues).

Travail par groupes de 6 à 8 répartis dans les différents ateliers (plusieurs séances).

Regroupement, phase de synthèse : Les cartes choisies collectivement sont accrochées les unes derrière les autres de façon à former le train de l'avent, en respectant l'ordre des jours (numérotation, déroulement chronologique de chaque semaine).

PÉDAGOGIE ET ORGANISATION DE LA CLASSE

■ Le cahier-journal

Voir son rôle et l'explication de son utilisation p. 29 (Matériel à mettre en place dès la rentrée).

▶ MATÉRIEL PÉDAGOGIQUE À ENRICHIR TOUT AU LONG DE L'ANNÉE

Presse écrite (magazines), télévision, magnétoscope, téléphone, Minitel, ordinateurs font maintenant partie de l'environnement familier de l'enfant et sont autant de ressources pour mettre en place des situations pédagogiques nouvelles et variées.

■ La télévision

Hors de l'école, les enfants la regardent souvent abondamment !

À l'école maternelle elle peut être utilisée ponctuellement comme un outil d'observation sans transformer l'enfant en "avaleur" d'images et de sons. Précisez toujours pourquoi vous proposez de regarder la télévision à tel moment (pour voir un documentaire filmé, plus complet que dans un livre ; pour écouter une histoire racontée et jouée par des acteurs ; pour apprendre une chanson ; pour découvrir un pays sans voyager...). Pensez aussi à dire de temps en temps : "Aujourd'hui, il n'y a rien d'intéressant à la télévision". Lorsque vous regardez une émission avec les enfants, en revanche, commentez, posez des questions, dialoguez avec eux pendant le cours de l'émission (en faisant des pauses s'il s'agit d'une cassette vidéo) pour les entraîner à rester actifs et critiques.

La télévision ne doit pas être un rendez-vous systématique mais un rendez-vous choisi pour une raison précise : certaines revues de télévision grand public proposent des sélections qui peuvent vous aider à faire un choix (*Télérama junior*, par exemple). Vous aurez le plus souvent à enregistrer les émissions, d'une part parce que les programmes pour les plus jeunes sont le plus souvent émis après 17 heures ; d'autre part parce que la cassette vidéo offre plus de souplesse pour une utilisation

avec des petits : liberté par rapport aux horaires, possibilité de sélectionner des passages plus intéressants, possibilité d'arrêts sur image, jeux possibles avec les retours en arrière, etc.
Les émissions pédagogiques sont répertoriées dans les revues destinées aux enseignants. Le CRDP et le CNDP (voir p. 125) offrent toute sorte de documentaires en vidéo (prêt aux enseignants).

■ La presse écrite

Le livre est largement présent à l'école mais il est indispensable de varier les supports. C'est ce que permet la presse enfantine.
Abonnez la classe à un journal, un magazine pour enfants ; vous pouvez facilement trouver des adresses dans les publicités envoyées à l'école ou en feuilletant ce que propose un magasin de presse.
N'oubliez pas que la presse "adulte" a également sa place à l'école maternelle.

• Utilisez les pages de publicité des magazines
Vous pouvez exploiter ces pages colorées et variées pour diverses activités.
Quelques exemples :
– (GS) découper et classer les aliments par groupes (produits laitiers, viandes, œufs et poissons ; féculents ; matières grasses ; fruits et légumes ; boissons) ou par provenance (animal, végétal) ;
– (MS et GS) raconter une histoire à partir d'une image publicitaire ou d'un assemblage de deux ou trois images tirées au hasard parmi une sélection ;
– (MS et PS) fabriquer un puzzle avec une image collée sur du bristol et coupée en 4, 6, 8 pièces ;
– (PS) coller un personnage au centre d'une feuille, puis placer un objet à côté, au-dessus, au-dessous, loin, près...

• Apportez des livres illustrés et des journaux pour adultes
Apprenez aux enfants à utiliser ces divers supports de l'écrit pour qu'ils

PÉDAGOGIE ET ORGANISATION DE LA CLASSE

deviennent compréhensibles. Dans un journal, par exemple, en MS et GS, demandez de trouver des mots clés, des images qui se rapportent au thème du moment.
Montrez où se trouve le titre des articles. Soulignez le fait que les photos illustrent le thème ; qu'un même thème est parfois traité sur plusieurs pages, voire dans tout un "numéro spécial". Montrez le sommaire, dont la structure est facilement reconnaissable. Faites retrouver le sommaire dans d'autres revues. Expliquez son utilité en parlant des numéros de pages. Faites parler les enfants sur les couvertures (titre du magazine, photos, textes d'accroche...).

■ Présentez des annuaires

Demandez aux enfants de chercher, dans les pages blanches de l'annuaire de leur ville, leur nom, accompagné de leur adresse et leur numéro de téléphone (attention à ne pas blesser les enfants chez qui il n'y aurait pas de téléphone : consulter les fiches individuelles à l'avance). Ce travail constitue une approche de l'organisation alphabétique.
Dans les pages jaunes, faites-leur prendre conscience qu'il s'agit d'un annuaire regroupant les différentes professions. Par extension travailler sur le thème de la profession de certains parents (attention encore aux situations délicates : parents aux chômage, par exemple).
De la même façon, ne vous contentez pas des imagiers adaptés à l'âge de vos élèves. N'hésitez pas à leur mettre entre les mains des dictionnaires pour adultes et à les utiliser devant eux en leur expliquant ce que vous y cherchez.

■ La BCD

La bibliothèque centre documentaire, mise en place dans de nombreuses écoles, s'insère complètement dans le projet pédagogique.
Lieu central différent de la bibliothèque de classe, elle a pour particularité de placer l'enfant en situation autonome (comprendre et appliquer les règles de fonctionnement du prêt et du rangement ; mémoriser la localisation des différents types d'ouvrages ; prendre soin des livres et

Vos "outils"

tenir compte des autres enfants avec lesquels on les partage ; aller seul à la bibliothèque pour rechercher des informations nécessaires au projet de la classe ou à ses besoins personnels).

La BCD permet à l'enfant une exploration libre et active de l'écrit sous toutes ses formes (récits, poèmes, journaux, recettes, règles de jeux, documentaires, encyclopédies, dictionnaires).

La BCD est ouverte sur l'extérieur : animations autour de l'écrit (expositions, débats autour d'un thème, d'un livre avec participation d'intervenants extérieurs : parents, bibliothécaires, conteurs, écrivains). Les enseignants peuvent aussi largement utiliser la bibliothèque lors des décloisonnements (ateliers de poésie, de conte, de lecture, d'écriture).

QUELQUES IDÉES D'UTILISATION DE LA BCD

- **(PS)** Chercher la photo d'un animal, d'une machine, d'un personnage en feuilletant les livres d'un rayon restreint (pour simplifier la recherche, éviter la pagaille et faciliter le rangement ensuite) que vous aurez vous-même exploré auparavant pour vous assurer que la photo demandée s'y trouve bien.

- **(MS et GS)** L'intrus : placer un livre au milieu d'un rayon restreint qui n'a rien à voir avec lui (un livre sur les volcans au milieu des livres de cuisine, par exemple) et demander aux enfants de démasquer l'intrus.

- **(MS et GS)** Travailler sur l'ordre (alphabétique) des classements (remettre dans l'ordre un tout petit nombre de livres déclassés).

- **(GS)** Chercher un mot (dont le modèle écrit sur une étiquette est distribué à chacun) dans les titres des livres d'un rayon restreint ou dans les pages d'un livre (un mot et un livre différent pour chaque enfant). Vous aurez soigneusement préparé l'exercice la veille.

- **(Toutes sections)** Chercher tous ensemble des photos et des textes sur un thème ; photocopier les photos ou les dessiner ; écouter la lecture des textes ; mémoriser des informations et en restituer certaines pour faire une fiche sur le thème ou une mini-exposition. Ex : Le castor (qui se souvient de l'endroit où il vit ? comment est sa queue ?).

PÉDAGOGIE ET ORGANISATION DE LA CLASSE

■ La télématique et l'informatique

Ces outils sont devenus d'usage courant dans les familles et sont parfois utilisés par les enfants. Votre école ne bénéficie peut-être pas de moyens informatiques, mais vous avez presque certainement la possibilité d'accéder avec votre classe à un Minitel, dans l'école. Si ce n'est pas le cas, demandez à en faire installer un : c'est un outil qui ne coûte pas bien cher à utiliser et qui présente de nombreux avantages lorsqu'on travaille avec des enfants qui découvrent les lettres, le sens de l'écriture occidentale, et qui peuvent trouver un grand plaisir à utiliser les possibilités d'un clavier pour faire des vraies lettres "bien écrites" comme les grands : le Minitel peut s'utiliser comme un simple traitement de texte pourvu que vous ne vous connectiez sur aucun serveur. Et dans ce cas, il est carrément gratuit !

N'hésitez pas à familiariser les enfants avec les pratiques d'utilisation du plus grand nombre possible d'instruments de la communication actuelle (téléphone, répondeur, fax).

En maternelle, le simple apprentissage du bon maniement des instruments constitue déjà une mine : prise de conscience de l'utilité de l'écrit pour transmettre des informations (mode d'emploi) ; observation ; émission d'hypothèses ; mémorisation ; enrichissement de champs thématiques de vocabulaire.

> **QUELQUES IDÉES POUR UTILISER LE MINITEL**
>
> ● **(MS et GS)** Jeux de reconnaissance des lettres sur le clavier (Quelle est la lettre qui se trouve entre le F et le H, entre le C et le B ? Où se trouve la première lettre du prénom de Ludovic ?).
>
> ● **(GS)** Jeux d'écriture sur papier (recopier sur une feuille toute la première ligne des lettres du clavier, sans en oublier ; recopier la première colonne des chiffres...).
>
> ● **(GS)** Jeux d'écriture avec le clavier et l'écran – sans activer de service Minitel, on a simplement un traitement de texte rudimentaire et gratuit – (reproduire sur l'écran le mot très court dont on a le modèle sur une étiquette).

Vos "outils"

Dans quelques écoles maternelles, vous pourrez avoir la chance d'utiliser un ordinateur et d'accéder à un Nanoréseau (ensemble de 6 à 8 micro-ordinateurs reliés à un ordinateur central que vous pilotez et sur lequel est chargé le logiciel utilisé). Malheureusement, les appareils de ces installations mises en place il y a maintenant une dizaine d'années n'ont pas toujours été entretenus et sont parfois en mauvais état.

Le matériel est différent d'école en école et le plus souvent vétuste, quand il est présent.

Sachez qu'il existe des logiciels adaptés aux enfants de maternelle (logiciels de dessin, memory, labyrinthe...).

N'abordez cette activité que si vous savez déjà bien, vous-même, vous servir des outils que vous aurez à manipuler ou si quelqu'un de compétent peut être présent : sinon ce sera la pagaille générale pendant que vous tâtonnerez.

En principe quelques séances d'explication et de pratique suffisent pour s'initier au moins aux rudiments (mettre l'ordinateur en marche ou l'éteindre, charger le logiciel, utiliser les touches nécessaires à son fonctionnement).

Le travail avec un Minitel ou un ordinateur est une activité qui se pratique en tout petit groupe : pas plus de deux enfants par poste.

■ Matériel audiovisuel, machine à écrire, imprimerie...

D'une manière générale tous les moyens susceptibles d'enrichir votre pratique pédagogique peuvent être utilisés en maternelle comme dans les niveaux plus âgés :

– Magnétoscope, caméscope (enregistrer et filmer des activités pour envoyer des courriers aux correspondants, faire une projection aux parents, utiliser des réalisations musicales de l'année à l'occasion de la fête de fin d'année, faire des démonstrations de bricolage, de motricité, que l'on pourra visionner plusieurs fois si nécessaire et commenter, filmer les enfants dans les mêmes activités à des moments différents de

PÉDAGOGIE ET ORGANISATION DE LA CLASSE

l'année pour montrer leurs progrès aux parents et faire toucher du doigt aux enfants eux-mêmes à quel point leurs compétences augmentent. Pensez, dans ce dernier cas, à souligner : "Tu as vu comment tu sautais du banc avant ? et comment tu sautes maintenant ?").

– Radio (écoute musicale, choix de fonds sonores à enregistrer pour un mime, une séance d'expression corporelle ou de motricité...).

– Appareil-photo (Polaroïd, pour une utilisation immédiate : bilan, affichage et commentaire "à chaud", images séquentielles à reclasser pour rendre compte d'une activité. Appareil normal de fonctionnement très simple, pour l'album de vie de la classe, une exposition, une visite, une exploration du quartier, un safari à thème).

– Machine à écrire, petite machine à imprimer ou traitement de texte avec une imprimante (donner l'aspect d'un livre aux productions des enfants, valoriser leurs créations, les confronter à des graphies différentes).

▶ ÉVALUER LE TRAVAIL DE L'ÉLÈVE

Il est essentiel, pour permettre aux enfants de progresser et pour faire évoluer votre enseignement :
– de faire le point ensemble sur les compétences acquises et les conditions de la réussite ou de l'échec ;
– de prendre en compte le rythme des acquisitions ;
– de déceler les difficultés et de mettre en place rapidement des actions appropriées.

■ Les "grilles" d'évaluation

Il existe des documents d'évaluation imprimés chez les éditeurs, utilisables tels quels ou à adapter aux besoins de la classe. On peut éventuellement alléger ces imprimés parfois trop denses.

Autre possibilité : l'équipe pédagogique élabore sa propre grille d'évaluation pour chaque niveau. Ainsi cette grille sera complétée durant les trois années d'école maternelle. Elle est destinée aux familles et utilisée lors des conseils de cycle afin d'avoir une connaissance prolongée et élargie de l'enfant, de ses progrès, de ses difficultés (et parfois de ses régressions).

■ La pratique

À l'école maternelle, on fait très peu d'évaluations à partir de traces écrites. La plupart des compétences sont évaluées à travers une production orale ou corporelle ou un comportement de l'enfant. Il est donc préférable de prévoir des évaluations s'étalant sur plusieurs semaines, organisées en séances courtes (quelques minutes) et pour quelques enfants à la fois.
Pour cela, il faut construire des outils d'évaluation utilisables plusieurs fois dans diverses situations. Vous pouvez par exemple élaborer une grille pour chaque groupe, utilisable au cours des activités physiques, de langue orale, de lecture... (Voir p. 32, un premier exemple simple.)

Pour associer l'enfant à l'évaluation de chacun de ses apprentissages, proposez-lui de colorier le personnage qui convient :

EXEMPLES DE CRITÈRES GÉNÉRAUX D'ÉVALUATION

Pour des activités de langue orale
Oser prendre la parole.
S'exprimer clairement.
Faire varier le temps des verbes, les pronoms personnels, les mots de liaison...
Savoir réutiliser le vocabulaire nouveau et l'adapter à diverses situations.
Formuler correctement des questions et des réponses.
Mémoriser et restituer oralement des textes courts.

Pour des activités de dessin, de graphisme
Richesse de l'expression.
Richesse du contenu.
Adresse et précision.
Imitation graphique.
Écriture de mots.
Utilisation de l'espace de la page.

Pour des activités de lecture
Acquisition de mots.
Savoir interpréter, donner un sens.
Rapprochement des signes.
Intérêt pour le livre.
Utilisation du message.

Pour des activités d'éducation physique
Aisance dans les actions élémentaires (courir, sauter, grimper, etc.).
Savoir suivre un rythme.
Savoir s'arrêter dans une action et en commencer une autre instantanément à partir d'une consigne.
Prendre plaisir à des activités physiques.
Savoir s'exprimer avec son corps.

Cependant, ces critères généraux ne peuvent servir à une évaluation directe du travail des enfants. Chacun d'eux n'est qu'un domaine global dans lequel s'insèrent des critères d'évaluation ponctuelle adaptés à chaque exercice.

DEUX EXEMPLES DE PROCÉDÉS D'ÉVALUATION PONCTUELLE EN MOTRICITÉ

EXEMPLE 1 :

Lancers de medicine-ball ou balles lestées.

Chaque enfant colle sur sa fiche individuelle une gommette de la même couleur que la zone qu'il a atteinte. De jour en jour, les progrès sont faciles à mesurer.

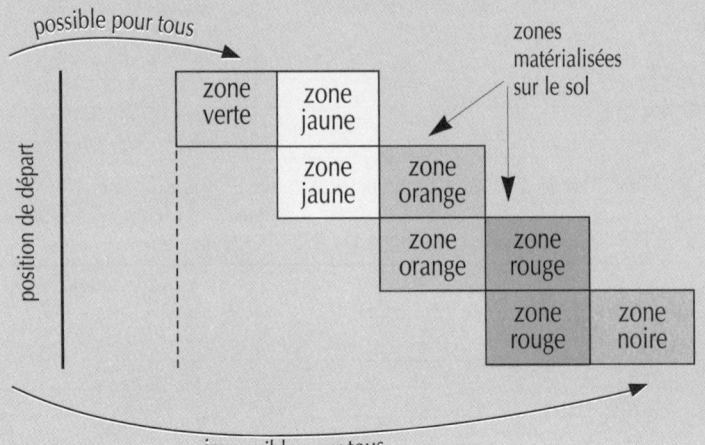

possible pour tous

position de départ → zone verte / zone jaune / zone jaune / zone orange / zone orange / zone rouge / zone rouge / zone noire

zones matérialisées sur le sol

impossible pour tous

EXEMPLE 2 :

Endurance

À chaque tour de piste, l'enfant reçoit un petit carré de papier. On court le plus longtemps possible sans s'arrêter. Quand c'est fini, à chacun de comptabiliser ses papiers (en les collant dans une grille toute prête ou en notant le chiffre obtenu sur une fiche individuelle d'évaluation).

L'important est que l'enfant soit capable de mesurer sa performance et de vouloir la dépasser.

PÉDAGOGIE ET ORGANISATION DE LA CLASSE

EXEMPLES DE FICHES D'ÉVALUATION

Sur une activité de langage menée en petite section
(outil d'évaluation : un imagier de trente images,
construit en classe à partir du thème étudié)

Prénoms classés par ordre d'âge.	Vocabulaire (réinvestissement du vocabulaire étudié, score sur 30).	Remarques (difficultés de prononciation rencontrées, problèmes de concentration, choix des articles...).
Luc	15	Léger zozotement
Pierre	18	

Sur une activité de motricité de début d'année en PS, éventuellement,
avec utilisation des feux vert (je réussis facilement), orange (j'ai du mal,
mais j'y arrive avec un peu d'aide), rouge (je n'y arrive pas du tout)

Prénoms classés par ordre d'âge.	Je sais marcher debout sur un banc sans appui.	Je sais sauter en contrebas sur un tapis, en arrivant sur les pieds.
Cédric	×	×
Odile	×	

Même type d'activité avec le même groupe,
mais en cours d'année

Prénoms classés par ordre d'âge.	Je sais courir sur un banc...	... et sauter le plus haut possible en extension.
Anna	×	
Loïc	×	×

Sur une activité de lecture en GS

Prénoms classés par ordre d'âge.	Je sais lire mon prénom En script / en "attaché".	Nombre de prénoms de la classe connus.
Zoé	×	19
Bertrand	× ×	25

■ Associer l'enfant à l'évaluation

Associer l'enfant permet à la fois de le responsabiliser et de lui faire acquérir une certaine autonomie vis-à-vis de l'adulte : ce n'est plus uniquement pour obtenir l'approbation de l'adulte qu'il cherche à progresser, mais pour lui-même.

Cela peut se faire pour chacun de ses apprentissages, en utilisant des codes conventionnels, par exemple :
– Gommettes de couleurs différentes
- rouge : non acquis
- orange : en cours d'acquisition
- vert : acquis
– Symboles
- non acquis
- en cours d'acquisition
- acquis

Pour vos propres fiches d'évaluation, vous pouvez, si vous le souhaitez, utiliser une notation plus fine. En effet, beaucoup de notions sont (et seront longtemps !) en cours d'acquisition, avant d'être complètement acquises. Un système très simple, assez efficace et facile à consulter consiste à construire des colonnes de 4, 5 ou 6 degrés. L'évaluation est représentée par le remplissage des cases correspondant aux degrés de réussite. Progression et comparaison dans le temps sont ainsi très rapidement visualisées.

NOM :					TYPE D'ACTIVITÉ :
DATES :	17/9	22/9	6/10	14/10	18/10
Fort					
6 degrés					
de					
réussite					
Faible					

PÉDAGOGIE ET ORGANISATION DE LA CLASSE

▶ ÉVALUER VOTRE PROPRE TRAVAIL

Prendre du recul permet de s'interroger sur la validité des dispositifs et des contenus choisis, sur les stratégies utilisées. Évaluer son propre travail, c'est admettre le regard et la parole de l'inspecteur, des collègues, des parents, des enfants. C'est également accepter le travail de préparation et le bilan en équipe et pouvoir argumenter, expliquer ses pratiques pédagogiques, les communiquer aux parents et aux différents partenaires. Bref, ce n'est pas toujours facile ! (Voir le tableau p. 91.)

▶ LES CORRECTIONS - LES BILANS

■ Les buts

Il n'est pas question de ne faire que comptabiliser "les fautes" et les observations négatives ou même les réussites ! Il s'agit de stimuler, valoriser, aider chaque enfant. Corriger le travail de l'enfant à l'école maternelle est une manifestation du respect que l'on porte à son travail. L'intérêt de l'adulte pour chaque production enfantine encourage tous les enfants à se surpasser, à progresser... Il faut aider l'enfant à prendre conscience de ses erreurs, à les comprendre sans les dramatiser et surtout à passer à la phase suivante qui consiste à retenter l'expérience avec confiance et persévérance pour qu'elle devienne positive.

■ Les moyens : quelles corrections ?

Les corrections collectives, orales, sont légèrement différées puisqu'elles ont lieu au cours des bilans prévus chaque demi-journée (Voir *Un bilan en maternelle*, p. 210). Soyez vigilant : apprenez aux enfants à critiquer de façon constructive en évitant de porter des jugements de valeur sans nuances. Ces bilans de travaux doivent profiter à tous les élèves. Ils doivent déclencher une réflexion permettant de découvrir des solutions qui, alors, appartiennent à tous.

Les corrections individuelles sont immédiates et font intervenir la participation active de l'enfant concerné (seul ou avec votre aide).

Vos "outils"

QUELQUES QUESTIONS À SE POSER POUR ÉVALUER UNE SÉQUENCE

Selon l'exemple suivant, vous pouvez établir et affiner progressivement une grille de type QCM à photocopier en de nombreux exemplaires et à utiliser pour évaluer les séquences importantes de votre enseignement.

• titre de la séquence

• l'objectif précis a-t-il été atteint ?
❏ oui ❏ non ❏ en partie

• raisons possibles (en cas d'échec) :
❏ trop difficile
❏ objectif mal défini
❏ notions antérieures mal connues
❏ consigne mal formulée
❏ mes connaissances étaient insuffisantes
❏ autres raisons

• ma documentation était-elle assez riche ?
❏ oui ❏ non

• la mise en place et l'essai du matériel avaient-ils été prévus (projecteur de diapo, ustensiles de cuisine...) ?
❏ oui ❏ non

• le matériel était-il suffisant (matériel individuel, de groupe) ?
❏ oui ❏ non

• la séquence était-elle :
❏ de bonne durée
❏ trop courte
❏ trop longue

• les enfants étaient-ils tous intéressés ?
❏ oui ❏ non

• sinon pourquoi ?
❏ rythme trop peu soutenu
❏ séquence mal placée dans la journée
❏ problème de discipline
❏ séquence antérieure trop éloignée dans le temps.

• les autres groupes ont-ils travaillé en autonomie ?
❏ oui ❏ non

• ai-je su alterner régulièrement mes temps de présence dans les différents groupes (selon l'organisation choisie) ?
❏ oui ❏ non

• ma démarche correspondait-elle aux connaissances antérieures des enfants ?
❏ oui ❏ non

• avons-nous utilisé ce qu'ils savaient déjà ?
❏ oui ❏ non

• ai-je placé les enfants en situation de recherche ?
❏ oui ❏ non

• la synthèse des recherches a-t-elle été faite ?
❏ oui ❏ non

• points à revoir, à reprendre :

• autre démarche à envisager, documentation à prévoir, à enrichir, présentation à proposer différemment :

Rassurez-vous, ce type d'auto-évaluation vous paraîtra peut-être ardu en début de carrière mais se déroulera d'une façon plus naturelle tout au long de vos années d'enseignement.

Les "outils" des élèves

▶ PETITS ET GRANDS (OU GROS) CAHIERS

Toute réalisation d'enfant, libre ou dirigée, doit être mise en valeur. Pour cela, différents supports (selon le type de travail) sont à mettre en place assez rapidement.
Les commandes de fournitures scolaires n'étant pas faites en début d'année, vous organiserez ce travail en fonction de ce que vous allez trouver dans l'école : cahiers, chemises, feuilles en tout genre.

■ Les grands (ou gros) cahiers
Ce sont des cahiers individuels, témoins de la progression du travail de chaque élève tout au long de l'année.
Vous y collerez régulièrement certaines productions réalisées dans différentes activités (dessins libres ou dirigés, peintures, collages, graphismes, comptines, poésies, mathématiques).
Datez au tampon-dateur chaque production et collez une photocopie de la consigne pour les exercices dirigés.
Complétez le plus souvent possible par les commentaires de l'enfant (par exemple, explication d'un dessin libre). Ces commentaires vous permettent de constater la richesse de l'imagination, la qualité de la "traduction" en images. C'est une occasion de dialogue et de valorisation des productions de l'enfant à ses propres yeux et à ceux des adultes qui verront plus tard le dessin.
Ce type de classement est très intéressant pour vous (évaluation de la progression), pour les enfants (fierté de montrer ses productions) et pour les parents (qui peuvent suivre le travail de leur enfant). Mais il nécessite du temps. D'autant plus que vous ne pourrez en aucun cas

Les "outils" des élèves

vous faire aider par une ATSEM (car il s'agit d'un travail pédagogique). Les cahiers vont circuler de l'école à la maison. Il peut être intéressant, sur la première page, de présenter ce cahier et d'en expliquer le contenu en résumant vos objectifs pour l'année.

▪ Les dossiers collectifs

On peut également décider de constituer un ou plusieurs dossiers collectifs sur de gros cahiers ou dans des cartons à dessin, qui seront laissés dans la bibliothèque, avec une sélection de réalisations faites par tous les élèves. Les enfants prendront plaisir à feuilleter ce dossier fait par tous.

▪ Les petits cahiers

Ils complètent ou remplacent les grands et sont différents selon les matières et les sections. Ils sont consacrés par exemple :
– aux comptines et aux poèmes appris et illustrés en classe ;
– aux créations de textes réalisés collectivement ;
– aux exercices de graphisme dirigé ;
– aux exercices de mathématiques ;
– aux exercices de lecture ;
– aux recettes de cuisine.

À PROPOS DES CAHIERS

En PS, un grand cahier et un dossier où vous regrouperez les peintures et les collages de chaque enfant suffiront amplement.

En GS, il est possible d'utiliser de grands classeurs. Mais la présence d'un adulte lors du rangement des travaux de l'enfant est indispensable.

N'oubliez pas que l'inspecteur pourra exiger de consulter tous les travaux.

Tout type de rangement et d'identification est évolutif. On pourra au cours de l'année exiger une plus grande autonomie de l'enfant. Par exemple en cours et en fin d'année scolaire, en GS, il est envisageable que l'élève colle son travail proprement et à la bonne place.

Ne précipitez pas cette organisation.

Plus elle sera pensée et bien mise en place, plus l'enfant sera amené à l'autonomie dans de bonnes conditions.

PÉDAGOGIE ET ORGANISATION DE LA CLASSE

▶ QUE FAIRE DE TOUS LES DESSINS ?

Dans une école maternelle, il y a toujours une énorme production de dessins, surtout de dessins libres. Il faut les ranger, les classer et en utiliser certains.
Vous pourrez les donner à la famille à la fin de l'année, dans l'ordre chronologique, pour permettre aux parents de constater l'évolution de leur enfant, plus facile à déceler sur une année qu'au fil des jours.

■ Ranger et classer

Les dessins sont tout d'abord identifiés par l'enfant (aidé de l'instituteur en PS en début d'année : l'instituteur inscrit le prénom et l'enfant met la date au tampon-dateur).
Ils sont ensuite rangés par les enfants (toutes sections), soit dans des bacs correspondant à chaque groupe, soit dans des casiers individuels étiquetés au prénom de chaque enfant.

POUR FACILITER UN CLASSEMENT AUTONOME

L'enfant dispose d'étiquettes toutes prêtes portant son nom associé ou non à la couleur ou au nom de son groupe selon le niveau. Il doit coller une étiquette sur chacun de ses travaux. L'emplacement doit être toujours le même : par exemple en haut à gauche de la feuille, début du sens de l'écriture occidentale.

L'enfant se sert aussi d'un tampon-dateur pour inscrire la date du jour. (Il est vivement conseillé de prévoir plusieurs tampons pour éviter les bousculades !)
On peut décider d'un emplacement définitif pour la date : en haut à droite ou sous le prénom.

Les peintures, les collages, les encres (d'un format généralement assez grand et qui nécessitent un temps de séchage) peuvent tout d'abord être suspendus à un fil avec des pinces à linge. Puis vous pouvez utiliser de grandes chemises en carton ou des cartons à dessin pour les classer individuellement pour chaque enfant, après identification (nom et date). Les ATSEM peuvent intervenir dans ce classement.

■ Utiliser certains dessins

Qu'il s'agisse de dessins ou de peintures, ils peuvent servir à illustrer l'album de vie de la classe ou le projet en cours.
On peut encore les afficher pour décorer les murs ou faire une exposition (voir plus loin).
Attention : comme l'affichage doit toujours être soigné, c'est une opération qui prend pas mal de temps.
Un élément d'un dessin libre (une spirale, un cercle,...) peut être le point de départ d'un exercice de graphisme systématisé, dont la consigne sera proposée à toute la classe par le maître.

Conservez dans la classe des traces des principales productions des enfants dans le courant de l'année. Vous pourrez le faire dans le cadre d'un petit musée de vie de la classe. Les enfants auront du plaisir à se souvenir de ce qu'ils auront fait et cela leur permettra de construire la notion du temps qui passe.

PÉDAGOGIE ET ORGANISATION DE LA CLASSE

L'affichage et la décoration en classe

▶ L'AFFICHAGE FONCTIONNEL

Pour la lecture et la mise à jour de ces différents tableaux chaque matin, voir p. 231.

■ Le tableau des présences

Il existe de nombreuses solutions. En voici deux exemples.

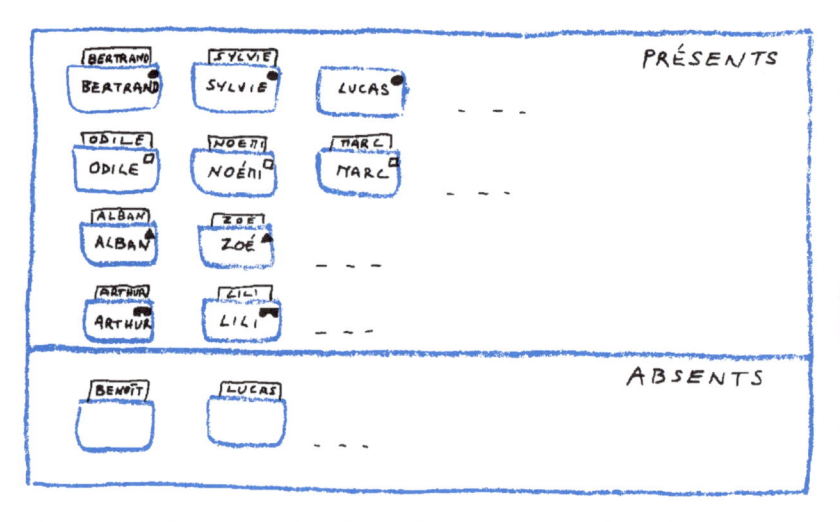

Sur un grand panneau de toile ou de carton sont collées des pochettes portant le prénom de chaque enfant. Le prénom est accompagné d'une photo en PS, en début d'année. La pochette porte également la gommette de couleur ou le nom du groupe. Au moment de l'appel, les enfants rangent leur étiquette-prénom dans leur pochette. Au bas du panneau, des pochettes anonymes porteront les étiquettes des absents.

L'affichage et la décoration en classe

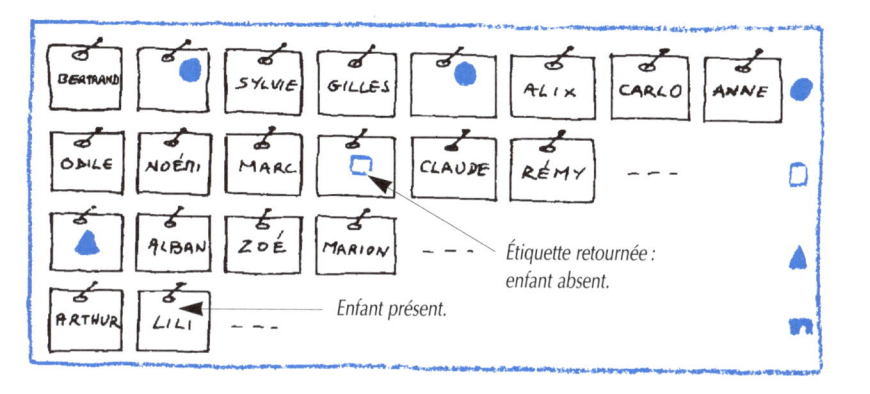

[Étiquettes avec épingles : BERTRAND ●, SYLVIE, GILLES, ●, ALIX, CARLO, ANNE ●
ODILE, NOÉMI, MARC, ☐, CLAUDE, RÉMY, - - -, ☐
▲, ALBAN, ZOÉ, MARION, - - -, *Étiquette retournée : enfant absent.* ▲
ARTHUR, LILI ◀ - - - *Enfant présent.*]

▪ Le tableau du restaurant scolaire

Y sont inscrits sur deux colonnes les enfants qui mangent à la cantine et ceux qui n'y mangent pas. Il donne lieu à des activités de comptage quotidiennes. Les menus de la semaine peuvent également y être affichés.

▪ L'éphéméride / le calendrier

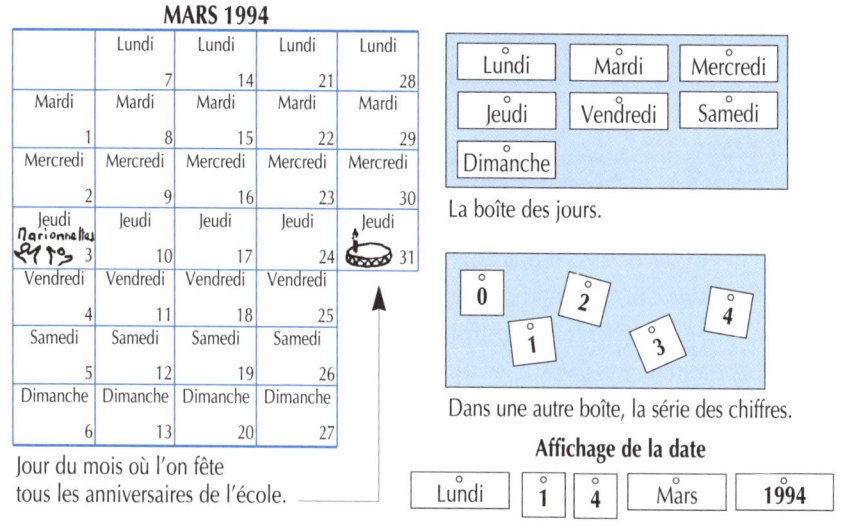

MARS 1994

	Lundi	Lundi	Lundi	Lundi
	7	14	21	28
Mardi	Mardi	Mardi	Mardi	Mardi
1	8	15	22	29
Mercredi	Mercredi	Mercredi	Mercredi	Mercredi
2	9	16	23	30
Jeudi *Marionnettes* 🎭 3	Jeudi 10	Jeudi 17	Jeudi 24	Jeudi 🎭 31
Vendredi 4	Vendredi 11	Vendredi 18	Vendredi 25	
Samedi 5	Samedi 12	Samedi 19	Samedi 26	
Dimanche 6	Dimanche 13	Dimanche 20	Dimanche 27	

Jour du mois où l'on fête tous les anniversaires de l'école.

| Lundi | Mardi | Mercredi |
| Jeudi | Vendredi | Samedi |
| Dimanche |

La boîte des jours.

[Étiquettes chiffres : 0, 2, 4, 1, 3]

Dans une autre boîte, la série des chiffres.

Affichage de la date

| Lundi | 1 | 4 | Mars | 1994 |

Les pages des 12 mois sont agrafées ensemble et toujours disponibles.

PÉDAGOGIE ET ORGANISATION DE LA CLASSE

La date est mise en place tous les jours, au cours du rituel de début de journée.
En petite section, rythmez le train de la semaine par les temps forts de chaque journée :

LUNDI	MARDI	MERCREDI	JEUDI	VENDREDI	SAMEDI	DIMANCHE
On va à la bibliothèque	On danse dans la salle de musique		On va à la salle d'informatique	On fait de la cuisine		

■ Le tableau météorologique

On peut utiliser une série de dessins représentant la pluie, la neige, le grand beau temps... faits par les enfants. On choisit chaque matin celui qui correspond au temps du jour et on l'affiche. On peut aussi se servir d'un "camembert" représentant tous les temps possibles où l'on indique le temps du jour à l'aide d'une aiguille comme sur une pendule.

■ Le tableau des responsabilités

Un tableau (aimanté) à double entrée porte d'une part la liste des enfants de la classe, d'autre part les responsabilités journalières (soins aux plantes, aux animaux, service de facteur – voir page 221 –, collation, calendrier, le tout illustré). On fait correspondre un enfant et une responsabilité en plaçant les aimants de couleur dans les cases d'intersection.

■ L'emploi du temps

Sa représentation peut être faite sous forme d'horloge (voir le schéma ci-contre).

L'affichage et la décoration en classe

Les codes sont choisis avec les enfants. L'aiguille est déplacée au fur et à mesure des activités (par l'élève responsable de la semaine).
Attention : en PS, si une étape manque, l'horloge est déréglée et tout va de travers ! La régularité du découpage de la journée est sécurisante.

"HORLOGE" INDIQUANT LE DÉROULEMENT DES ACTIVITÉS AU COURS D'UNE JOURNÉE

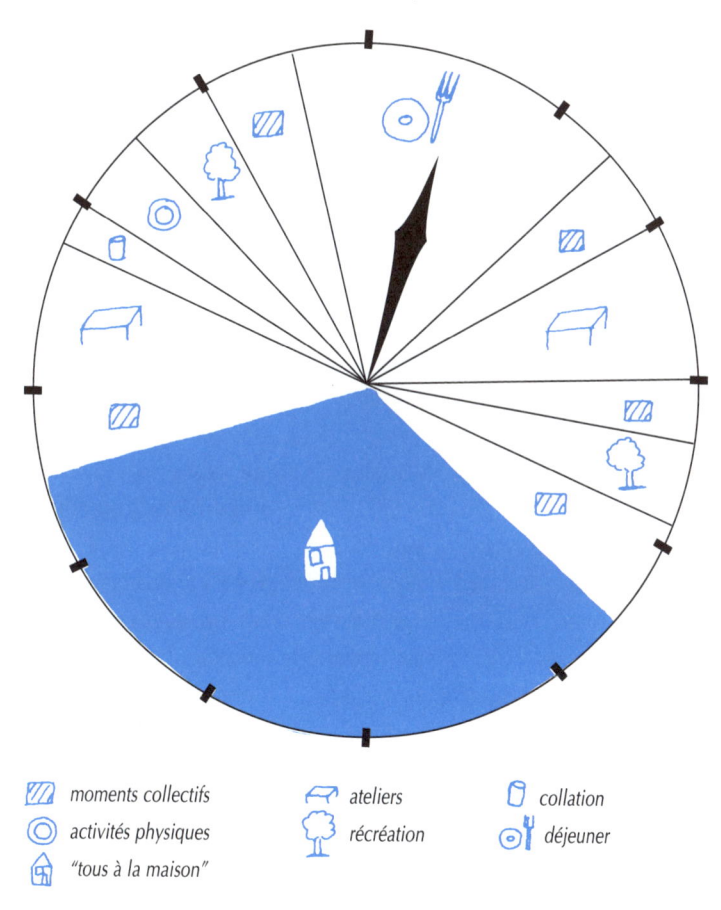

- moments collectifs
- activités physiques
- "tous à la maison"
- ateliers
- récréation
- collation
- déjeuner

PÉDAGOGIE ET ORGANISATION DE LA CLASSE

■ Le tableau d'activités en ateliers dirigés

Il peut aussi se présenter sous la forme d'un tableau à double entrée. Rempli quotidiennement, il donne pour chaque enfant l'activité à faire ou faite.

Autre solution : on trouve, dans des magasins de fournitures de bureau, des tableaux métalliques que vous pourrez utiliser dès la moyenne section. À vous de délimiter la colonne des prénoms et la ligne des différentes activités. Les enfants, une fois leur travail accompli, glissent dans la bonne colonne, sur la ligne correspondant à leur prénom, la fiche de la bonne couleur. (Par exemple la fiche rouge pour la peinture, la fiche bleue pour les mathématiques, la fiche jaune pour l'écriture, la fiche violette pour le graphisme...)

QUELLE ÉCRITURE POUR L'AFFICHAGE ?

– **Script ou caractères d'imprimerie** pour tout ce qui doit être lu.
– **Cursive** pour tout ce qui est écrit devant les enfants.
– Tout ce qu'écrivent les enfants : **script** (PS et début de MS) ; **cursive** (fin de MS et GS).
Remarque importante : lorsque vous écrivez en cursive, évitez de surcharger l'écriture par des boucles inutiles que l'enfant a du mal à différencier des boucles "utiles".

Exemple : ℛ devient vite ℛ

■ La frise du temps

Une frise du temps pour l'année avec les dates d'anniversaires, les fêtes traditionnelles, les changements de saison, les événements importants (jours de sortie) complétera cet affichage.

Fêter l'anniversaire à l'école est un événement particulièrement important pour l'enfant. C'est le moment de sortir l'appareil photo du placard. (La photo développée rejoindra la frise du temps.) Ce jour-là, après avoir partagé gâteau, boisson et friandises, l'enfant pourra aller, tout fier, de classe en classe distribuer aux autres enseignants un petit bout de son gâteau d'anniversaire.

L'affichage et la décoration en classe

■ Le tableau des chiffres de 1 à 10

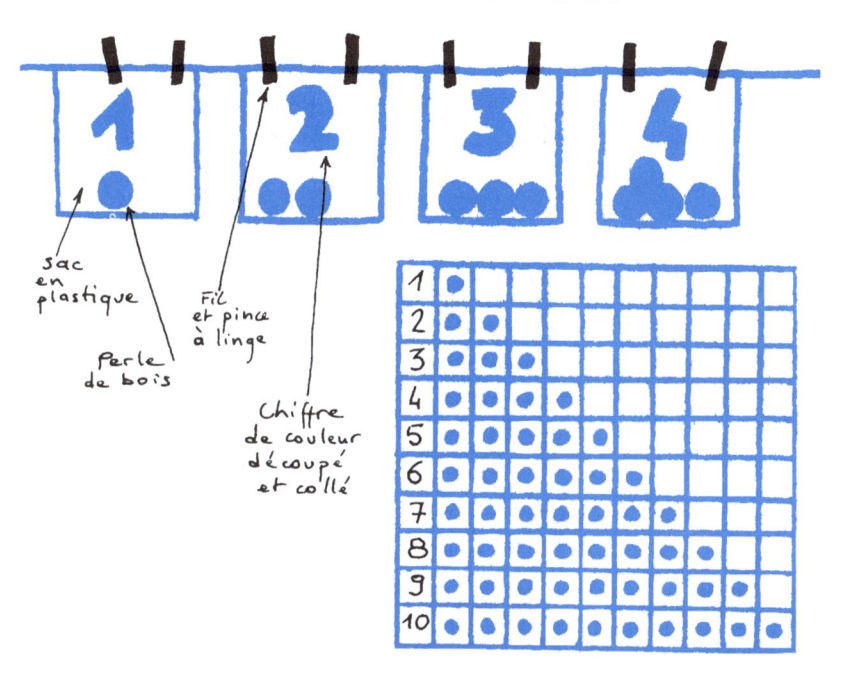

(Schéma : pochettes numérotées de 1 à 4 suspendues à un fil par des pinces à linge, contenant des perles de bois. Annotations : « sac en plastique », « Fil et pince à linge », « Perle de bois », « Chiffre de couleur découpé et collé ». À droite, un tableau de 10 lignes numérotées de 1 à 10, chaque ligne contenant un nombre de points correspondant au chiffre.)

Des étiquettes sont collées sur des pochettes en plastique transparent contenant le nombre d'objets (des perles de bois par exemple) correspondant au chiffre inscrit sur l'étiquette. Le tout est suspendu à un fil par des pinces à linge et placé à une hauteur permettant aux enfants de manipuler les objets à travers les pochettes pour compter.
On peut choisir une couleur différente pour chaque chiffre, pour aider à la mémorisation (1 rouge, 2 noir, etc.).

▶ L'AFFICHAGE DÉCORATIF

■ Les productions des enfants

Afficher ou exposer certaines des productions des enfants permet de valoriser le travail effectué, d'enrichir et d'embellir l'espace scolaire, d'informer les parents des possibilités des enfants et de valoriser leur enfant.

PÉDAGOGIE ET ORGANISATION DE LA CLASSE

Les travaux affichés doivent être bien découpés, éventuellement encadrés à l'aide d'un trait tracé au marqueur noir, installés à hauteur des yeux des enfants et renouvelés souvent pour être "vus" !

Vous pouvez afficher dans les classes, l'entrée, les couloirs, la salle de jeux, le restaurant scolaire. Les réalisations en volume peuvent être regroupées dans un lieu prévu à cet effet, un "musée de la classe, de l'école".

Vous pouvez aussi afficher, à l'intention des parents, les exercices de la semaine (par exemple en graphisme ou en maths).

Faites participer les enfants occasionnellement : convenez avec eux de critères d'affichage (consigne respectée, travail fini...). Il est préférable d'exposer les travaux les plus esthétiques servant de modèles, mais veillez à ce que chaque enfant ait une réalisation (dessin libre, peinture, collage...) affichée. Aucun enfant ne doit se sentir lésé. Chacun doit avoir le sentiment d'un travail accompli et admiré des autres.

LA BRANCHE TOTEM

Un support pour un "affichage" insolite : une grande branche d'arbre plantée dans un seau rempli de sable. Elle servira, au fil des saisons, des activités, d'arbre d'automne, de Noël, de carnaval...

Pourquoi ne pas la transformer en arbre à cadeaux, à friandises le jour de la rentrée ?

■ D'autres affichages et objets décoratifs

L'introduction de reproductions de tableaux, d'affiches, de photographies, à varier au cours de l'année selon l'intérêt du moment, constitue un apport culturel enrichissant.

En règle générale, tout ce qui est présenté aux yeux des enfants doit être soigné et toujours bien mis en valeur.

L'affichage et la décoration en classe

AFFICHAGE D'URGENCE POUR LES PARENTS

Un panneau de la forme d'une pomme, d'une fleur… suspendu à l'entrée de la classe, à hauteur des yeux, communique aux familles les messages urgents : textes courts formulés par les enfants, écrits par le maître d'abord puis petit à petit par les élèves.

Retirez le panneau dès que l'urgence est passée.

PÉDAGOGIE ET ORGANISATION DE LA CLASSE

Organiser des aires d'activités dans la classe

Les classes de la petite à la grande section doivent être aménagées de façon différente en tenant compte du besoin des enfants. Dans la classe des petits par exemple, il faut pouvoir répondre à leurs besoins de se déplacer, de jouer, de manipuler, de se reposer, de s'isoler.
Les chaises sont moins utiles qu'en MS et en GS.
D'une classe à l'autre, les enfants ne doivent pas trouver la même organisation, un matériel identique ; ils prendront ainsi conscience qu'ils grandissent !
La classe idéale, c'est celle que vous aurez peut-être la chance de rencontrer dans certaines écoles. C'est surtout celle que vous saurez aménager d'année en année. Ne prévoyez pas d'y arriver en un an. Et cela ne pose aucun problème !

▶ L'AIRE DE RASSEMBLEMENT

Elle est placée à côté des différents tableaux d'activités. On s'y retrouve très souvent, en grand groupe, pour discuter, élaborer des projets, écouter de la musique, des poésies, des contes, pour chanter en "attendant les mamans". Elle doit être accueillante, confortable (banquettes, bancs, coussins, moquette ou tapis) et chaleureuse (sources de lumière).

Organiser des aires d'activités dans la classe

▶ LES DIFFÉRENTES AIRES D'ACTIVITÉS

■ Les coins-jeux d'imitation

Ce sont des endroits fixes de la classe et ils possèdent leur matériel propre, éventuellement étiqueté et codé pour faciliter le rangement et éviter les mélanges. Mais fixe ne veut pas dire immuable : les objets s'enrichissent, certains disparaissent ou sont remplacés (la vaisselle en plastique des petits est remplacée par de la vraie vaisselle chez les plus grands, dans le coin-cuisine). De même, n'hésitez pas à supprimer la totalité d'un coin-jeu si vous constatez qu'il n'a pas (plus) d'amateur, la place est souvent précieuse dans une classe de maternelle !
Enfin les jeux pratiqués sont libres : n'intervenez que pour stimuler, faire progresser une action en cours, minimiser les conflits s'il y en a.

AMÉNAGEMENT DES COINS – CIRCULATION

Ils sont délimités et cloisonnés au moyen de meubles de rangement d'une hauteur ne dépassant pas celle des enfants, afin d'assurer la sécurité affective et de permettre les échanges.
L'enseignant doit pouvoir surveiller les différents coins d'un simple coup d'œil. Le problème de la surpopulation risque de se poser dans certains coins (voir p. 162 : *Travail en ateliers libres*, pour une première possibilité d'approche du problème). On peut aussi, pour limiter le nombre d'enfants par coin-jeu, conditionner l'accès au coin au fait de passer un petit tablier (rouge pour le coin cuisine, bleu pour le coin chambre, etc.) autour de son cou.
Quand il n'y a plus de tablier, c'est qu'il n'y a plus de place. On peut aussi utiliser un collier au lieu d'un tablier comme repérage.

■ La cuisine

Table, chaises, nappe, meubles de rangement contenant de la vaisselle (en plastique chez les plus petits), des couverts, des plats de différentes tailles, des boîtes d'aliments, des meubles de cuisine (cuisinière, réfrigérateur, four...), des casseroles en métal et divers ustensiles (poêle, essoreuse à salade, râpe à fromage, écumoire, louche...)

■ La chambre

Un lit de bébé avec literie complète (drap, drap-housse, couvertures, édredon, dessus-de-lit, oreiller, traversin et taies, couette, housse de couette).
Un couffin ou un porte-bébé. Une poussette.
Des poupées, des baigneurs sexués (différentes tailles, différentes couleurs de peaux, de cheveux) avec une garde-robe complète, précise, adaptée aux saisons, aux circonstances.
Une mallette de "docteur" pour soigner les poupées.

■ La salle de bains

Une baignoire de bébé et douchette (non raccordée !), une table à langer, une coiffeuse avec miroir...
Des accessoires adaptés (savon, porte-savon, gant de toilette, serviettes de toilette, peignoir, flacons de shampooing vides, peignes, brosses, séchoir à cheveux sans fil, rouleaux pour les mises en plis, rubans, barrettes…).

■ L'épicerie

Des balances diverses avec poids.
Une machine à calculer, de faux billets, de fausses pièces, une caisse enregistreuse.
De vrais produits du commerce (pâtes, riz, pommes de terre…).
Un cabas ou un filet à provisions…

■ Le garage avec circuit

L'enrichir avec un panneau du code de la route, de petits personnages, des animaux, des véhicules miniatures…
Y associer un jeu de construction pour créer des parcours, réaliser des plans inclinés, des ponts…

■ Coin des déguisements

Les enfants vont découvrir les possibilités d'expression et de mouvement que leur offre leur corps et découvrir les mêmes possibilités chez

Organiser des aires d'activités dans la classe

les autres. Se déguiser développe l'autonomie gestuelle (l'enfant qui demande habituellement de l'aide pour mettre ses vêtements arrive tout d'un coup, ici, à enfiler seul les vêtements pour se déguiser).
Ce coin doit comporter un grand miroir pour se voir en entier, à plusieurs, et des miroirs individuels.
Rangez des habits variés sur des cintres, à hauteur des enfants, dans une penderie mobile par exemple (le coffre ne permet pas à l'enfant de choisir librement).
Multipliez les accessoires : chapeaux, chaussures, gants, sacs, foulards, ceintures, bijoux.
Des instruments de musique permettront de mieux s'exprimer.

■ Le coin du téléphone

Le faux téléphone permet de relier l'enfant au monde extérieur, par l'imagination. Il facilite les dialogues avec un autre enfant. Il permet d'appeler Papa ou Maman de façon symbolique, les jours de gros cafard, pour leur raconter tout ce qui ne va pas.
Prévoir deux combinés, un annuaire, un carnet d'adresses répertoire (portant les noms de famille de tous les enfants classés par ordre alphabétique, associés à une photo et au numéro de téléphone), un agenda, un carnet de notes et des crayons.

■ Le magnétophone

Installé dans l'un ou l'autre des coins-jeux d'imitation, utilisé librement après un sérieux apprentissage en commun, il peut apporter de précieux renseignements sur les goûts et les réactions des enfants et aider à préparer des exercices collectifs ou individuels, qui vont répondre à leurs vrais besoins et à leurs désirs.

■ Bibliothèque – coin-lecture – coin-écoute

C'est ici que l'enfant entre en contact avec l'écrit. C'est dire l'attention que l'on doit accorder au décor : évitez d'installer la bibliothèque près d'un coin bruyant et privilégiez au maximum la lumière naturelle.

PÉDAGOGIE ET ORGANISATION DE LA CLASSE

Créez une source de lumière artificielle qui ne fatigue pas les yeux des enfants. Pensez au confort ; tapis, bancs, coussins, tables, chaises.

Chaque enfant doit pouvoir s'installer comme il le souhaite.

Le rangement des livres doit être aisé, bien adapté au niveau des enfants : pour un présentoir où la couverture des livres est visible, les livres étant posés à plat, vous pouvez placer :
– soit la photocopie de la couverture punaisée sur l'étagère ;
– soit une grosse étiquette portant le titre du livre et le nom de l'auteur ;
– soit le titre seul (calligraphie identique ou différente).

Pour des rayonnages qui ne permettent de voir que le dos des livres, groupez les livres par genre et par centre d'intérêt, symbolisés par des vignettes collées sur la tranche de l'étagère.

> **P**our identifier et protéger les livres prêtés pour quelques jours par les enfants eux-mêmes à la bibliothèque de la classe, recouvrez-les de protège-cahiers en plastique de couleur maintenus par du ruban adhésif repositionnable : c'est pratique, rapide, efficace, et cela montre aux enfants que vous prenez soin de leurs affaires autant que vous leur demandez de prendre soin de celles de la classe.

Proposez un choix varié : albums pour enfants, livres d'images, imagiers, catalogues, dictionnaires pour tout-petits, fichiers de poésies, revues, journaux pour enfants et, temporairement, des livres apportés par les enfants et une documentation en relation avec l'activité de la classe.

Un magnétophone et des cassettes peuvent trouver leur place ici, à condition de disposer de casques d'écoute. Sélectionnez des cassettes enregistrées liées à des albums et permettant de suivre sur le livre pendant l'audition de la cassette. Enregistrez vous-même les histoires qu'ils aiment, les poésies, les chansons, dont les livres sont à la bibliothèque.

Organiser des aires d'activités dans la classe

▪ Les ateliers

Sont habituellement installés dans les classes : un atelier de dessin, peinture ; un atelier de graphisme et d'écriture ; un atelier de découpage et de collage ; un atelier de modelage et un atelier de mathématiques.

La circulation entre les ateliers doit être facile. Chaque activité se fait autour de quelques tables regroupées. Le matériel nécessaire doit être placé tout près pour éviter les circulations inutiles.

Les tables sont bien éclairées et, pour l'atelier de graphisme et d'écriture, elles doivent être rangées face au tableau.

Les outils doivent être rangés à proximité immédiate.

> **LES TABLES**
>
> La meilleure source de lumière est la lumière naturelle provenant de la gauche. Sur chaque table, confectionnez un sous-main en carton plastifié avec des repères (faire respecter le sens gauche-droite/haut-bas de l'écriture occidentale) :
> en haut, à gauche : rond vert,
> en bas, à droite : rond rouge,
> (vert = départ, rouge = arrivée).
> Ces repères conventionnels seront repris sur tous les exercices individuels dirigés.

Chaque enfant doit pouvoir se servir et ranger seul. Ces outils doivent être pensés dans le détail, vérifiés, enrichis, renouvelés régulièrement, étiquetés et codés. Le matériel mis à la libre disposition des enfants ne doit présenter aucun caractère dangereux. Préférez des ciseaux à bout rond aux ciseaux pointus. Un enfant ne doit utiliser de lame aiguisée ou d'outil dangereux que sous votre surveillance.

Les ateliers traditionnels peuvent être complétés par des ateliers occasionnels liés à des situations de vie de la classe (bricolage, couture, enfilage, éducation nutritionnelle, jeux d'écoute, d'attention, de langage, jardinage, préparation d'une fête…).

Pensez au bien-être physique des enfants en installant un point d'eau, dans la classe, pour se désaltérer (s'il n'y a pas d'évier, de lavabo, prévoir

un "bar" avec un verre par enfant marqué à son prénom ou des verres jetables).
Le travail en atelier est soit dirigé, soit libre.
Dans le premier cas, il s'agit par exemple de découvrir une technique ou de travailler sur une situation nouvelle. Le maître est très présent. Il laisse découvrir, mais induit aussi la découverte, fait des suggestions, souligne des comportements adaptés, voire donne une consigne très précise à respecter.
Dans le cas de l'atelier libre, il s'agit pour les enfants d'appliquer une technique déjà connue à une réalisation éventuellement nouvelle. Le maître n'intervient qu'à la demande, pour rappeler une méthode, un conseil de sécurité ou la bonne utilisation d'un outil. Il surveille du coin de l'œil, si l'atelier présente un certain caractère de risque.

■ Jeux d'eau, de sable, de graines

La manipulation de l'eau, du sable, etc. est une activité à privilégier chez les petits. Elle a un pouvoir calmant qui peut se révéler fort utile dans certains moments difficiles. Quelques bacs en plastique ou de grandes cuvettes feront très bien l'affaire.

▶ L'AIRE ÉLEVAGE ET NATURE

Cet espace d'expérimentation installé dans une classe répond à divers objectifs :
– Faire prendre conscience aux enfants de la nécessité de soins réguliers.
– Les responsabiliser.
– Leur faire découvrir le monde vivant en observant les manifestations de la vie animale et végétale, en approchant les grandes fonctions du vivant (croissance, locomotion, nutrition, reproduction) et en observant les grandes phases de la vie (naissance, développement, vieillesse, mort).

Organiser des aires d'activités dans la classe

PAS D'ANIMAUX-GADGETS !

Amusant les premiers jours, délaissé ensuite, le malheureux canard se promène entre les pieds des enfants et les roues des porteurs. Non seulement il est inadmissible de faire de telles conditions de vie à cette pauvre bête, mais c'est totalement antipédagogique : vous montreriez involontairement aux enfants un bel exemple d'absence du sens des responsabilités, de négligence, et d'absence d'hygiène.

Attention aussi : pensez aux nombreuses vacances qui ponctuent l'année scolaire. Qui prendra soin, alors, du fameux canard ?
Avant de prendre un animal dans votre classe, assurez-vous donc de votre propre détermination, de celle des enfants, de la disponibilité et de la fiabilité d'un ou de plusieurs parents d'élèves pour garder l'animal pendant les vacances.

L'ÉLEVAGE	AVANTAGES	INCONVÉNIENTS
LAPIN	Peut parfois rester en liberté dans la classe (sous surveillance)	La cage peut dégager une odeur désagréable
COCHON D'INDE	Compagnon de jeu des enfants	Reproduction difficile et déconseillée : le bruit amène la mère à manger ses petits ou à les abandonner
HAMSTER	Les petits naissent les yeux ouverts et courent tout de suite	Élevage délicat
MANDARINS	S'apprivoise parfaitement, reproduction intéressante	
SERINS	Élevage facile, espèce prolifique	
POISSONS	Choisir des espèces vivipares : les enfants pourront assister à l'accouchement	
TÊTARDS	Métamorphoses	
ESCARGOTS	Petit élevage facile à réaliser	
CHENILLES (VERS À SOIE)	Élevage facile, l'éclosion est toujours une merveilleuse surprise	

Cette liste n'est pas limitative. L'observation quotidienne des animaux élevés en classe, les activités organisées autour des plantes déclenchent, chez les enfants, des habitudes propres à satisfaire leur curiosité naturelle ; ils vous feront profiter de leurs découvertes occasionnelles (vers de terre, insectes divers) et vous aurez contribué à éveiller leur esprit scientifique, à les sensibiliser à l'écologie (voir *Hygiène* page 143).

Pensez aussi que votre nostalgie de la nature n'est pas forcément partagée par vos petits élèves citadins : leur faire découvrir et aimer leur propre milieu, la ville, peut être aussi (plus ?) enrichissant que de leur montrer une "nature en cage". Mieux vaut parfois attendre l'occasion d'une classe de découverte ou d'une visite à la campagne pour leur donner l'occasion d'une bonne observation. En revanche, si vous exercez dans une région rurale, vos cours se feront souvent directement en pleine nature !

■ Les plantes

Choisissez des plantes d'appartement identifiées. Méfiez-vous de celles qui présentent des propriétés dangereuses : le suc de Diffenbachia par exemple (plante très décorative aux larges feuilles vertes tâchées de clair) était utilisé par les Indiens pour empoisonner leurs flèches !

Faites alterner les plantations étiquetées de bulbes et la réalisation de boutures ou de semis. (Voir p. 256)

Les sorties

▶ SORTIR AVEC UNE CLASSE DE MATERNELLE

Les premières semaines, vous avez déjà exploré l'école : les autres classes, la cour, le jardin, le restaurant scolaire, les abords immédiats, alors… maintenant, poussez la porte de l'école avec vos petits élèves et sortez !
Ne vous privez pas de cette activité même si les démarches à effectuer avant chaque déplacement sont un peu fastidieuses et même si vos moyens financiers sont réduits.
Recensez toutes les situations qui vont permettre à l'enfant une meilleure connaissance de son environnement naturel ou culturel.

■ Les ressources
Certaines installations permettent des activités régulières intégrées à l'emploi du temps : piscine, patinoire, gymnase, bibliothèque. Des plages horaires sont généralement réservées aux scolaires et une répartition se fait dans l'école. À vous d'intégrer ces activités dans votre emploi du temps.
Il y a aussi :
– dans le quartier : commerces (boulangerie, marché, supermarché), bâtiments publics (bureau de poste, mairie, gare, caserne de pompiers), habitations, jardins publics, bois et, en zone rurale, forêts...
– dans les environs : châteaux, musées, fermes, zoo, aquarium, port...
– les spectacles : cirque, marionnettes, théâtre, cinéma, concerts...

PÉDAGOGIE ET ORGANISATION DE LA CLASSE

■ Sortie : mode d'emploi

• **L'organisation matérielle**

Avant la sortie, il faut régler les questions administratives et pratiques. Soumettez le projet à l'approbation du directeur (sortie prévue, buts, organisation…), il informera l'inspecteur de l'Éducation nationale.

Si nécessaire, veillez à obtenir l'accord de la direction de l'établissement à visiter, connaître son règlement.

D'autre part, vous devez avoir l'autorisation écrite de tous les parents des enfants de la classe (vous les aurez sensibilisés à l'intérêt pédagogique de la sortie par une courte lettre accompagnant l'autorisation de sortie à remplir).

EXEMPLE DE FICHE D'AUTORISATION DE SORTIE ÉDUCATIVE

Nom de l'élève : .... Classe : ....
Adresse : ....
Je soussigné(e) .... responsable de l'enfant : ....
élève de la classe : .... école maternelle de : ....
adresse : ....
l'autorise à participer à la sortie pédagogique définie ci-après :
....

But de la sortie : .... Date : .... Heure de départ : ....
Lieu de rassemblement : .... Mode de transport : ....
Destination : .... Lieu de retour : ....
Heure approximative de retour : ....

Encadrement :

Je reconnais au maître responsable de la classe le droit de prendre, en cas d'urgence, toutes dispositions utiles pour la sauvegarde de mon enfant.

Je certifie, en outre, que mon enfant est bien garanti par une assurance individuelle contre les accidents qui pourraient lui survenir et en responsabilité civile contre les accidents qu'il pourrait causer à des tiers au cours de cette sortie.

Assurance : ....
(nom et n° d'immatriculation ou de police) : ....

À .... le ....
Signature des parents ou des tuteurs légaux :

Les sorties

Vous pouvez solliciter les parents pour un encadrement réglementaire. Le nombre d'accompagnateurs nécessaires est à l'appréciation du directeur. On compte en principe un adulte pour quatre élèves en maternelle. Mais ce sont les conditions de la sortie qui déterminent le nombre d'accompagnateurs (un voyage en train, en métro, nécessite plus d'adultes qu'un voyage en car).
Ne sortez jamais seul avec votre classe même avec un petit groupe d'enfants ou pour un court trajet : en cas d'incident il faut toujours être au moins deux.
Les sorties à bicyclette sont possibles sous réserve de l'accord de principe du conseil d'école. L'utilisation de la bicyclette sera alors précisée sur l'autorisation parentale.

Vérifiez que les enfants et les parents sont assurés.
L'assurance responsabilité civile individuelle est indispensable pour pouvoir emmener les enfants en sortie à l'extérieur de l'école.

Pour organiser le moyen de transport, si vous ne pouvez aller à pied, voyez avec le directeur ce qui est habituellement pratiqué.
Vous avez la possibilité d'utiliser les transports en commun. C'est très éducatif, mais attention aux longs trajets pour de très jeunes enfants.
Certaines mairies assurent quelques transports en car ou offrent des avantages intéressants (sinon le car coûte cher). Vous pouvez regrouper au moins deux classes pour partager les frais.

Prévoyez d'emporter la copie des fiches de renseignements individuelles des élèves (que faire et qui prévenir en cas de problème ?) ainsi qu'une trousse médicale pour soins d'urgence et des sacs en plastique pour les enfants malades pendant le trajet en car. Demandez à l'avance qui est sujet au mal des transports.

Prévoyez quelques changes en cas "d'accident", un rouleau de papier hygiénique et des mouchoirs en papier, sans oublier de l'eau à boire et

PÉDAGOGIE ET ORGANISATION DE LA CLASSE

quelques paquets de gâteaux secs pour le goûter (mais évitez le chocolat, surtout en période de grosses chaleurs).

Munissez chaque enfant d'un badge portant son nom, celui de l'école, l'adresse, le numéro de téléphone.

Et, selon le temps et la sortie prévue : pique-nique, bottes, sacs en plastique pour les récoltes éventuelles, appareil photo, magnétophone avec piles et cassettes, du papier et des crayons.

- **L'organisation pédagogique**

Si vous en avez la possibilité, vous gagnerez beaucoup en vous rendant sur les lieux, seul, quelques jours (semaines ?) avant, pour évaluer la visite.

À défaut, faites-vous envoyer des dépliants et éventuellement un dossier pédagogique (ça existe plus souvent qu'on ne le croit !) pour préparer cette sortie. Prenez des renseignements sur les prix, les horaires, les délais de réservation, mais aussi les possibilités de pique-nique, les abris disponibles en cas de mauvais temps, les toilettes accessibles.

En classe, préparez la visite avec les enfants. Parlez de son but, des problèmes pratiques à résoudre, des consignes de sécurité à respecter, de la répartition des responsabilités (selon le niveau des enfants).

- **Le jour de la sortie**

Avant le départ, pensez à établir et emporter la liste des enfants présents, à prendre le matériel prévu, à vous munir de pièces de monnaie, d'une carte téléphonique et du numéro de téléphone de l'école !

Comptez les enfants avant d'entrer dans le moyen de transport choisi et recomptez-les à la sortie (surtout s'il s'agit d'un transport en commun). Dans le cas du transport en commun, annoncez la sortie bien à l'avance pour que chaque enfant soit informé.

Le pointage sera refait plusieurs fois (entrée et sortie du lieu visité, par exemple).

Les sorties

Lors de ces sorties vous pouvez penser à sensibiliser les enfants aux problèmes de l'environnement (nuisances) ou à faire une éducation à la sécurité (risques de la rue, de la route, de l'environnement, règles élémentaires du code de la route).

> **PAR DEUX**
> En MS et GS, si les enfants marchent en se donnant la main par deux, chacun est capable de vérifier que son compagnon ne manque pas (les deux enfants ayant été désignés comme "marchant ensemble" avant la sortie, et chacun étant chargé de contrôler la présence de l'autre).

• Les jours suivant la sortie

Autour d'une sortie, on peut élaborer des séquences qui l'enrichiront encore.

Séquence de langage : susciter un échange entre les enfants. Chaque enfant aura noté des choses différentes et des détails frappants. Vous pouvez alors reprendre la sortie dans sa chronologie, proposer des images séquentielles de chaque étape, à remettre dans l'ordre.

Séquence de lecture (en GS) : lecture des noms essentiels se rapportant à la sortie (noms des animaux du zoo, des fleurs du parc), lecture de quelques noms de stations de métro ou de villages traversés lors du transport.

Séquence en arts plastiques : modelage, peinture, dessin, pour rendre compte de ce qui aura été vu.

■ Les sorties culturelles

Quelques points à prendre en compte au moment où vous emmenez les enfants voir et écouter un spectacle (danse, théâtre pour enfants) : le noir que l'on fait dans la salle avant le début du spectacle peut être source d'inquiétude pour les enfants, voire de panique. Mais cela peut être aussi un jeu de les habituer à ce noir éphémère et excitant, à l'école, avant le jour du spectacle.

L'installation peut être plus laborieuse que vous ne l'imaginiez : un enfant ne sort jamais sans sa cagoule, ses gants et, accessoirement, quelques billes ou son doudou. Prévoir large pour le temps de déshabillage et l'installation se passera dans la bonne humeur.

Apprenez aux enfants à goûter leur plaisir. Pour cela, parlez du spectacle avant, ne vivez pas le déplacement et l'organisation matérielle dans le stress, prévenez-les du comportement à adopter dans la salle de spectacle.

La redoutable envie de faire pipi ! Si vous pensez à faire défiler tous les enfants aux toilettes avant le spectacle, il est peu probable (sauf en cas de maladie) qu'une nouvelle envie pressante se déclare avant trois quarts d'heure ou une heure. Pourtant cela arrive... et l'envie se propage alors très vite ! Il peut être utile de prévenir les enfants avant le spectacle qu'il va falloir se comporter en grande personne et savoir se retenir.

Le silence est bien sûr difficile à obtenir lorsque l'excitation est à son comble. Les enfants de maternelle ont des réactions spontanées qui ne peuvent être régentées par les conventions habituellement admises au théâtre. Or, dans la plupart des cas, les remarques des instituteurs sont beaucoup plus sonores que les commentaires des enfants !

Quand le spectacle est terminé, laissez les enfants parler aux comédiens qui sont encore sur la scène. Ils ont au moins envie de leur dire au revoir.

■ Les classes de découverte

Ce sont des classes qui séjournent pendant quelques semaines à la mer, à la montagne, à la campagne ou à la ville, voire à l'étranger, avec leur maître habituel.

La durée minimum habituelle d'une classe de découverte est de dix jours, mais elle peut être réduite pour les classes maternelles.

Partir avec toute sa classe pour vivre ailleurs permet de faire découvrir aux enfants un lieu, un mode de vie nouveaux, apporte au groupe un tel enrichissement intellectuel et social que cela mérite les efforts que

Les sorties

vous aurez à faire pour vaincre les réticences des parents (certains enfants n'ont jamais vécu en dehors du cadre familial) et vos propres inquiétudes et incertitudes !

L'initiative relève d'un accord entre :
– le conseil des maîtres et le conseil d'école pour le choix de la classe ;
– une association ou une collectivité locale qui se propose de participer à l'organisation matérielle et au fonctionnement du séjour.

EXEMPLES DE PROJETS

- Activités de pleine nature : poney, voile, montagne.
- Découvertes d'un milieu, d'un métier : classe "rousse", vendanges, transhumance.
- Activités scientifiques : les classes "Villette", par exemple, à la Cité des sciences et de l'industrie de Paris, proposent (en maternelle, pour les GS uniquement) des séjours d'activités scientifiques et technologiques. Ces séjours sont consacrés à la réalisation de projets pédagogiques choisis par l'enseignant sur la liste proposée par le service éducation de la Cité des sciences. Si les classes viennent de trop loin, des solutions d'hébergement sont offertes.
- Activités artistiques : initiations.
- Activités historiques, archéologiques, ethnologiques (classe du patrimoine).

• **Avant le départ**

Il faut d'abord choisir l'implantation. Si vos préoccupations pédagogiques du moment ne s'y opposent pas, préférez le dépaysement. Vérifiez la richesse des éléments naturels, artistiques et humains du lieu que vous choisissez : il peut s'agir de la région où résident vos correspondants. (De nombreux organismes envoient chaque année dans les écoles des propositions de séjours.)
Les locaux doivent présenter des garanties de sécurité et être adaptés à l'hébergement de jeunes enfants.

Demandez l'autorisation de départ à l'inspecteur d'académie par l'intermédiaire du directeur, au moins six semaines à l'avance, et l'autorisation de séjour qui est délivrée par le département d'accueil.

FICHE DE TROUSSEAU

Exemple de trousseau demandé pour une classe de pêche en Vendée, au mois de mars, durée 10 jours (grande section). Ce trousseau est évidemment à modifier en fonction du lieu et de la saison de votre classe de découverte.

Liste	fourni par les parents	relevé à l'arrivée	relevé au départ	observations pertes
Propreté				
– 3 serviettes de toilette				
– 3 gants de toilette				
– Kleenex				
– Sac à linge sale				
Linge de corps				
– 10 paires de chaussettes				
– 2 ou 3 pyjamas				
– 8 culottes ou slips				
– 6 ou 7 maillots de corps				
Vêtements				
– 3 pantalons				
– 2 pulls bien chauds				
– 2 sweats				
– 3 sous-pulls				
– 2 survêtements				
– 1 K-Way ou ciré				
– 1 anorak				
– 1 bonnet				
– 1 écharpe				
– des gants				
Sac de toilette				
– 1 brosse à dents				
– 1 gobelet				
– 1 dentifrice				
– 1 savonnette				
– 1 shampooing				
– 1 brosse				
– 1 peigne				

(suite)

Liste	fourni par les parents	relevé à l'arrivée	relevé au départ	observations pertes
Chaussures – 1 paire de chaussons – 1 paire de tennis ou baskets – 1 paire de bottes de pluie – 1 paire de chaussures (confortables non fragiles)	....	....	....	....
… et la peluche, le "doudou" pour s'endormir ainsi que le livre de contes préféré…				

Répertoriez l'équipe d'encadrement : animateurs titulaires du BAFA (Brevet d'aptitude aux fonctions d'animateurs), personnel de service et autres intervenants éventuels.

Élaborez le projet avec les différents partenaires.

Assurez-vous de la participation financière des collectivités locales et/ou des associations pour réduire la charge financière des parents.

Organisez une réunion d'information à l'intention des parents pour les sensibiliser à l'intérêt éducatif de la classe de découverte et les rassurer en leur donnant des informations complètes sur la vie des enfants : encadrement, installations matérielles, déroulement d'une journée (activités, correspondance, modalités de transport).

Vous devez constituer un dossier par enfant contenant :
– l'autorisation de séjour accordée par les parents ;
– l'autorisation de prendre toute décision importante concernant l'enfant (par exemple : intervention chirurgicale urgente) ;
– une fiche de renseignements : coordonnées et autres précisions utiles (allergies à certains médicaments, nourriture, habitudes affectives, énurésie, etc.) ;
– le nom de la compagnie d'assurance et le numéro de police.

• Organisation pédagogique

Prenez contact avec le centre d'accueil, l'équipe d'encadrement, le milieu. Une visite sur place serait souhaitable si elle est possible.

Faites-vous envoyer de la documentation sur les caractéristiques du milieu et les activités que peuvent pratiquer les enfants.

Pensez à solliciter les CRDP-CDDP (voir page 125) pour d'autres informations, documents se rapportant au lieu choisi. Élaborez le projet, et préparez minutieusement le séjour avec les enfants.

Dressez, avec la participation des enfants, la liste du matériel et de la documentation à emporter (matériel pédagogique, fournitures scolaires).

• Pendant le séjour

Le projet, suffisamment large et souple, doit vous permettre d'exploiter toutes les possibilités du milieu et de développer l'autonomie et la socialisation des enfants !

Des réunions quotidiennes avec les membres de l'équipe sont organisées. Faites le point des activités, évaluez-les et apportez des corrections si nécessaire.

Notez sur un cahier les aspects positifs, les difficultés rencontrées, utiles pour établir le bilan en fin de séjour.

Sachez que, sur place, vous dépendez administrativement de l'inspecteur d'académie du département qui vous accueille.

• Après le séjour

Établissez le bilan à l'intention des autorités administratives et des partenaires.

Organisez des rencontres à l'intention des familles où seront montrés les comptes rendus de cette expérience réalisés sur divers supports par les enfants, les films vidéo, les diapos.

Informez également les autres classes.

Exploitez, prolongez, intégrez tous les acquis dans l'action éducative menée par la classe. Afin de pouvoir réutiliser ces acquis, il est souhaitable de bien situer le séjour dans l'année scolaire : le deuxième trimestre

Les sorties

est en général le plus intéressant. Vous avez le temps de préparer le projet ; les élèves se connaissent bien ; les parents ont confiance en vous ; vous disposez ensuite de tout le troisième trimestre pour l'exploitation pédagogique. Si les enfants sont en GS et que vous les connaissez bien, vous pouvez envisager en début d'année cette classe de découverte qui servira de projet pédagogique pour votre classe. Au contraire, si le groupe-classe est nouveau, attendez le printemps.
Et puis... le choix de la période dépend aussi, bien sûr, de la saison la plus adéquate pour l'activité choisie.

Il n'est peut-être pas conseillé d'organiser vous-même une classe de découverte dès votre première année d'enseignement. Mais vous pouvez vous joindre, avec votre classe, à un projet organisé par un autre enseignant de l'école.

▶ LES PARTENAIRES EXTÉRIEURS

■ Pour une participation à une activité pédagogique

La loi d'orientation fait des parents des partenaires essentiels du système éducatif. Elle accorde aussi une place importante aux collectivités locales et aux associations.
Les parents sont membres de la communauté éducative, ils participent directement aux activités d'enseignement et vous pouvez donc faire appel à eux pour :
– l'encadrement des élèves au cours d'activités scolaires se déroulant à l'extérieur de l'école pendant le temps scolaire (sorties) ;
– la participation à des activités éducatives après concertation du conseil des maîtres (animation d'ateliers, de la BCD, jardinage).
Vous pouvez faire appel à des intervenants extérieurs qui, à votre demande, peuvent apporter leurs compétences dans certains domaines : activités artistiques, éducation physique et sportive. Prenez des renseignements auprès de l'inspection académique.

Ces interventions sont toujours en relation avec le projet pédagogique de la classe ou de l'école. Dans tous les cas, vous restez le seul responsable de l'organisation pédagogique de ce projet.

■ Pour une subvention et une aide matérielle

Les communes sont responsables de la création, de la construction des écoles ainsi que de leur fonctionnement et de leur entretien.

Elles décident aussi de la prise en charge de certains frais : transports vers la piscine, le gymnase… sorties, classes de découverte.

Depuis quelques années les collectivités locales participent à la mise en œuvre des orientations destinées à moderniser le système éducatif. Elles peuvent participer financièrement à des créations pédagogiques intégrées au projet d'école.

Les autres collectivités (conseil général, conseil régional) interviennent par le biais de subventions pour les classes de découverte, les opérations ponctuelles, les transports scolaires…

Les associations sont très sollicitées lors de l'élaboration des activités intégrées au projet d'école (associations culturelles, associations de prévention ou de santé : sécurité routière, hygiène bucco-dentaire…).

▶ SE FORMER - S'INFORMER

■ La formation continue

Chaque enseignant a droit au cours de sa carrière à trente-six semaines de stage afin de réussir au mieux son parcours professionnel (tous les stages suivis sont mentionnés sur une fiche figurant dans votre dossier personnel, conservé à l'inspection académique).

Un document expédié dans les écoles donne la liste des stages retenus, leurs objectifs, leurs modalités (contenu, durée, lieu, public visé).

Les lieux retenus sont en principe proches du lieu d'exercice.

Votre remplacement est assuré par l'inspection académique.

Les sorties

■ Les centres de documentation

Le CNDP (Centre national de documentation pédagogique) a pour mission :
– d'élaborer et de diffuser une documentation pédagogique en vue de la formation et du perfectionnement des maîtres ;
– d'apporter son concours à la formation initiale et permanente des maîtres ;
– d'organiser des animations d'intérêt national (expositions, conférences). Ces expositions itinérantes sont généralement d'une grande qualité et portent sur toutes sortes de sujets (histoire de l'enseignement, francophonie, échec scolaire, etc.).

Le CRDP et le CDDP (Centre régional et centre départemental de documentation pédagogique) relaient et prolongent les missions du CNDP à l'échelon local. On peut y trouver :
– toute l'information administrative, la sélection et l'analyse des documents d'intérêt pédagogique, des bases de données accessibles sur différents supports ;
– des revues et des ouvrages pédagogiques ;
– les publications propres au CRDP. Elles donnent de nombreuses informations culturelles et pédagogiques régionales ;
– de l'audiovisuel éducatif : cassettes, cassettes vidéo, diapositives, logiciels ;
– les sujets d'examens de l'enseignement général, technique et professionnel.

Vous pouvez consulter les documents sur place, les emprunter et en acheter certains.

Un service spécialisé offre souvent aux établissements une aide et des conseils pour l'utilisation des nouvelles technologies (informatique et télématique).

PÉDAGOGIE ET ORGANISATION DE LA CLASSE

■ Les organismes spécialisés

Le CEFISEM (Centre d'information et de formation pour la scolarisation des enfants de migrants) existe dans la plupart des académies. Il est rattaché soit directement au rectorat, soit à l'IUFM, soit à un autre établissement public. Si vous avez dans votre classe des enfants de migrants et que cela pose des problèmes (absentéisme, réponses pédagogiques difficiles à trouver pour des situations trop particulières, etc.), n'hésitez pas à contacter cet organisme pour obtenir de l'aide ou simplement des informations.

Il intervient soit en direction des responsables académiques (aide à la décision), soit en direction du personnel des écoles (aide à l'adaptation de la pédagogie), soit en direction des élus locaux, des collectivités locales, des associations ou des formateurs spécialisés.

L'AGIEM (Association générale des institutrices et instituteurs des écoles et classes maternelles publiques) est une association qui contribue depuis 1921 aux progrès de l'école maternelle. Elle compte actuellement près de 20 000 adhérents pour 165 sections.

Elle a deux buts principaux :
– étudier toutes les questions d'ordre pédagogique en vue du progrès et du perfectionnement de l'éducation dans les écoles et les classes maternelles publiques en dehors de toute tendance d'ordre politique ou confessionnel ;
– défendre et promouvoir les droits et intérêts généraux des enfants des écoles et des classes maternelles publiques en même temps que ceux de l'équipe éducative.

Ses activités sont variées : conférences, ateliers pédagogiques, expositions de travaux, expositions de matériel pédagogique, visites d'instituts spécialisés, voyages alliant culture et pédagogie, le tout dans un esprit de grande convivialité.

Elle organise un congrès annuel regroupant près de 3 000 participants qui contribue à la diffusion de la pédagogie préscolaire. Il a lieu en principe les quatre derniers jours de l'année scolaire. Les inscriptions se font en décembre, les frais de participation sont à la charge des adhérents.

L'AGIEM publie des bulletins de liaison entre adhérents : *Le courrier des maternelles* (parution bisannuelle) et les actes des différents congrès.

L'adhésion se fait auprès des trésoriers de section par le biais des écoles (informez-vous auprès du directeur).

■ Les revues pédagogiques
– *La Classe maternelle.*
– *Éducation enfantine* (Nathan).
– *École maternelle française* (Armand Colin).

Vous y trouverez des informations pratiques, des réflexions pédagogiques, des exemples d'activités développés, des fiches de préparation toutes prêtes, des reportages.
Les revues syndicales offrent parfois des articles de pédagogie, de même que les catalogues des fabricants de matériel éducatif.

L'OCCE (Office central de la coopération à l'école) propose également des dossiers très bien faits sur l'animation et l'éducation.

Enfin, certains magazines grand public consacrés à l'enfant et à la famille peuvent apporter un bon complément et des idées nouvelles.

CHAPITRE 3

LES RELATIONS HUMAINES

L'école maternelle est en grande part, pour les enfants, le lieu privilégié de leur rencontre avec les autres.

Mais l'école est également un lieu de relations pour vous : avec la classe, avec vos collègues et la direction, avec les parents...

LES RELATIONS HUMAINES

Les enfants et vous

▶ FACE À LA CLASSE

■ Discipline et confiance

Votre classe : trente regards attentifs, interrogateurs, inquiets, provocateurs, malins, câlins. Dès le début essayez d'instaurer des rapports fondés sur le respect mutuel : respecter les enfants amène à être respecté et à faire respecter l'autorité.

Attention, même tout-petits, ils peuvent soulever parfois des problèmes de discipline !

Vous n'êtes ni un copain, ni un parent mais le maître, celui qui exige ; veillez à donner des limites claires, précises, rigoureuses, et à les maintenir tout en étant attentif, chaleureux et toujours très disponible : câliner un enfant malheureux, moucher un nez qui coule, répondre à une question inattendue (difficile de terminer votre conte si vous ne nouez pas immédiatement ce la-cet défait !).

Favorisez la discussion à tout moment de la journée, adressez-vous aux enfants comme à des adultes, responsabilisez-les. Ils peuvent comprendre.

CRÉER LA CONFIANCE

- Notez "l'heure des mamans" sur un papier que l'enfant anxieux peut garder dans sa poche.
- Inscrivez au tableau devant les enfants la promesse que vous leur faites pour le lendemain et que vous ne devez pas oublier.
- Soyez le premier à faire ce que vous conseillez aux enfants de faire (parler correctement, par exemple).
- Soyez juste, rassurant et calme.

Ajoutez à cela un zeste d'humour et vous serez parvenu à établir ce climat de confiance réciproque indispensable à tous rapports humains. Et alors, quel bonheur d'enseigner !

Si, un mauvais jour, une malencontreuse poussée d'adrénaline met en péril votre calme légendaire, vous "craquez"… ça arrive. Le métier d'instituteur est un métier difficile. Expliquez simplement votre emportement aux enfants.

Vous pouvez chercher les causes et les conséquences de votre colère, mettre en parallèle votre réaction avec la réaction des enfants dans des situations analogues.

■ Créer un vrai groupe-classe

Le groupe se constitue petit à petit, au fil des activités en commun. Pensez à multiplier les occasions de collaboration entre les enfants : à deux pour porter un objet lourd, pour ranger un grand désordre, pour que le plus habile dans tel domaine aide le moins à l'aise (les rôles s'inverseront dans un autre domaine), etc.

■ Pas de punition en maternelle

Aucune sanction n'est envisageable à l'école maternelle.

UNE NUIT À L'ÉCOLE

Ce "grand événement", très efficace pour créer des liens indéfectibles dans le groupe, ne peut être organisé qu'au bout de plusieurs semaines, pendant lesquelles les parents auront eu l'occasion de se rassurer sur la sécurité de leur enfant, tandis que les enfants eux-mêmes auront appris à se connaître un peu et à trouver leur place dans le groupe.

Vous mettrez, de votre côté, cette période à profit pour venir à bout de la préparation du grand jour (demande d'autorisation auprès du directeur de l'école qui transmettra à l'inspection ; organisation matérielle des jeux et des activités de la fin d'après-midi et du soir, du repas du soir, du couchage, de la toilette du matin, des petits déjeuners ; lettre aux parents ; liste de ce que les enfants devront apporter…).

LES RELATIONS HUMAINES

"L'école joue un rôle primordial dans la socialisation de l'enfant ; tout doit être mis en œuvre pour que son épanouissement y soit favorisé. C'est pourquoi aucune sanction ne peut être infligée." (Circulaire du 6 juin 1991.)

En revanche, des mesures sans caractère disciplinaire peuvent être prises pour qu'un enfant retrouve son calme ou pour qu'une petite "guerre" prenne fin.

Tout d'abord : discutez, essayez de trouver une solution collective, une façon de "réparer" un conflit.

Si vous faites participer les autres enfants à la discussion, ils proposeront sans doute la méthode "œil pour œil, dent pour dent". À vous de tempérer et de ne pas rester sur une situation de vainqueur/vaincu. Un bisou, une poignée de mains doit clore le débat ! Veillez aussi à éviter que la classe ne se transforme en tribunal face à un enfant isolé.

LA PETITE CHAISE POUR SE CALMER

S'il y a récidive, menace, un court isolement doit être imposé pour se calmer, pour "regarder dans sa tête". Une petite chaise, placée dans un endroit fixe de la classe, peut être réservée à cette séance d'introspection ! Elle n'est évidemment pas placée... dans le coin !!

Pensez aussi, surtout avec les plus grands, à rappeler ou à redéfinir ensemble les règles de vie de la classe : Qu'a-t-on le droit de faire ? Jusqu'où ? Quels interdits ? Quand un fonctionnement ne va pas, on s'arrête et on en parle tous ensemble.

Voici également quelques "trucs" pour les moments où vous sentez que l'atmosphère s'électrise ou que le taux de décibels devient trop important :

– Changer complètement d'activité à brûle-pourpoint : la surprise causera un temps d'arrêt que vous mettrez à profit pour expliquer tout doucement ce que vous allez faire ensuite.

– Arrêter tout et proposer un regroupement dans l'aire de rassemblement pour se calmer et mimer une comptine ensemble.

Les enfants et vous

– Demander qui veut boire et préciser qu'on ne pourra servir que lorsque tout le monde sera calmé.
On peut aussi prévenir au lieu d'avoir à guérir :
– Prévoir des plages de décompression, avant que la situation ne les impose.
– Garder toujours une attitude d'adulte ferme (et rassurante) face aux enfants.

■ Les "gros mots" et les jurons

Un bon exemple des petites difficultés du rôle de l'instituteur : où se situer entre ce que dit la famille et ce que l'on pense soi-même ? De toute façon, en tant qu'éducateur, l'instituteur se doit de préciser certaines normes. Voici une attitude susceptible de satisfaire tout le monde : pour éviter de créer un tabou, on peut demander aux enfants d'énumérer les jurons qu'ils connaissent. Pour rappeler les règles, on peut ensuite leur expliquer qu'ils ne s'utilisent pas en société et leur proposer de trouver ensemble quels mots du vocabulaire admis peuvent être utilisés à leur place.

■ Les récompenses

Distribuer des récompenses : à qui ? pour qui ? pourquoi ? comment ?
Nous n'avons pas à entraîner les enfants à une "méritocratie" qu'ils subiront bien assez tôt ou qu'ils subissent déjà, ailleurs.
L'école doit avant tout assurer l'éducation morale du petit enfant, sa socialisation, la structuration de sa personnalité.

UN LIEU POUR LES JURONS

Proposez aux enfants d'aller dire les jurons dans les toilettes quand ils en ont "plein la tête" (ce n'est pas l'endroit choisi, habituellement, pour se retrouver et écouter de "belles choses"). Ils se lasseront vite. Mais attention : "pipi" et "caca" ne sont ni des jurons ni des sujets tabous (ils ont une explication physiologique, rien de honteux !)

LES RELATIONS HUMAINES

Cependant de temps en temps, on peut s'autoriser une distribution générale de bonbons, d'images. Présentez alors cette distribution comme un plaisir qu'on s'accorde, plutôt que comme une récompense. De toute façon, à l'âge de la maternelle, la récompense est tout entière dans la reconnaissance de la réussite et dans le plaisir de l'action !

■ Outils dangereux – la sécurité

Découvrir le monde des objets, celui de la matière, celui du vivant, agir dans le monde, explorer, fabriquer, accéder à l'autonomie en réalisant ses propres expériences : tout ceci fait vivre des aventures et parfois prendre de "petits risques" !

Certains enseignants, par souci de sécurité (et de tranquillité ?), n'autorisent pas toujours l'enfant à avoir une démarche active, concrète pour comprendre, connaître le monde dans lequel il vit. La difficulté est, ici encore, de trouver l'équilibre. Laissez les enfants faire leurs propres expériences, mais sous votre haute surveillance et dans des conditions et des règles très précises et comprises par tous (voir aussi *La question des outils dangereux* p. 203). Les instructions officielles sont claires : l'éducation à la sécurité est une obligation. Le comportement de l'enseignant face aux problèmes quotidiens de sécurité contribue à l'éducation des enfants.

• **Des outils dangereux que les enfants peuvent être amenés à utiliser**
– Ciseaux (à bouts ronds, ce qui permet le même travail sans risque),
– couteaux, fourchettes,
– scie, marteau, tournevis, pinces,
– appareils de cuisson : réchaud, crêpière, four électrique,
– appareils reliés à une prise de courant : magnétophone, électrophone, lampes,
– outils de jardinage,

– produits toxiques utilisés dans certaines activités : plastiques, eau de Javel, essence de térébenthine, white spirit (à n'utiliser que dans des endroits bien aérés et en prenant de grandes précautions).
Tous ces outils (à part les ciseaux) ou produits ne peuvent être utilisés sans votre autorisation et loin de votre surveillance.

- **Les endroits dangereux de l'école**
– La salle de motricité : le matériel,
– la cour de récréation,
– les abords de l'école,
– l'environnement proche : la rue, la route.

- **Attitude de l'instituteur**
– Accepter l'usage d'objets dangereux, et éventuellement de produits toxiques. Expliquer les dangers avec des exemples concrets et prévenir les accidents domestiques.
– Faire confiance à l'enfant, le laisser agir en toute responsabilité lorsque c'est possible (par exemple, dans l'école, si le parcours ne présente pas de risque important et si l'opération a été bien préparée et comprise, il peut se rendre aux toilettes seul ou à la bibliothèque de l'école).
– Faire comprendre et respecter les consignes de sécurité (exercices d'évacuation obligatoires).
– Apprendre à l'enfant à repérer les risques (en les lui indiquant sans dramatiser), à les identifier et à répondre par un comportement adapté à l'intérieur et à l'extérieur de l'école.
– Intégrer les règles élémentaires du code de la route. L'éducation à la sécurité

> **PRODUITS DANGEREUX**
>
> Montrer aux enfants les têtes de mort sur les étiquettes (white spirit, térébenthine). Cela présente un triple avantage :
> - mettre l'accent sur un danger ;
> - éduquer l'enfant à la sécurité domestique ;
> - souligner le fait qu'un signe écrit (ou un code) est un message.

LES RELATIONS HUMAINES

dans la rue est prévue au programme, et elle constitue de toute façon un devoir. Établir avec les enfants une liste des actes responsables : observation des signalisations (feux rouge, vert ; passage piétons), regarder à gauche puis à droite avant de traverser, ne pas jouer sur la chaussée.
– Apprendre aux enfants à préserver leur propre vie et à protéger celle des autres est une priorité.

■ Le langage

La qualité de langage de l'adulte est un instrument primordial, aucun écart n'est autorisé : vous êtes la référence !

N'hésitez pas à employer des mots, des expressions, des structures de phrases complexes qui seront immédiatement, naturellement, traduits par des termes plus familiers.

Répétez de façon correcte les phrases mal formulées par les enfants et ainsi, par imprégnation, vous faciliterez l'acquisition d'un langage de plus en plus élaboré.

Apprenez à utiliser votre voix. Parlez d'une voix modérée sur un rythme assez lent , servez-vous des variations de volume, des silences, des intonations.

DÉCIBELS
Si la classe est bruyante, parlez tout doucement pour obliger les enfants à faire le calme pour écouter.
Plus vous parlerez fort, plus le brouhaha de la classe s'amplifiera.

Surprenez les enfants : quel étonnement quand vous poursuivrez une phrase sans émettre aucun son, tout en articulant normalement ! Voici un bon moyen à utiliser pour capter une attention un peu affaiblie.

■ Responsabiliser

Donner systématiquement des responsabilités de plus en plus grandes aux enfants de façon à favoriser l'accès à l'autonomie de chaque enfant doit être une de vos préoccupations essentielles. Vous devez y penser lors de la préparation de votre classe.

Les enfants et vous

- **Responsabilités systématiques définies à travers le tableau mis en place dans la classe**
– Soins aux plantes, aux animaux.
– Service de la collation : comptabiliser les enfants présents et organiser correctement le service.
– Service du "facteur" : transmettre les messages écrits et oraux à l'extérieur de la classe (voir page 221).
– Répartition des groupes dans les divers ateliers.
– Service de table : mettre le couvert au restaurant scolaire, etc.

- **D'autres rôles susceptibles d'être proposés aux enfants**
– Tuteur d'un enfant moins à l'aise dans un domaine déterminé. Les rôles d'un jour peuvent (doivent !) être inversés le lendemain, à l'occasion d'une autre activité où les compétences sont elles aussi inversées (activités décloisonnées).
– Intervenant dans la BCD (rangement, prêt).
– Documentaliste d'un jour.
– Conteur.
– Porte-parole d'une activité de groupe.
– Rédacteur de la page de l'album de la classe, etc.

Il est essentiel de jouer sur les différentes responsabilités pour que chaque enfant à son tour ait son "heure de gloire", en fonction de ses compétences. Tel enfant peu habile de ses doigts sait peut-être mieux que quiconque raconter des histoires.

■ Neutralité

L'instituteur, comme tout citoyen, est libre de ses opinions comme de ses croyances. Sa vie privée lui appartient. Mais, en tant qu'éducateur, il se doit de garder la neutralité absolue. Il ne doit en aucun cas manifester d'opinions politiques, religieuses, philosophiques, dans le cadre de ses fonctions. D'autres obligations professionnelles incombent aux enseignants : obligation de désintéressement ; obligation de discrétion.

LES RELATIONS HUMAINES

■ Fumeur ?

La loi relative à la lutte contre le tabagisme est formelle et dissuasive. "L'interdiction de fumer dans les lieux affectés à un usage collectif… s'applique également dans les moyens de transport collectif et en ce qui concerne les écoles, collèges, lycées publics et privés dans les lieux non couverts fréquentés par les élèves pendant la durée de cette fréquentation…"
Le directeur, responsable des lieux, peut réserver un local aux inconditionnels de la cigarette à condition que les enfants ne puissent y accéder.

■ Responsabilité de l'instituteur

Le fondement de la responsabilité de l'enseignement réside dans l'obligation de surveillance. Cette obligation de surveillance existe dans tous les actes de la vie scolaire (avec des nuances en ce qui concerne certaines activités dont l'organisation pédagogique prévoit le fractionnement de la classe et l'intervention de personnes compétentes).
L'enseignement bénéficie, à ce titre, des dispositions de la loi du 5 avril 1937 relative à la responsabilité de l'État en matière d'accidents scolaires. Dans l'exercice de ses fonctions, les fautes, imprudences ou négligences invoquées contre l'instituteur responsable du fait dommageable doivent être prouvées par le plaignant. La responsabilité de l'État se substitue à celle des membres de l'enseignement qui ne peuvent ainsi jamais être mis en cause devant les tribunaux civils par la victime ou ses représentants.
Mais l'État peut exercer un recours contre l'instituteur, conformément au droit commun.
Dans le cas où l'État a été poursuivi et condamné, c'est lui qui paie et répare les dommages, mais le maître conserve éventuellement la responsabilité administrative de ses fautes de service… L'administration peut alors estimer que la faute mérite une sanction disciplinaire.

Les enfants et vous

De toute façon, n'oubliez jamais que l'action de l'État contre vous est toujours possible :
– Par constitution de partie civile, les parents d'un élève accidenté peuvent déclencher l'action publique au point de vue pénal.
– Au civil, rien ne s'oppose à ce que le maître soit mis en cause ; d'où la nécessité de faire appel à un avocat.
Il est donc absolument nécessaire de s'assurer contre les risques de responsabilité civile en adhérant à l'Autonome qui se chargera de la défense (voir p. 18).

DES NÉGLIGENCES QUI PEUVENT POUSSER L'ÉTAT À SE RETOURNER CONTRE L'INSTITUTEUR

- L'abandon de poste en laissant la classe sans surveillance d'un adulte (classe, cour de récréation, pour boire un café, répondre au téléphone, recevoir un parent...).
- L'enfant laissé seul dans la classe pendant la récréation.
- "Le petit facteur responsable" que l'on laisse sortir seul de l'école pour aller déposer une lettre dans la boîte aux lettres si proche !
- L'accident survenu pendant les activités sportives : exercice nettement trop difficile pour l'âge des élèves, manque de précautions dans un exercice...
- L'absence d'intervention en cas de jeu dangereux.
- La blessure avec des outils qui exigent une vigilance permanente de votre part.

■ Surveillance des élèves

La surveillance des élèves doit être continue.
Elle s'exerce chaque demi-journée pendant la période d'accueil (dix minutes avant l'entrée en classe) au cours des activités d'enseignement, des récréations et durant le mouvement de sortie et de la fin de la classe. Elle est de même obligatoire au cours des activités scolaires se déroulant à l'extérieur de l'école et notamment pendant les classes transplantées.
Certaines formes d'organisation pédagogique nécessitent la répartition des élèves en plusieurs groupes rendant impossible une surveillance unique. Dans ces conditions, vous êtes déchargé, tout en restant responsable

LES RELATIONS HUMAINES

sur un plan juridique, de la surveillance des groupes confiés à des intervenants extérieurs (animateurs, moniteurs d'activités physiques, parents d'élèves…). Mais vous devez assurer la responsabilité pédagogique de l'organisation, savoir constamment où sont vos élèves, vérifier que les intervenants extérieurs ont été autorisés ou agréés, les placer sous votre autorité.

CONFIER LES ENFANTS À LA SORTIE DE L'ÉCOLE

Les seules personnes à qui vous avez le droit de confier des enfants, si elles viennent les demander, sont les représentants légaux (ou leurs mandataires s'ils présentent une procuration écrite).

Dans le cas de parents divorcés, vous pouvez confier l'enfant à l'un ou l'autre des deux parents ou tuteurs légaux.

Cependant, dans le cas où l'un des deux parents n'aurait aucun droit de visite ou seulement certains jours (vous détiendrez alors un extrait du jugement qui fera foi), vous devez respecter scrupuleusement ce jugement, même si vous connaissez bien les deux parents et même si c'est parfois humainement assez pénible.

Si vous êtes seul à assurer le service de récréation, promenez-vous aux quatre coins de la cour. Un incident peut toujours survenir hors de la portée des yeux. De plus, les enfants seront sécurisés par votre présence mobile. Quelques-uns viendront vous parler, vous ferez ainsi connaissance avec les enfants des autres classes. Votre service vous paraîtra ainsi moins contraignant, plus diversifié et moins ennuyeux que si vous restez assis pendant une demi-heure.

Selon les exigences de sécurité (grand nombre d'enfants), la surveillance de récréation peut être effectuée par deux personnes. Dans ce cas, il est tentant de dialoguer avec votre collègue. Il semble alors que la vigilance soit moins grande que si vous étiez seul. Séparez-vous le plus possible pour doubler la sécurité aux quatre coins de la cour.

Cas exceptionnel : un enfant peut suivre pendant le temps scolaire des soins ou des séances de rééducation (séance d'orthophonie ou psychothérapie). La personne (l'un de ses parents ou l'adulte désigné par eux) qui vient chercher l'enfant dégage l'instituteur de la responsabilité de l'enfant pour ce laps de temps.

■ Conduite à tenir en cas d'accident

En cas de blessure grave :
– prévenir le directeur,
– appeler d'urgence le SAMU ou les pompiers,
– prévenir rapidement les parents.
En cas d'accident bénin :
– donner les premiers soins après consultation de la fiche de renseignements personnelle de l'élève (allergies, contre-indications…),
– prévenir le directeur, les parents.
Dans tous les cas, un rapport d'accident devra être rédigé à l'intention de l'inspection (un exemplaire devra rester dans les archives de l'école).
Ce rapport comprend :
- l'exposé des circonstances,
- les témoignages éventuels,
- un plan indiquant la place occupée par la victime, les témoins, le surveillant,
- un certificat médical s'il y a intervention d'un médecin ou hospitalisation.

(Les formulaires sont disponibles à l'inspection académique et dans les écoles.)
Attention : si les installations de votre classe ou de votre école présentent un danger quelconque pour les enfants, informez le directeur qui interviendra auprès du maire ou de l'inspecteur de l'Éducation nationale.

LES RELATIONS HUMAINES

URGENCE MÉDICALE EN ÉTABLISSEMENT SCOLAIRE
COMPOSER LE 15

- Alerter l'infirmière d'établissement.
- Surveiller la victime, regrouper les informations, faire le 15.
- Ne pas donner à boire, sauf avis médical.
- Protéger du froid et de la pluie.
- Ne pas déplacer un blessé, sauf cas de force majeure.
- Si besoin, pratiquer les gestes de secourisme appropriés.

Faites le 15

1 - Porter les premiers secours

2 - Relever les éléments de gravité
- Inconscience empêchant toute communication avec la personne.
- Respiration difficile ou absente.
- Coloration anormale.
- Pouls faible ou absent.
- Hémorragie non contrôlée.
- Présence de sueurs.

3 - Indiquer précisément le lieu
- Numéro de téléphone.
- Adresse précise.
- Repères éventuels.
- Mode d'accès des véhicules.
- Point d'accueil, ou lieu exact dans l'établissement.

4 - Décrire brièvement la situation
- Circonstances, accidents, malaise, maladie.
- Signes observés ? Plainte exprimée ?
- Heure de début ?
- L'état s'aggrave-t-il ?
- Prise de médicaments ? De substances toxiques ?
- Si accident : déformation locale ? Impossibilité de bouger les membres ? Perte de connaissance ?

5 - Informer sur la personne
- Nom, âge, sexe.
- Maladie ? Traitement ? Allergie ?
- Premier épisode de ce type ?
- Fiche médicale d'urgence.
- Famille ou médecin contactés ?
- Libre choix exprimé pour un lieu d'hospitalisation.

6 - Des précisions nécessaires

Elles aident le médecin
- à prendre la décision adaptée : ambulance, médecin, équipe médicale hospitalière, sapeurs-pompiers, voire simple conseil ;
- à conseiller en attendant l'arrivée des secours ;
- à préparer l'accueil hospitalier si nécessaire.

Les renseignements demandés ne retardent pas l'envoi des secours.

Les enfants et vous

■ L'hygiène scolaire

• Le lavage des mains

Le savon de Marseille est suffisamment efficace pour prévenir la transmission des virus et de la plupart des bactéries.

– Se laver les mains après les activités manuelles, après le passage aux toilettes, avant et après le repas, le goûter.
– Se brosser les ongles (brosses entretenues et changées régulièrement).

Pour le séchage, il est préférable d'utiliser des serviettes en papier à usage unique ou des systèmes de séchage automatique par air chaud.

• Le matériel

Les vêtements prêtés aux enfants doivent être rendus lavés. Le linge propre et le linge sale sont à séparer.

> **LES GÉANTS**
>
> Lorsque tout le groupe doit se déplacer pour un lavage de mains général (après une séance de peinture au doigt, par exemple), les murs qui longent le trajet courent de gros risques ! Pour éviter les grandes traces un peu partout, demandez aux enfants de "faire les géants" en levant bien haut les bras et les mains au-dessus de la tête, pendant tout le déplacement.

Le matériel de couchage pour la sieste doit être personnel à chaque enfant et entretenu très régulièrement (notamment à cause des poux). Éviter le repos à même le sol.
Le matériel de jeu doit être facilement lavable.
À l'école, les mesures quotidiennes d'hygiène figurent dans le règlement intérieur adopté par le conseil d'école. Les habitudes de propreté doivent être respectées par l'ensemble du personnel de l'école. L'application quotidienne de ces règles s'inscrit dans le cadre de l'éducation à l'hygiène que vous devez dispenser aux enfants. Les ATSEM participent à l'application des mesures d'hygiène.

LES RELATIONS HUMAINES

• L'hygiène des animaux

Les animaux peuvent provoquer des réactions allergiques chez certains enfants. Ils peuvent aussi transmettre des maladies infectieuses.
La consultation vétérinaire préalable et le suivi régulier de l'animal gardé en classe sont vivement recommandés. Vous devez veiller au lavage systématique des mains après chaque manipulation (nettoyage de la cage…).

• L'hygiène en cas de maladie

Si vous constatez un cas de maladie contagieuse (varicelle, rougeole, rubéole, hépatite, conjonctivite, oreillons, impétigo...), prévenez le directeur. En cas d'épidémie, il préviendra à son tour le plus rapidement possible le médecin scolaire et les services compétents de la DDASS (Direction départementale des affaires sanitaires et sociales). Le règlement se rapportant aux conditions d'éviction et aux mesures de prophylaxie à prendre sera appliqué.

Les maladies transmissibles par le sang (hépatite B, VIH responsable du sida) ne doivent en aucun cas conduire à l'exclusion (voir page 148, *Accueillir un enfant malade*).

Pour les affections cutanées (impétigos, gale, teigne, mycoses diverses…), le service de santé scolaire et le service municipal d'hygiène doivent être contactés pour informations et conseils.

Pour les cas d'allergies (crises d'asthme et de toux, rhume des foins, urticaire, eczéma…), solliciter les parents pour qu'ils vous donnent les informations suffisantes au sujet de l'allergie de leur enfant ; demandez également des informations complémentaires et des conseils au médecin scolaire. Si l'enfant est allergique à un aliment : informer le personnel de restauration ; à un animal : se séparer de l'animal, bien évidemment.

En situation d'urgence appeler le n° de téléphone 15 (urgence médicale scolaire). Au préalable, vous aurez vérifié si votre département est bien doté du service SAMU 15. Sinon notez le numéro à composer.

Les enfants et vous

• Les vaccinations

Les certificats de vaccination sont présentés par les parents au moment de l'inscription de l'enfant à l'école. En principe, vous n'aurez pas à vous préoccuper de cela. Le carnet de santé est un document confidentiel.

• Les poux

La contamination se fait par simple contact de cheveux à cheveux mais aussi par contact indirect : peigne, brosse, bonnet, écharpe, literie. Elle concerne donc tous les enfants quel que soit le milieu social !
La réglementation en vigueur précise que "l'éviction des établissements scolaires prescrite à l'encontre des enfants porteurs de poux ne saurait être une solution satisfaisante" (circulaire du 7 février 1977).

Le traitement ne peut s'effectuer qu'au sein des familles qui doivent totalement collaborer et prendre leurs responsabilités.

Informez familles et enfants dès l'apparition de plusieurs cas. Une note écrite, rappelant les moyens à utiliser pour combattre ces parasites, peut être distribuée en accord avec les services sanitaires.

Si le traitement vigoureusement réclamé s'avère insuffisant ou inexistant, il appartient au directeur d'école d'alerter les services sociaux "pour que ces services interviennent au domicile des familles, afin de provoquer traitements et désinfections nécessaires" (circulaire du 7 février 1977).

> **POUX**
>
> **P**rofitez de la distribution de documents sur les poux par les services de santé municipaux ou académiques pour sensibiliser les enfants au problème, en exploitant le thème (sur une journée, par exemple).
>
> Parlez du pou, montrez des photos prises au microscope, faites-les dessiner, expliquez... racontez des histoires drôles (au besoin en vous aidant de livres pour enfants parus sur la question (*"Les poux"* Nicole Claveloux, Le sourire qui mord ; *"Rendez-moi mes poux"* Pef, Messidor-La Farandole).

■ Le sommeil

Physiologiquement nécessaire jusqu'à quatre ans, la sieste est organisée de façon systématique, chaque après-midi, dans la section des petits.

Présentez le sommeil d'une façon positive, il ne doit jamais être assimilé à une punition, à une contrainte.

La sécurité affective fait partie de l'ensemble des conditions nécessaires à l'endormissement.

Veillez à l'aménagement de "la grande chambre" (couleurs douces, mobiles suspendus au plafond, lits personnalisés. Chaque enfant aura choisi sa peluche, sa poupée, qu'il retrouvera chaque jour pour s'endormir.)

> **CRÉEZ DES CONDITIONS D'APAISEMENT**
>
> Silence, pénombre, présence rassurante de l'enseignant. Si vous en avez le goût et le talent, chantez une petite chanson, de plus en plus doucement, jusqu'au murmure.

La meilleure façon de se réveiller, c'est de le faire spontanément. Si ce n'est pas le cas, aidez au réveil, mais en douceur ! Ouvrez les rideaux, la porte, laissez entrer le son des voix des enfants déjà réveillés.

Cette sieste est bénéfique pour les moyens et les grands et elle est recommandée jusqu'à six ans, surtout pour les enfants qui doivent se lever tôt (travail des parents, ramassage scolaire en zone rurale).

Selon l'équipement de l'école vous pouvez, par exemple, organiser un repos collectif sur des tapis, dans la salle de jeux, pendant une demi-heure.

De toute façon, prévoyez dans votre emploi du temps, en début d'après-midi, un moment de détente (écoute, poésie) et, s'il y a endormissement, ne l'interrompez pas !

■ Intégrer un enfant handicapé

Vous pouvez être confronté à cette situation. Le droit à l'éducation est garanti à chacun et l'école a pour mission d'accueillir en intégration scolaire les élèves handicapés qui relèvent de leur secteur.

La demande peut venir de la famille ou d'un établissement spécialisé ; elle est présentée à l'équipe pédagogique qui estime si les conditions de cette intégration sont satisfaisantes. Rien ne sera fait sans votre accord ! Une intégration n'est réussie que si elle est totalement acceptée par le maître d'abord et par l'équipe ensuite !

Une réunion aura lieu où vous apprendrez à connaître l'enfant, les problèmes qu'il va poser. Vous y rencontrerez les parents, les diverses personnes qui interviennent auprès de lui. Vous pouvez refuser si votre angoisse est insurmontable, mais, si vous vous sentez vraiment prêt, vous découvrirez que l'accueil d'un enfant différent est un enrichissement pour tous.

De toute façon, il sera utile d'établir, et même de rédiger, "un contrat d'intégration" liant l'équipe soignante, la direction de l'école, la psychologue, vous-même et l'inspection, afin que les conditions de l'accueil et du bien-être de l'enfant, du vôtre et de celui de votre classe soient réunies et maintenues. Ce contrat sera montré et expliqué à la famille.

Si vous vous décidez à accueillir cet enfant dans votre classe, prévenez votre classe de l'arrivée de l'enfant handicapé. Lorsqu'il est là, parlez simplement de son handicap avec la classe (sans en faire une bête curieuse !), en en expliquant les causes.

Ensuite, au jour le jour, soyez attentif à ne pas marginaliser l'enfant ou, à l'opposé, à ne pas le surprotéger. Très rapidement, il s'intégrera à la classe, et les autres enfants le prendront en charge avec beaucoup de gentillesse.

N. B. *Aucun texte ne prévoit actuellement l'allégement du nombre d'élèves de la classe dans ce cas mais il peut être décidé en conseil des maîtres (par exemple à l'occasion de la discussion sur le "contrat d'intégration").*

■ Accueillir un enfant malade

Les progrès accomplis dans le domaine médical conduisent dans les écoles un nombre de plus en plus important d'enfants atteints de "troubles de la santé évoluant sur une longue période" (cancers, cardiopathies, diabète, épilepsie, hémophilie, mucoviscidose, myopathies). Les actions d'intégration s'inscrivent de plus en plus dans les missions de l'école et une circulaire récente (22 juillet 1993) en précise le cadre législatif et réglementaire. Il s'agit "de permettre à l'enfant de suivre son traitement, d'assurer sa sécurité et de compenser les inconvénients liés à son état".

De la même façon que pour un enfant handicapé, restez en liaison avec la famille et l'équipe soignante.

Des dispositions concernant la prise de médicaments et visant à faciliter la vie scolaire des enfants confrontés à la maladie sont précisées dans une circulaire du 29 juin 1992 : elles prévoient que l'instituteur pourra donner ses médicaments à l'enfant malade selon la prescription médicale et cela uniquement pour des médicaments administrés par voie orale ou inhalée. Ce n'est bien sûr pas une obligation : la décision est laissée à l'appréciation du directeur de l'école et à l'enseignant.

En matière de responsabilité, le principe de substitution de l'État prévu dans la loi du 5 avril 1937 s'appliquera.

Les conditions d'accueil des enfants porteurs du virus du sida ont fait l'objet d'une circulaire spéciale (29 juin 1992) s'appuyant sur le droit fondamental à l'éducation pour tous les enfants. Ce texte aborde les différents aspects de leur prise en charge en milieu scolaire.

Il est souligné que toutes les mesures doivent être prises pour prévenir les réactions discriminatoires susceptibles de s'exprimer à l'égard de ces enfants (écarter le principe d'éviction scolaire subordonné à la production d'un test biologique).

Dans la pratique, en classe, il faut bien évidemment aussi prendre des précautions. Le moment risqué étant celui des ateliers de découpage et de bricolage, c'est dans l'aménagement de ces ateliers que réside la solution. Pour éviter les risques de blessures mutuelles et de contamination, décidez, dès le début, que ces ateliers se feront sur des petites tables individuelles séparées. Ainsi, la règle est la même pour tous, personne n'est mis en quarantaine et la sécurité est respectée.

■ Les disparités culturelles

Les enfants doivent très tôt prendre conscience de leur culture et percevoir l'existence d'autres cultures…

Dans la classe, installez la carte du monde et un globe terrestre.

Dans les coins-jeux d'imitation, il est conseillé de ne pas imposer nos modes de vie, de ne pas systématiquement donner le reflet de la culture dominante.

Vous pouvez introduire des instruments et des aliments "exotiques" dans le coin-cuisine : bols, baguettes, théières, couscoussier, plat à paella, épices, fruits et légumes de pays lointains.

Pensez à proposer divers modes de couchage, tissus, décorations, photos, coiffures africaines, asiatiques, costumes et accessoires de toutes sortes de pays.

La bibliothèque doit comporter des livres écrits dans différentes langues et des contes ou documentaires sur les pays étrangers.

Utilisez la musique comme vecteur d'autres cultures.

Selon le projet : toute la classe peut vivre, ponctuellement, dans une atmosphère visuelle, auditive, olfactive d'un pays et déguster des plats typiques.

Sollicitez et invitez les parents.

LES RELATIONS HUMAINES

▶ L'ENSEIGNANT FACE À L'ÉLÈVE

■ L'enfant socialisé pour la première fois

L'enfant qui entre à l'école maternelle est confronté pour la première fois à un groupe de trente autres enfants sensiblement du même âge avec lesquels il va devoir partager son nouveau lieu de vie. Pour ceux qui sont issus de la crèche, la nouveauté est moins grande que pour ceux qui ont été gardés jusque-là par leur mère ou par une nourrice.

L'instituteur joue un rôle essentiel dans la socialisation des petits. Il observe, organise, aide avec calme au bon déroulement de la journée, sécurise, favorise le passage du monologue au dialogue, amène l'enfant à établir des relations avec les autres.

L'accueil des enfants mais aussi des parents est primordial (voir *L'accueil*, page 38).

Une organisation pédagogique spécifique doit être mise en place dès les premiers jours pour faciliter l'intégration sociale de tous les enfants : demandez aux parents de vous confier deux photos pour chaque enfant (au format d'une carte postale de préférence et si possible en situation dans la famille). L'une sera affichée au-dessus du portemanteau réservé à chaque enfant, l'autre permettra d'aménager le tableau des présences (voir page 96).

Chaque photo est associée au prénom de l'enfant.

LE COUSSIN DE LA MAISON

Proposez aux parents de réaliser avec leur enfant un coussin personnalisé... objet qui aidera à faire la transition famille / école et à rythmer les différents moments de la journée.

L'avantage du coussin, c'est qu'il est utile (coin repos, retour au calme) et qu'il a des allures de "doudou".

Demandez également aux parents de fournir des vêtements de rechange à utiliser en cas "d'incident" (et prévenez-les que le stock de vêtements de rechange apportés par tous servira à tous, en fonction des besoins du moment).

Les enfants et vous

L'instituteur de PS doit tenir compte le plus possible de l'angoisse des parents. Ils apprécieront s'il y est attentif et cela facilitera énormément la relation enfants / parents / enseignant.

■ L'angoisse de la cour de récréation

En petite section, c'est la cour de récréation qui semble poser le plus de problèmes. Rassurez les parents en leur montrant les modalités mises en place par le conseil des maîtres pour l'accueil des tout-petits : deux services de récréation, un pour les plus grands, un pour les plus petits ; ou responsabilisation des plus grands pour qu'ils accueillent les petits dans la cour, les protègent, y fassent attention.

Expliquez aux parents que le moment de la récréation est aussi un moment d'éducation. C'est aussi hors de la présence immédiate de l'adulte que l'enfant construit peu à peu ses premières relations. Cela ne va pas sans mal. Mais la cour n'est pas la jungle et l'instituteur de surveillance est là pour veiller au bien-être de chacun.

POUR "BRISER LA GLACE" ENTRE LES ENFANTS

- Dès le regroupement du premier jour, après l'accueil, organisez une discussion autour des photos de chacun (où se passait la scène ? qui sont les autres personnages, s'il y en a ?).
- Utilisez la marotte de la classe (voir p. 222) comme médiateur.
- Organisez les lieux de la classe comme autant de points de rencontre : point d'eau, tables réunies, coins-jeux, coussins de la bibliothèque...).
- Ne brusquez pas les réfractaires obstinés (cela peut parfois durer des mois). Sollicitez-les le plus possible. Un jour viendra où ils sortiront de leur coquille.
- Parlez tous ensemble de la timidité.
- Utilisez tous les matins le "panier à trésors" où chacun peut déposer s'il le veut quelque chose qu'il apporte de chez lui pour le montrer aux autres et qu'il remporte le soir. Les plus timides auront ainsi l'occasion de faire un geste vers la classe, facilité par l'intérêt (valorisant pour eux) que suscitera leur "trésor".

LES RELATIONS HUMAINES

▪ Les situations difficiles

Certains enfants en souffrance psychique peuvent poser des problèmes au sein du groupe de la classe. Si possible, essayez :
– De dialoguer avec l'enfant : "En ce moment tu ne vas pas bien, il y a peut-être quelque chose dans ta tête qui te préoccupe, tu peux m'en parler si tu veux."
– De vous informer auprès des autres collègues, si l'enfant a déjà été scolarisé dans l'école.
– De discuter avec les parents, discrètement et à l'écart des autres parents. La discussion peut avoir lieu au moment de la sortie, par exemple, si vous ne souhaitez pas dramatiser, ou sur rendez-vous si vous avez besoin d'être plus tranquilles. Un changement familial, sans importance aux yeux de l'adulte, peut perturber un enfant.

• L'enfant agressif

Il tape, mord, insulte : comment l'aider à se calmer et à avoir une meilleure communication avec les autres ?
Valorisez ses comportements positifs (mais si, il y en a toujours !), minimisez ses gestes agressifs (à condition que les autres ne soient pas en danger). Évitez de le "punir".

Mettez-le à l'écart s'il est trop perturbateur en lui expliquant bien sûr les raisons et en l'invitant à rejoindre le groupe quand il sera calmé. Vous pouvez lui proposer des jeux où il pourra extérioriser son agressivité : taper sur des coussins, sur un punching-ball, faire jouer les rôles d'agresseurs / agressés à des marionnettes,

> **UN CONTRAT D'UN JOUR**
> Établissez un contrat avec l'enfant agressif, sans être trop ambitieux. Chaque jour, demandez-lui d'essayer de se contrôler sur une chose précise : "Aujourd'hui je ne donnerai pas de coups de pied." Chaque soir constatez avec lui ce qu'il a été capable de faire. Valorisez ses bonnes intentions ou promettez-lui qu'il sera capable de mieux faire le lendemain.

des personnages ou animaux en plastique, en pâte à modeler ou dessinés...
Rappelez-lui régulièrement les règles précises qui régissent la collectivité. Vous pouvez élargir le débat à l'ensemble de la classe : qu'a-t-on le droit de faire, jusqu'où ? Quels interdits ?

• L'enfant "très" affectueux
Certains enfants manifestent un attachement excessif. Comment les aider à devenir indépendants et à construire leur autonomie ?
Ne pas les repousser ; leur procurer, à l'école, l'affection dont ils ont besoin ; leur porter un intérêt qui prouve notre tendresse et la confiance qu'on leur fait ; les encourager dans leur travail, les aider à le terminer ; les valoriser aux yeux des autres, leur donner des "responsabilités", retenir leurs idées, les intégrer dans les jeux de groupe (jeux de symbolisation, de société) et continuer à prêter votre main, vos genoux, vos joues pour les bisous, indispensables à la communication !
Mais cette attitude ne peut être que provisoire ! Peu à peu, l'enfant valorisé se dégagera de la dépendance à l'égard de l'adulte. Cette rupture indispensable au développement de la personnalité de l'enfant doit toujours être présente dans votre esprit. De plus les autres élèves ne doivent pas souffrir de l'attention particulière que vous portez momentanément à cet enfant.

• L'enfant instable, turbulent, agité...
Incapable de fixer son attention, inapte à fournir un travail correct, c'est un élément perturbateur de la classe. Comment le canaliser et lui donner les moyens d'accéder aux apprentissages ?
Si cet enfant est momentanément difficile : l'isoler pendant un temps très court, lui expliquer les conséquences de son comportement sur la vie de la classe, lui proposer de rejoindre le groupe quand il sera calmé (ne pas le laisser sans surveillance).
Le "truc" du contrat d'un jour avec l'enfant agressif peut être appliqué à l'enfant turbulent avec les mêmes chances de succès.

Si le fonctionnement de la classe est gravement perturbé et si l'enfant montre une inadaptation évidente au milieu scolaire, toute l'équipe éducative se réunira pour statuer sur son cas.

• L'enfant inhibé

Replié sur lui-même, "enfermé dans sa coquille", c'est celui que l'on peut "oublier" facilement.

Comment l'aider à communiquer, à conquérir une certaine assurance, à avoir confiance en lui ?

Assurez-vous tout d'abord qu'aucun problème physiologique ne gêne son développement (audition, vue, langage) en discutant avec les parents.

Sollicitez-le en permanence, sans le brusquer : un événement survenu dans la vie de l'école, de la classe peut soudainement le faire réagir (une marionnette, un animal, un spectacle). Guettez ces étincelles d'intérêt pour pouvoir ensuite proposer à l'enfant ce qui lui plaît et utiliser la corde sensible.

Valorisez son attitude, ses productions. Responsabilisez-le et accompagnez-le, si possible, dans son travail. Soyez attentif, vigilant, patient et par tâtonnements, parfois par hasard... la communication s'établira.

Il est difficile, dans une classe, d'être suffisamment disponible pour aider ces enfants de façon continue et efficace. Le personnel des réseaux d'aide est là pour vous seconder. Dialoguez avec eux au sujet de vos difficultés et demandez au besoin leur intervention si le cas vous pose de vrais problèmes.

De toutes façons, si vous êtes inquiet, n'hésitez pas à prévenir la psychologue scolaire de votre secteur.

Pour ne pas "oublier" cet enfant trop discret, efforcez-vous très régulièrement de faire le point à son sujet en vous posant les questions suivantes :
Qu'a-t-il fait de sa journée ? Quels ateliers ? Quels ont été ses échanges avec les autres ? avec moi-même ?
Cela permet à la longue d'avoir un regard plus attentif sur lui.

Vous pourrez partager avec elle vos interrogations et elle viendra en observation dans votre classe avant de rencontrer les parents de l'enfant en difficulté. Il suffit parfois de peu de chose pour débloquer des situations apparemment très compliquées.

• L'enfant "emprunteur"

La plupart des enfants ont l'habitude de prendre des objets qui appartiennent aux autres, simplement pour jouer. Plus ils sont jeunes et plus ils ont du mal à concevoir la propriété des autres. Si vous découvrez qu'un enfant a "malencontreusement" glissé une pièce de puzzle, une petite voiture ou un morceau de jeu de construction dans sa poche, n'en faites pas un drame.

Expliquez-lui ce que signifie "c'est à moi", "c'est à toi", qu'il ne faut pas prendre les affaires des autres sans leur permission et pourquoi. Ce n'est que lorsque ce travers de "chaparder" devient une habitude qu'il peut s'avérer nécessaire d'en parler avec les parents.

La plupart des enfants se sentent déjà assez honteux quand ils sont découverts.

• L'enfant maltraité

L'école maternelle constitue un lieu d'observation privilégié de détection des cas d'enfants en danger, pour diverses raisons (enfants victimes de mauvais traitements ou de délaissements). En tant que citoyen, vous êtes tenu de signaler les sévices

> ## TROIS SYMPTÔMES DE MAUVAIS TRAITEMENTS
> • Pleurs fréquents sans raison apparente.
> • Silence et isolement anormaux.
> • Et, bien sûr, traces de coups ou de brûlures, *a fortiori* si vous en constatez à plusieurs reprises.

pratiqués sur des enfants de moins de quinze ans sous peine d'engager votre responsabilité pénale !

Les services de promotion de la santé en faveur des élèves ont mis en place un dispositif départemental efficace.

LES RELATIONS HUMAINES

Notez les numéros de téléphone des personnes à contacter pour le cas d'un appel d'urgence pour mauvais traitements :
- Médecin de santé scolaire.
- Médecin de PMI.
- Inspecteur de l'enfance.
- Procureur de la République (extrême urgence).

N'essayez pas d'en parler vous-même directement avec les parents : en général, les parents qui maltraitent leur enfant nient. Votre tentative serait donc inutile ou même dangereuse pour l'enfant (représailles).

QUI CONTACTER DANS LE CAS D'UN ENFANT MALTRAITÉ

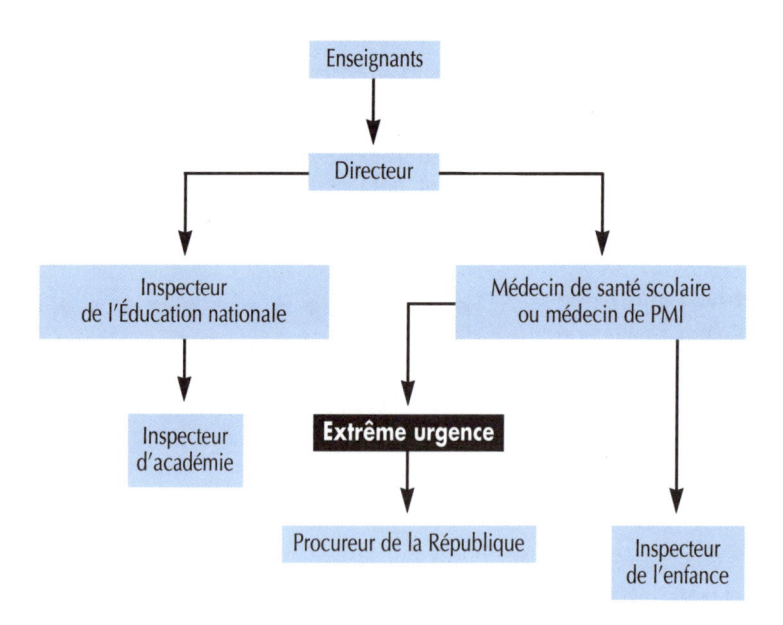

```
                    Enseignants
                         │
                         ▼
                    Directeur
        ┌────────────────┼────────────────┐
        ▼                                 ▼
   Inspecteur                    Médecin de santé scolaire
de l'Éducation nationale           ou médecin de PMI
        │                ┌────────────────┤
        ▼                ▼                │
   Inspecteur      Extrême urgence        │
   d'académie           │                 ▼
                        ▼            Inspecteur
              Procureur de la République  de l'enfance
```

Les enfants et vous

■ Les questions "embarrassantes"

Ne pas éluder une question, c'est aider l'enfant à construire sa personnalité. Cela fait partie de votre mission.

Vous pouvez, cependant, être dérouté par certains sujets (à propos de la sexualité, de la mort, de la séparation...). Demandez éventuellement un délai aux enfants, qu'ils vous accorderont parce que vous aurez su instaurer le climat de confiance indispensable à une communication fructueuse. "Je ne peux pas te répondre tout de suite, on en rediscutera plus tard." Vous mettrez ce délai à profit pour choisir tranquillement les mots de votre réponse ou pour réunir la documentation très simple et adaptée qui vaudra toutes les explications.

Petit à petit, vous vous constituerez des notes personnelles ou une "mini-bibliothèque" réutilisable.

Cherchez à connaître ce que les enfants pensent ou savent sur le sujet. Favorisez la mise au point des connaissances en apportant des explications simples, apaisantes, et en employant des mots justes. Respectez la sensibilité de chacun. Le rôle de l'école est complémentaire de celui de la famille. Informez les parents des discussions, des travaux en cours par le biais de l'album de vie de la classe.

Les contes, les albums pour enfants traitent parfois ces sujets avec sensibilité et finesse (Ex : sur la mort, *Au revoir Blaireau,* S. Varley, Gallimard ; sur le handicap, *Un petit frère pas comme les autres*, M. H. Delval, Bayard Poche).

• La sexualité

Elle doit être abordée avec prudence : c'est un sujet difficilement verbalisé dans de nombreuses familles. Mais toute l'expérience de l'enfant passe par le corps. La prise de conscience de ce corps, sa représentation, son fonctionnement occupent donc une large place à l'école maternelle.

Organiser des activités autour de l'anatomie du corps humain en parlant de tout et en évitant de parler de sexe, de spermatozoïdes, d'ovules... serait malhonnête ! Il ne faut pas anticiper les questions,

mais répondre simplement et clairement quand elles se présentent.
"Il est dangereux, en tout cas, que les enfants ne reçoivent pas de réponses correctes, simples mais véridiques, aux questions sur le sexe, sur la conception et la naissance, parce qu'ils en reçoivent de tellement farfelues par ailleurs… Il y a tellement de mythes qui courent chez les enfants ! Je ne dis pas qu'ils ne continueront pas de courir et les enfants d'y croire un peu, c'est de leur âge, mais une voix, ou un livre qui dit la vérité, c'est déjà bien." Françoise Dolto, *Lorsque l'enfant paraît.*

• La mort
Les enfants, en général, en parlent beaucoup plus calmement que nous : son irréversibilité ne semble pas bien comprise à cet âge-là.
"Les enfants, eux, questionnent sans angoisse à propos de la mort jusqu'aux environs de sept ans. Ils commencent à se poser la question vers trois ans et, je le répète, sans angoisse. Il faut leur parler de la mort, justement. Et, d'ailleurs, ils la voient. Il y a des gens qui meurent autour d'eux. Je crois qu'on peut toujours répondre à un enfant : "Nous mourrons quand nous aurons fini de vivre." C'est drôle à dire mais c'est vrai. Vous n'avez pas idée de ce que cette parole rassure un enfant." Françoise Dolto, *Lorsque l'enfant paraît.*
S'il s'agit de la mort d'un proche on peut aider l'enfant à "accepter" en lui proposant de passer par la représentation (dessin par exemple) et en étant attentif à son désir d'en parler.

• La séparation des parents
Elle peut être vécue par les enfants de façon très douloureuse. L'échange avec l'enfant qui souffre d'une telle situation familiale peut être individuel, à des moments de pause (récréation, endormissement, accueil), ou collectif, si l'enfant en parle de lui-même à ses camarades. Dans ce cas, les autres enfants concernés pourront raconter leur expérience et aider l'enfant à verbaliser sa souffrance. Le but est de dédramatiser un par un les changements dans la vie de l'enfant (deux maisons, des lieux de vacances multipliés). Rassurez l'enfant sur la certitude de l'amour que

Les enfants et vous

lui porte chacun de ses parents. Il ne doit pas vivre cette situation comme un abandon ou une perte. Repérez avec lui sur le calendrier de la classe le retour répétitif du parent absent, les vacances prévues avec lui (dialoguez avec les parents). Pendant cette période, protégez-le mais sans vous appesantir pour ne pas souligner une différence supplémentaire. Trouvez-lui des centres d'intérêt dans la classe afin d'occuper sa pensée (animal ou plante à soigner, album à compléter).

LES RELATIONS HUMAINES

Les enfants entre eux

▶ LA VIE DANS LA CLASSE

■ Le travail en groupe

En maternelle, les séquences se passent soit avec la classe entière, soit en petits groupes. Il s'agit de répartir les enfants de la classe en quatre ou cinq groupes, selon l'effectif global (classe de 28 élèves = 4 groupes de 7 enfants par exemple) ou le type d'activités.

• **Pourquoi des groupes ?**
Le petit groupe aide l'enfant à se structurer dans l'espace et dans le temps. Il favorise l'accession à l'autonomie (selon le niveau, la répartition des groupes dans les ateliers dirigés est donnée par la lecture d'un tableau à double entrée. Elle peut être faite avec votre aide ou par un enfant avec vérification de toute la classe.).
Le petit groupe est un bon intermédiaire entre la situation de l'enfant seul et celle du grand groupe de toute la classe.
En outre, le groupe permet de créer des liens plus forts entre les enfants, car ils s'y découvrent plus profondément.

• **Comment former les groupes ?**
Il n'est pas question, ici, de faire des groupes de niveaux. Vous pouvez procéder :
– par affinités : matérialisez le nombre de places disponibles et faites établir une correspondance (un enfant / une place) ;
– par "tirage au sort" des prénoms de la classe. Opérez avec les enfants (même démarche) ;
– par répartition "arbitraire" de votre part : essayez d'équilibrer en

fonction de critères précis d'âge, de comportement (timide / audacieux, par exemple), de sexe... Cela suppose une rapide évaluation des enfants. Cette répartition en groupes ne doit pas être immuable. On peut ponctuellement former d'autres groupes pour telle ou telle activité.

• En PS, comment aider les enfants à connaître rapidement leur appartenance au groupe ?

– Définir les "noms" des groupes (couleurs, animaux...).
– Écrire les étiquettes-prénoms aux couleurs des groupes.
– Matérialiser ces groupes de couleurs dans la classe : par exemple, suspendre au plafond (à environ deux mètres du sol) de gros mobiles en carton de forme géométrique ou en forme de nuages, de ballons, de fleurs, d'oiseaux. Sur chaque mobile fixer les étiquettes-prénoms des enfants du groupe.

En début d'année, organiser des petits jeux :
– "Jacques a dit... les enfants qui appartiennent au groupe bleu se regroupent sous le nuage bleu."
– Au signal, se réfugier dans les cerceaux de la même couleur que son groupe.
– Les enfants ont chacun une fiche avec les groupes de couleurs de la classe ; ils doivent coller leur étiquette-prénom dans le bon groupe ou coller les étiquettes-prénoms de l'ensemble des enfants de leur groupe.

• Quand utiliser le travail par groupes ?

– Le matin de préférence en ateliers dirigés (voir *Temps forts de concentration*, p. 69).
– L'après-midi, chez les moyens et les grands, pour des activités artistiques, avec ou sans contrat (voir page 273).
– En activités physiques pour répartir rapidement les enfants : dans les ateliers de grande motricité en équipes, pour des relais ou des jeux collectifs.

LES RELATIONS HUMAINES

■ Le travail en ateliers libres

Si le fonctionnement par groupes dirigés ne vous convient pas, vous pouvez opter pour une organisation de la journée en ateliers libres. Une sorte de "cahier de pointage" s'impose alors pour que vous puissiez, surtout chez les petits, contrôler le passage dans les différents ateliers. Selon la méthode employée, le but est de motiver les enfants afin qu'ils participent à chaque atelier.

• But

Le travail en ateliers libres permet aux enfants d'opérer des choix, de remplir un contrat, de satisfaire leur besoin d'autonomie et de construire leur personnalité.

• Organisation

Il est parfois problématique d'obtenir une répartition convenable des enfants en PS, surtout quand une activité proposée est plus attrayante que les autres.

> **"CHACUN SON TOUR"**
>
> Au moment de la collation, la boîte de gâteaux circule de l'un à l'autre. On attend sagement son tour : on sait qu'il viendra de toute façon.
>
> Lors d'un enregistrement, on fait passer les enfants l'un après l'autre au micro, chacun enregistre son prénom. Ensuite, la bande défile, les enfants attendent le passage de leur voix et se reconnaissent enfin.

Promettez à l'enfant qui doit attendre qu'il pourra accéder tout à l'heure ou demain à l'atelier qu'il convoite.

Familiarisez les petits à l'idée de "chacun son tour". En MS et PS, la difficulté réside dans le contrôle du passage dans les ateliers libres. Pour pouvoir vérifier que tous les enfants sont passés dans tel atelier, prévoyez un tableau à double entrée (un symbole pour chaque atelier aura été défini et adopté par tous) : quand l'enfant a effectué son travail, il colle une gommette en face de son nom et de l'atelier.

LES "OUTILS DE POINTAGE"

Voici trois outils permettant de pointer de façon précise et simple le passage des enfants dans tous les ateliers.

Le tableau à double entrée récapitulatif, pour l'ensemble de la classe

ATELIER Nom	Couture	Terre à modeler	Cartes d'invitation	Etc.
ÉLODIE	Couture			
PAULINE		Terre à modeler	Cartes d'invitation	
JÉRÔME	Couture		Cartes d'invitation	
Etc.				

Une fiche personnelle pour la semaine

ÉLODIE

Couture	Terre à modeler	Cartes d'invitation
04 05 95		03 05 95
		tampon-dateur ➤

Une enveloppe-contrat personnelle

Étiquettes à coller sur le grand tableau à double entrée

■ Les correspondants

Avoir des correspondants donne la possibilité de communiquer de façon authentique à l'aide de différents outils (écrit, audiovisuel, télématique...) ; de découvrir un lieu, un mode de vie nouveaux ; de connaître d'autres enfants ; de rompre l'isolement des classes maternelles rurales, etc.

La mise en place d'une correspondance nécessite la concertation entre les deux instituteurs afin de définir les objectifs, les réalisations, le déroulement des échanges...

Elle demande un engagement réciproque si l'on veut mener à bien cette activité qui va demander aux enfants une certaine persévérance : les deux instituteurs doivent pouvoir s'engager à organiser quelques réunions de bilan et de préparation pour proposer des activités nouvelles aux enfants, en fonction des besoins qu'ils expriment.

• Avec qui correspondre ?

– En PS, les échanges réguliers sont difficilement envisageables avec une classe éloignée. Les enfants ont pour l'instant à résoudre des problèmes d'adaptation, d'autonomie, de maturité intellectuelle, et seules les relations avec une autre classe de la même école paraissent utiles et souhaitables (invitations, échanges divers), du moins pendant le premier semestre.

– En MS, une classe située dans la même ville, dans la ville ou le village voisins est largement suffisante. Le dépaysement est déjà considérable et les rencontres deviennent possibles.

– En GS... l'autonomie, le pouvoir d'abstraction, de symbolisation sont en principe acquis. Les rencontres avec les correspondants sont toujours très fructueuses, mais pas systématiquement obligatoires. On peut donc envisager de correspondre avec une classe implantée dans une région éloignée... La correspondance scolaire devient une véritable motivation pour les divers apprentissages.

• Comment trouver des correspondants ?

– En feuilletant les revues pédagogiques (abonnement individuel ou pour l'école) ou les revues syndicales ;
– en se renseignant auprès de l'inspection académique ;
– par l'intermédiaire d'amis vivant ailleurs qui peuvent établir le premier contact.

• Les formes de la correspondance

La correspondance revêt diverses formes complémentaires, de la rencontre à l'envoi d'une cassette-vidéo, en passant par la bande magnétique, le message sur Minitel, la lettre…
On échange des productions collectives individuelles : cadeaux, photos, images séquentielles, bandes dessinées, ou des informations sur la vie de l'école, de la classe, des recettes, des règles de jeux.
Pour les activités de correspondance détaillées, voir p. 224.

CORRESPONDANCE AUTOUR D'UN ÉVÉNEMENT

Les rencontres sportives organisées à l'échelon d'un quartier, d'une ville ou d'une circonscription se préparent par différents échanges entre élèves de deux classes de même niveau de préférence.
– Envoi d'une musique enregistrée sur cassette pour danser ensemble.
– Fiches techniques descriptives de plusieurs situations d'escalade réalisées par les enfants.
– Règles du jeu pour les jeux collectifs. Des rencontres ont lieu plusieurs fois dans l'année à partir des activités choisies en commun.
Une rencontre sportive clôt l'année : moment de fête et de plaisir partagé.

LES RELATIONS HUMAINES

▶ LA VIE DANS L'ÉCOLE

■ Le fonctionnement par cycles

• **Le cycle 1**

Les compétences à acquérir dans le cycle des apprentissages premiers (celles dont l'enfant a besoin pour pouvoir poursuivre les apprentissages suivants) sont de trois ordres :

• les compétences transversales, compétences pouvant s'utiliser dans différents domaines d'activités ou champs disciplinaires (autonomie, socialisation, construction de concepts d'espace et de temps, acquisitions méthodologiques) ;

• les compétences liées au domaine de la langue (orale, productions d'écrit…) ;

• les compétences d'ordre disciplinaire (savoirs et méthodes spécifiques à chacun des grands domaines).

Voir la liste détaillée des compétences à acquérir en cycle 1 au début de chaque groupe d'activités, au chapitre 4.

• **Travailler par cycle en maternelle**

Voici des exemples d'application du travail par cycle en maternelle.

• Lorsque les compétences de fin de cycle sont acquises avant la fin de la dernière année du cycle des apprentissages premiers (cycle 1), l'élève peut aborder les apprentissages du cycle suivant (cycle 2 : cycle des apprentissages fondamentaux) tout en restant dans la classe où il se trouve. Ainsi certains enfants, après décision du conseil des maîtres, peuvent commencer l'apprentissage de la lecture et de l'écriture en GS.

• La liaison entre l'école maternelle et l'école élémentaire est officielle : des projets communs sont préparés, réalisés ensemble et peuvent regrouper toutes les écoles maternelles et élémentaires d'un même secteur.

• Des activités décloisonnées sont mises en place à l'intérieur d'un cycle : par exemple, le samedi matin, des élèves de GS peuvent travailler avec des élèves de CP et même de CE1, avec la participation des parents.

• Un temps de concertation est prévu dans les horaires des maîtres :

les conseils de cycle ont lieu pendant le temps scolaire (26 heures de présence des élèves + 1 heure de concertation par semaine).

• Différents cas de figure sont possibles quant à l'application du travail par cycle selon l'école où vous entrez.

TABLEAU EXTRAIT DE LA REVUE *"LA CLASSE"* N°18 (AVRIL 1991)

Organisations possibles	PRINCIPES	AVANTAGES	INCONVÉNIENTS / PRÉCAUTIONS
1 **Répartition en groupes-classes selon les âges.**	"Le maître doit assumer totalement l'hétérogénéité de sa classe qui doit être gérée comme une classe à plusieurs niveaux."	"(...) offre un cadre rassurant à la fois pour les enfants, les parents, les enseignants."	"Cette organisation doit être complétée par une forte coordination et un travail d'équipe authentique entre les maîtres d'un même cycle."
2 **Un maître pendant un cycle.**	"La continuité pédagogique dans le cycle est assurée par l'unicité du maître responsable d'une cohorte *(sic)* d'enfants pendant trois années consécutives."	• "Continuité, respect du rythme d'acquisition." • "(...) évite les risques de rupture ou de distorsion dans les progressions." • "(...) permet au maître de situer son action dans un champ pédagogique cohérent, plus large, et de varier les situations, les démarches et les activités."	"(...) comporte le risque pour l'élève de prolonger des situations de blocage ou de créer une trop grande dépendance par rapport au maître et, pour celui-ci, d'éprouver un moindre besoin de travailler en équipe."
3 **La classe à plusieurs cours.**	"Des élèves d'âges différents d'un même cycle sont confiés pour une année scolaire au même maître." **NB :** *s'apparente au 1.*	"(...) favorise la continuité pédagogique pendant la durée d'un cycle et permet des interactions fructueuses entre des groupes hétérogènes."	Idem 1.
4 **Échanges de services d'enseignement et décloisonnement.**	"Organiser des groupes pour certaines disciplines sur la base d'échanges de service et de compétence entre les maîtres."	• "(...) permet de mieux tenir compte du rythme et du niveau des élèves." • "(...) permet à l'élève de conserver un instituteur et un groupe-classe comme référents pendant une partie du temps scolaire (...) et de bénéficier d'enseignements adaptés à son rythme d'apprentissage."	"(...) doit être appliqué avec prudence avant le cycle des approfondissements (les jeunes enfants ont besoin de repères stables)."

• Le décloisonnement

Le décloisonnement est une organisation de l'école, ou d'une partie de l'école, où le principe du groupe-classe rattaché à son maître est abandonné afin de gérer différemment la situation scolaire : les élèves apprennent avec d'autres personnes à travers diverses activités qui leur sont proposées.

Ces activités peuvent être animées par :
– les autres maîtres de l'école ou d'une autre école,
– les membres de l'équipe éducative (membres du réseau d'aide), les ATSEM,
– les autres partenaires, intervenants extérieurs : parents, bibliothécaire... choisis en fonction de leurs compétences.

Le décloisonnement permet de mettre en œuvre un projet d'école particulier ou de participer à un projet commun concernant plusieurs classes, ou toutes les classes.

EXEMPLES D'OCCASIONS DE DÉCLOISONNEMENT

- Préparation du défilé de carnaval,
- organisation de la kermesse,
- liaison intercycles,
- jumelage maternelle / primaire basé sur le tutorat,
- ouverture d'autres ateliers rarement proposés en classe parce qu'ils nécessitent un faible effectif et du matériel adapté : photo, informatique, vidéo... menuiserie,
- pratique de certaines activités : BCD, jardinage extérieur, cuisine, patins à roulettes, escalade...

Le décloisonnement offre des avantages pour les enfants et pour les maîtres. Il aide les enfants à développer leur autonomie physique et affective, à vivre de nouvelles relations (autres adultes, autres enfants). Le tutorat, par exemple, aide les petits à profiter au maximum du décloisonnement et permet aux grands d'apprendre à s'exprimer de façon compréhensible.

Le décloisonnement permet également aux enfants d'apprendre à se repérer dans le temps et dans l'espace (repères précis, découverte de nouveaux espaces…).

Il permet aux maîtres de travailler avec un nombre d'enfants plus restreint ; d'utiliser les compétences et les affinités de chacun (les activités que vous avez choisi d'enseigner sont alors approfondies et les enfants en profitent !) ; de s'enrichir au contact d'intervenants extérieurs "spécialisés" (artisans locaux, musiciens, diététiciens…).

Mais attention ! Le décloisonnement implique un réel travail d'équipe. Il demande une bonne définition des objectifs, des contenus, des professions… des moyens d'évaluation.

Au début de la mise en œuvre, diverses activités sont proposées aux enfants qui doivent opérer un choix. Il est donc nécessaire que ces activités soient clairement présentées et expliquées et que les personnes participantes soient familières aux enfants.

ÉTAPES D'UN DÉCLOISONNEMENT ENTRE DEUX CLASSES

- Réunion des instituteurs pour décider des objectifs et de l'organisation des ateliers à proposer aux enfants (qui se charge de quoi ? quand ? comment ?). On décide également ce jour-là de la répartition des élèves.
- Prévenir le directeur.
- Réunir les enfants en présence des deux instituteurs pour leur présenter le projet et ses intervenants, leur expliquer ce qui va se passer et pourquoi (compétence particulière de l'un des deux instituteurs, mise en place d'un tutorat des plus grands). C'est ce jour-là que l'on doit expliquer très clairement aux enfants le contenu des ateliers proposés pour qu'ils puissent choisir en connaissance de cause.

Le fonctionnement par cycle entraîne une nouvelle forme de décloisonnement : afin de tenir compte du niveau des élèves, des groupes peuvent être organisés dans certaines disciplines, pendant une partie du temps scolaire, sur la base d'échanges de services entre les maîtres.

Ce système ne doit absolument pas déboucher sur la mise en place de groupes de niveaux quasi fixes et permanents où les "faibles" seraient toujours ensemble et les "forts" déjà installés dans une sorte de voie royale.

Il ne doit pas non plus déresponsabiliser l'enseignant. En maternelle, il est souhaitable de garder un enseignant "principal" ou deux au plus (les jeunes enfants ont besoin de repères stables).

■ Les intervenants extérieurs

Certaines organisations pédagogiques nécessitent la participation d'intervenants extérieurs qui apportent une qualification technique et pédagogique particulière, en collaboration avec l'équipe de l'école. Ils sont associés à la mise en œuvre du projet d'école et contribuent à son enrichissement.

Il peut s'agir de parents d'élèves bénévoles ou de personnes appartenant à des associations habilitées par le recteur, conformément aux dispositions du décret n° 90-620 du 13 juillet 1990. Le directeur autorise leur participation sur proposition du conseil des maîtres. L'inspecteur est informé.

Le directeur peut également autoriser la participation de personnes n'appartenant pas à une association habilitée par le recteur, sur proposition du conseil des maîtres.

Un projet doit être établi avec les intervenants extérieurs.

Les enfants entre eux

DISPOSITIONS SPÉCIFIQUES CONCERNANT LES INTERVENANTS EXTÉRIEURS

Domaines	Textes	Intervenants	Agrément	Qualification requise / Observations
Natation	Circulaire n° 87-124 du 27 avril 1987	Maîtres nageurs sauveteurs	Inspecteur d'académie	Diplôme d'État ou brevet d'État d'éducateur sportif 1er degré des activités de natation
		Bénévoles	IA après participation à un stage organisé par l'IEN	Avis favorable de l'IEN à l'issue du stage
Activités physiques de pleine nature	Note de service n° 84-150 du 24 avril 1984		IA (sur proposition de l'IEN)	
Éducation musicale	Note de service n° 84-483 du 14 décembre 1984	Musiciens issus des centres de formation	Agrément du directeur d'école conformément au droit commun, ces interventions s'inscrivant dans le cadre du projet d'école	Diplôme délivré à la fin de leur formation
		Intervenants à titre régulier	IA	Ces interventions doivent s'inscrire dans le projet d'école
		Intervenants à titre non régulier	Pas d'agrément de l'IA mais autorisation du directeur	
Éducation physique et sportive	Note de service n°83-509 du 13 décembre 1983 Circulaire n° 87-194 du 3 juillet 1987	Animateurs et moniteurs municipaux, notamment	IA (sur avis de l'IEN)	Examen du dossier, entretiens, stages en situation, aptitudes à s'intégrer dans le projet pédagogique de circonscription
Classes de découverte	Note de service n°82-399 du 17 septembre 1982	Animateurs	IA	Brevet d'aptitude aux fonctions d'animateur de centre de vacances et de centre de loisirs
Enseignement du code de la route	Décret n° 58-1155 du 28 novembre 1958	Fonctionnaires qualifiés, techniciens de la prévention des accidents de la route	IA (sur présentation des associations d'utilité publique créées à cet effet)	

Note de service du 23 novembre 1987

■ La coopérative

Une école n'a pas le statut d'établissement public. Elle ne dispose pas d'un budget propre.

Il est donc interdit à un instituteur de gérer des fonds au titre de ses fonctions.

Seul le cadre d'une coopérative scolaire affiliée à l'OCCE ou constituée en association "loi 1901" permet à un enseignant de gérer des fonds.

Dans une école maternelle cette gestion est assurée par les maîtres.

Les ressources de coopérative scolaire proviennent :

- de travaux réalisés en commun par les enfants et les adultes et pouvant être vendus au cours des fêtes et des expositions organisées par la coopérative ;
- du produit des tombolas ;
- des subventions et des dons. Dès la rentrée, l'école fait appel à la générosité des parents par des procédés variables ("dons" payables à l'année, au trimestre ou au mois). La coopérative ne doit pas servir à acheter du matériel pédagogique (commandé sur le budget de la ville) mais à agrémenter la vie de l'enfant (ingrédients pour gâteaux, cadeaux symboliques pour les anniversaires, fleurs, financements des sorties, spectacles).

Elle contribue de façon importante à une meilleure qualité de la vie dans l'école.

Il est recommandé d'afficher régulièrement à l'entrée de l'école la liste des réalisations ou des achats qu'auront permis les dons des parents à la coopérative : ceci à la fois pour rassurer les donateurs, pour les motiver et les associer aux projets de l'école.

Vous devez obligatoirement tenir à jour un cahier de comptabilité.

L'OCCE fournit des cahiers de comptabilité tout prêts, parfois un peu lourds à tenir. Vous pouvez aussi noter simplement sur un cahier les recettes, les dépenses et les soldes, en gardant très soigneusement tous les justificatifs classés.

Les enfants entre eux

■ L'exposition des travaux d'élèves

C'est un bilan du travail dans chaque section. Les enfants sont fiers d'expliquer à leurs parents les progrès qu'ils ont réalisés en graphisme, en mathématiques, en écriture.

Ces opérations "portes ouvertes" peuvent avoir lieu un samedi matin à la fin de chaque trimestre. C'est un moment convivial où les parents, les enfants et les enseignants conversent à bâtons rompus autour de petites gâteries faites par les enfants. Le carton d'invitation sera bien sûr une réalisation des élèves, de même que l'affichage, la décoration et le service des guides de l'exposition !

■ La fête de l'école

Le spectacle : qu'il soit projet de classe ou projet d'école, ce spectacle doit, vraiment, être l'aboutissement du travail de l'année pour chaque section… et non un "dressage" d'enfants dont le but, inavoué, serait uniquement de faire plaisir aux parents !

Par exemple, le numéro de danse rythmique sera composé de l'enchaînement de mouvements travaillés à des moments différents au cours de l'année.

ACTIVITÉS D'APPRENTISSAGES DIRECTEMENT LIÉES À LA FÊTE

Toutes sections :
- Faire les billets d'entrée numérotés pour organiser une tombola.
- Faire des lettres d'invitation (parents, maire, inspecteur…).
- Faire des affiches à poser chez les commerçants.

MS et GS :
- Compter le nombre des parents prévus.
- Saisir l'occasion pour mesurer la salle, pour vérifier que la mairie a livré assez de chaises.
- Vérifier la météo du jour de la fête en téléphonant quelques jours avant…

Etc.

LES RELATIONS HUMAINES

Il s'agit bien de la mise en œuvre d'un projet commun aboutissant, donc, à une production qui engage la participation de tous.

L'organisation matérielle ne doit pas être négligée et doit être minutieusement pensée : le travail des enfants et des instituteurs doit être mis en valeur.

L'installation peut se faire à l'intérieur, dans la salle de jeux par exemple, avec une estrade, des projecteurs, un rideau et une bonne sonorisation. Les municipalités prêtent et installent le matériel (en principe !) si les écoles ne sont pas équipées ou ne le sont qu'en partie.

Évitez les "spectacles au rabais" dans un coin de la cour, parfumés à la merguez et rythmés au "chambouletout" qui donnent une image vraiment trop dépréciée du travail des enfants et du vôtre.

QUEL PROJET POUR UN SPECTACLE ?

Petits :
- des comptines, chants... mimés, dansés,
- des rondes, danses... avec ou sans accessoires,
- un parcours de motricité mis en musique.

Plus grands :
- un poème mis en scène,
- des marionnettes, marottes réalisées et animées par les enfants (imaginer le scénario),
- des jeux d'ombres...
- des comptines, des poésies... créées et jouées par les enfants,
- un spectacle de cirque (y intégrer un numéro "d'animaux" qui savent compter ou qui reconnaissent les lettres !)
- un conte musical imaginé et réalisé en diapositives par les enfants,
- une histoire inventée et interprétée par les enfants.

Pour tous :
chorale, danse, musique.

N'abusez pas des répétitions. Excessives, elles nuiraient à la spontanéité des enfants et, de toute façon, puisqu'ils sont impliqués dans ce projet, ils connaissent le rôle qu'ils doivent jouer !

Si vous faites du "théâtre", n'oubliez pas de frapper les trois coups !

Exigez une parfaite écoute de la part des spectateurs (parents, autres enfants) : on ne commence que lorsque le silence est fait parmi les spectateurs.
Le spectacle valorise les chants, danses, créations diverses faits tout au long de l'année. Recherchez la simplicité (qui n'empêche pas la beauté !) pour les costumes et le décor. Il vaut mieux des costumes et décors conçus avec et par les enfants eux-mêmes qu'une préparation époustouflante faite par les adultes. Les grands panneaux de peinture collective pourront égayer l'estrade. Le spectacle pour chaque section peut durer jusqu'à 20 minutes ou deux fois 10 minutes pour les petits.

■ La kermesse

But : conclure une année scolaire dans la joie, renflouer les caisses de la coopérative et pouvoir, ainsi, enrichir le matériel scolaire !

Organisation : les parents bénévoles font les démarches auprès des commerçants et des entreprises pour trouver des lots. Ils sollicitent les autres parents pour qu'ils apportent des lots et participent à l'installation, à l'organisation, à l'animation des stands le jour venu.

Les enfants eux-mêmes peuvent sélectionner les jeux, en préciser les règles, faire l'inventaire des stands, préparer les affiches annonçant les stands et énonçant les règles (décorations, écrits), embellir la cour (guirlandes, lampions, nappes en papier), confectionner des gâteaux, des confitures, des friandises, des boissons destinés à être vendus, rechercher des musiques "d'ambiance".

La kermesse peut se prolonger le soir par une invitation des parents et des enfants à rester pour partager cette chaude soirée d'été. Chacun apportera à manger, à boire, on dansera sous les tilleuls (ou les platanes) à la lumière des lampions (prêtés par la municipalité !). Cette soirée permettra de renforcer la cohésion de l'école et des parents. On y rencontrera peut-être des parents "invisibles" le reste de l'année.

LES RELATIONS HUMAINES

IDÉES DE STANDS

La gueule de monstre : monstre avec une gueule évidée. On y passe la tête, on est pris en photo.

Le stand de maquillage.

Le coffre à surprises : on passe la main dans un manchon qui donne accès à un grand carton fermé. Il y a toutes sortes de petits objets à l'intérieur. On gagne un objet si on a été capable de le reconnaître au toucher.

Les ballons à raser : on doit gonfler un ballon de baudruche, le recouvrir de mousse à raser et le "raser" avec un rasoir jetable, sans le faire éclater ! (Bien sûr, ce stand est à surveiller tout particulièrement pour que l'utilisation du rasoir se fasse sans danger).

Le savon fou : on doit pousser un savon avec un bâton pour lui faire remonter un plan incliné savonné et le faire basculer dans une cuvette d'eau. Très difficile !

Maître-bébé : demander à tous les instituteurs de l'école de fournir une photo d'eux bébé ou à l'âge de la maternelle. Faire agrandir les photos et les coller sur du carton. Pour gagner un lot, il faut reconnaître son maître ou sa maîtresse.

La pêche à la ligne avec petites récompenses.

L'éternel chambouletout : un monticule de grosses boîtes de conserve récupérées à la cantine et peintes par les enfants, à abattre en trois fois maximum à l'aide d'une balle.

C'est aussi dans ces moments-là que les relations parents/nouveaux enseignants s'installent (en principe, ce n'est pas vous, fraîchement arrivé, qui déciderez de tout cela mais vous pouvez apporter des suggestions au sein de l'équipe pédagogique !).

Les relations entre les adultes de l'école

▶ LE DIRECTEUR

C'est votre interlocuteur privilégié, celui qui doit favoriser votre bonne intégration dans l'équipe des maîtres, dans l'école. Adressez-vous à lui en priorité.
Il veille à la bonne marche de l'école, au respect de la réglementation :
– admission des élèves ;
– répartition des élèves entre les classes après avis du conseil des maîtres ;
– répartition des moyens d'enseignement ;
– organisation du service des instituteurs ;
– utilisation des locaux scolaires ;
– organisation du travail des personnels communaux ;
– organisation des élections des délégués de parents au conseil d'école.
Il prend toute disposition utile pour que l'école assure sa fonction de service public (accueil, surveillance des élèves, dialogue avec les familles). Il représente l'institution auprès de la commune et des autres collectivités territoriales :
– participation au conseil de cycle ;
– organisation des temps de concertation au sein de l'école.
Il assure la coordination nécessaire entre les maîtres et anime l'équipe pédagogique :
– réunion de l'équipe éducative chaque fois qu'elle est nécessaire ;
– diffusion auprès des maîtres des instructions et programmes officiels.
Il vous transmettra, tout au long de l'année, les directives du ministère, les nouveaux programmes, les circulaires, que vous devrez lire et signer.

Il aide au bon déroulement des enseignements et favorise la collaboration des intervenants extérieurs.
Il peut participer à la formation des futurs directeurs.
Il prend part aux actions destinées à assurer la continuité de la formation des enfants entre l'école maternelle et l'école élémentaire.
Il veille à la qualité des relations de l'école avec les parents d'élèves, le monde économique et les associations culturelles et sportives.
Il assure la fréquentation régulière des enfants en maternelle.
C'est lui aussi qui peut intervenir en cas de retards trop fréquents des parents à "l'heure des mamans".

Enfin, et malgré tous les "il" de ce paragraphe, à l'école maternelle, le directeur est très souvent... une directrice !

▶ LES COLLÈGUES

Dès votre arrivée, allez vers eux pour :
– obtenir des informations sur l'organisation, la vie, les habitudes de l'école ;
– récolter des renseignements, pour mieux comprendre un enfant qui vous pose des problèmes (s'il était scolarisé dans l'établissement l'année précédente) ;
– demander des conseils aux plus expérimentés (pratique de la classe, façon d'aborder une séquence, recette) ;
– consulter, vous faire prêter la documentation personnelle que tout instituteur accumule au cours des années d'enseignement ;
– communiquer, échanger, entrer dans la communauté, apporter vos propres idées.
Les enseignants, avec l'organisation des apprentissages en cycles pluriannuels, doivent coordonner leurs actions afin d'assurer la continuité des apprentissages.
Aujourd'hui, l'instituteur n'est plus isolé dans sa classe. On se concerte dans les équipes et on "décloisonne" dans les écoles.

Le directeur de l'école doit bien évidemment s'engager dans ce travail en équipe, au même titre que tous les enseignants.

▶ LES ATSEM (agents territoriaux spécialisés des écoles maternelles)

Qui sont-elles ces "dames de service" ?
L'ATSEM est recrutée sur titre : elle doit maintenant être titulaire du certificat d'aptitude professionnelle petite enfance. Ce CAP a été mis en place par les recteurs d'académie à la session de 1993. L'agent est stagiaire pendant un an et titularisé ensuite. Sa nomination est soumise à l'avis du directeur.
Pour les ATSEM déjà en place, des aménagements sont possibles : elles sont dispensées de stage et intégrées peu à peu dans le nouveau cadre d'emploi sur des critères fixés par les municipalités.

■ Les textes officiels

Les ATSEM sont des agents communaux nommés par le maire, et en accord avec le directeur, dans toutes les écoles maternelles ou enfantines.
Elles sont rétribuées par la municipalité, qui est leur employeur. Leur travail est organisé par le directeur. Elles sont placées sous son autorité pendant leur service dans les locaux scolaires.
Elles doivent assister le personnel enseignant pour l'accueil, l'animation et l'hygiène des enfants. Elles préparent et nettoient les locaux et le matériel utilisé par les enfants. Elles participent à la communauté éducative.
Elles ne doivent pas se substituer au personnel enseignant, en particulier dans les rapports avec les enfants et les familles. Elles ne seront sous aucun prétexte chargées d'une occupation étrangère au service scolaire.

LES RELATIONS HUMAINES

■ La réalité dans certaines écoles

De grandes disparités existent entre les communes. Aucun critère national n'étant retenu quant au nombre d'ATSEM par école, vous pouvez trouver :
– une école sans ATSEM, ce qui est en contradiction avec les textes officiels !
– une école avec des ATSEM en nombre insuffisant (en principe une école à trois classes par exemple peut bénéficier de deux ATSEM) ;
– une école avec un nombre satisfaisant d'ATSEM mais qui s'occupent de la garderie et de la cantine et n'ont aucun moment à consacrer à aider les enseignants.
Dans ces trois cas, votre travail sera sans doute assez lourd. Essayez d'emblée de voir s'il n'est pas possible d'améliorer la situation (sans faire la révolution dans l'école).

Pour que la collaboration des ATSEM soit à la fois efficace et agréable pour tous, il faut définir très précisément leur rôle, en parler ensemble, le respecter et le faire respecter par les enfants. C'est un rôle différent du vôtre mais complémentaire. Vous avez la responsabilité pédagogique de la classe, elles répondent à certains besoins des enfants (soins corporels, affectifs).
Il faut faciliter le travail des ATSEM en apprenant aux enfants à ranger la classe et en laissant vous-même une classe correcte.

ABSENCE IMPRÉVUE

En cas d'empêchement majeur de rejoindre votre poste, prévenez rapidement le directeur par téléphone. Indiquez le plus vite possible la durée prévue de l'absence.
Trois jours avant l'expiration du congé, avisez le directeur de votre reprise de fonction ou de la prolongation de votre congé.

▶ LES REMPLAÇANTS

Vous êtes le titulaire de la classe et une absence prévue (stage) ou imprévue (maladie) sera comblée par un remplaçant.

Les relations entre les adultes de l'école

L'équipe pédagogique doit faciliter la prise de contact du remplaçant avec l'école et son projet ! Vous devez lui fournir toutes les informations sur la programmation, l'organisation de votre classe, le matériel utilisé.

Pour cela, vous laisserez à son intention des documents mis à jour : registre d'appel, fiches de renseignements des élèves, emploi du temps, cahier-journal ou cahier de liaison.

Pensez à laisser les clés du mobilier ! Laissez des précisions sur le projet d'école et le projet de classe en cours.

En cas d'absence imprévue, vous n'aurez pas forcément le temps ou la possibilité de préparer le remplacement. Faites-vous dès maintenant une liste de ce qui doit être mis à la disposition du remplaçant. Vous pourrez, sur le moment, soit réunir très rapidement tout ce qu'elle répertorie sans risquer d'en oublier et sans avoir à vous creuser la tête, soit transmettre cette liste à un collègue qui se chargera de tout préparer. Prévoyez aussi une feuille de questionnaire à laisser à votre remplaçant pour qu'il vous laisse à son tour, au moment de son départ, un "état des lieux" de votre classe le plus précis possible.

QUESTIONNAIRE DE FIN DE REMPLACEMENT

Ce questionnaire ne concerne pas la progression pédagogique et les thèmes abordés, puisque le cahier-journal garde normalement leur trace détaillée.

Mais vous pouvez demander des indications sur :
- les difficultés rencontrées ;
- les problèmes particuliers de tel ou tel enfant (pédagogiques, psychologiques, familiaux, médicaux...) ;
- les problèmes de matériel (appareils cassés ou en panne, matériel manquant ou épuisé...) ;
- des suggestions d'utilisation d'autres manuels ou documents.

Vous pouvez enfin demander au remplaçant de vous laisser des coordonnées où le joindre en cas de difficulté au moment de reprendre possession de vos élèves et de votre classe.

LES RELATIONS HUMAINES

Dans le cas d'une absence de longue durée, laissez également le nom des enfants nécessitant un soutien particulier (pris en charge par le réseau d'aide spécialisée par exemple), le tableau des activités, les cahiers, albums, livres utilisés (poésies, comptines, contes…).
Laissez votre progression en indiquant où vous en êtes, vos outils d'évaluation.
Indiquez les lieux où se font les activités extérieures à la classe (activités physiques, bibliothèque).
Donnez les horaires des services à effectuer (entrées, sorties, récréations).
Chez les petits, des badges portant le prénom de chaque enfant de la classe pourraient être préparés à l'usage du remplaçant.
Attendez de lui qu'il laisse un compte rendu (cahier de liaison par exemple) du travail réalisé pendant votre absence et des travaux d'enfants datés.

▶ LES PARENTS D'ÉLÈVES

■ Ils doivent être associés à la vie de l'école

Le rôle des parents est essentiel. Organisez des réunions, des opérations "portes ouvertes" afin qu'ils comprennent vos objectifs et vos réalisations. Maintenez des moments d'accueil et de sortie à l'intérieur même de la classe. Les enfants sont très sensibles aux relations établies, leurs parents aussi.

L'ALBUM DE VIE DE LA CLASSE

On y note quotidiennement les activités, les événements, illustrés par les travaux des enfants (dessins, textes, photos, commentaires).

Il est préférable que cet album soit placé près de la porte d'entrée de la classe (à l'intérieur ou à l'extérieur), visible et lisible par tous. Prévoyez un lieu confortable, une manipulation aisée (grande table, chaises).

Il doit susciter l'intérêt et servir à instaurer le dialogue parents / enseignant / enfants.

En GS, il peut être complété par un cahier de vie individuel que chaque élève remplit lui-même.

Les relations entre les adultes de l'école

LE CAHIER DE CORRESPONDANCE

Il doit y en avoir un (un par enfant) dès la rentrée pour faciliter la liaison famille / école. Il véhicule toutes les informations concernant la vie de l'école (règlement intérieur, dates des vacances, projets, annonce de spectacles, de sorties, comptes rendus des conseils d'école) et la vie de la classe.

Il permet des échanges individuels avec les familles.
Chaque fois qu'un dialogue est nécessaire ou qu'une information doit circuler, l'enfant l'emporte chez lui et le rapporte signé. Le reste du temps, c'est vous qui gardez tous les cahiers de correspondance, dans une armoire de la classe.

Informez régulièrement les parents des activités en cours dans l'école et de vos projets dans la classe par le biais du cahier de correspondance, par des affichages divers (pouvant être réalisés par les enfants), par la circulation entre l'école et la maison de certains cahiers (comptines, création de textes) ou d'une cassette audio de chansons apprises en classe.
Invitez les parents à des expositions, des "vernissages", des "dégustations", des fêtes, qui sont autant d'occasions de valoriser le travail de leur enfant.
Utilisez leurs compétences et sollicitez leur participation pour l'animation d'ateliers.

■ La lettre de présentation

Si vous êtes un peu intimidé à l'idée d'une réunion immédiate avec les parents, ou si aucune réunion n'est prévue avant la fin du premier trimestre, rédigez une courte lettre pour vous présenter aux parents.
Présentez-vous : prénom, nom.
Informez-les des objectifs que vous vous fixez, de vos projets, des méthodes de travail que vous voulez mettre en œuvre. Justifiez vos choix en vous appuyant sur les instructions officielles.
Sollicitez-les pour l'apport de matériel dont vous aurez besoin pour atteindre ces objectifs (photo de leur enfant, chaussons sans lacets et antidérapants pour la motricité, vieilles chemises ou tabliers pour se

LES RELATIONS HUMAINES

protéger au cours des activités, objets divers pour enrichir les ateliers, les coins-jeux).

Ils doivent être assurés que vous connaissez votre travail ! Il n'est d'ailleurs pas nécessaire de préciser que vous êtes débutant, si vous l'êtes.

Faites-leur comprendre que vous avez le même centre d'intérêt qu'eux : leur enfant, et invitez-les, avec diplomatie, à vous communiquer, tout au long de l'année, les événements familiaux qui peuvent modifier le comportement de l'enfant (naissance, accident même bénin, décès, séparation même "réussie", déménagement).

Proposez-leur des jours et des heures pour vous rencontrer individuellement, sur rendez-vous, s'ils le souhaitent.

La lettre sera photocopiée et collée dans le cahier de correspondance, puis transmise par l'enfant aux parents.

Ce procédé peut être systématisé en milieu rural : les enfants utilisent le car de ramassage scolaire et les contacts avec les parents sont plus rares.

■ La première réunion

Elle a généralement lieu dans les premières semaines qui suivent la rentrée. Si vous n'avez pas envoyé de lettre de présentation aux parents (voir plus haut), présentez-vous exactement de la même façon. Si vous vous êtes déjà présenté, résumez vos intentions et vos méthodes et répondez aux questions. Comme ils vous connaissent déjà un peu, le dialogue peut s'engager plus facilement.

Il est préférable que cette réunion ait lieu dans la classe même. Les parents sont à juste raison désireux de connaître l'univers dans lequel évolue leur enfant.

Notez si possible qui est présent, qui ne l'est pas et qui s'est excusé. Cela vous permettra de relancer certains parents dans le courant de l'année si la date ne leur convenait pas, ou de leur faire parvenir un compte rendu succinct de ce qui s'est dit ce jour-là.

L'ATSEM qui s'occupe plus particulièrement de votre classe peut assister à la réunion. Présentez-la et expliquez brièvement en quoi consiste son travail.

EXEMPLE DE PLAN DE RÉUNION DE DÉBUT D'ANNÉE (PS)

– Présentation :
Situer la petite section dans le cycle des apprentissages premiers. Parler du projet d'école.

– Exposé succinct de la problématique de la petite section :
28 enfants en moyenne pour un enseignant / Nouvel espace (bruyant, étranger, sans repères habituels) / Protection de l'objet transitionnel (nain-nain, doudou...) / Nouvel univers un peu effrayant mais attirant : multiples possibilités offertes par l'école.

– Principaux objectifs :
Apprendre à vivre en groupe, nouer des relations (socialisation), favoriser l'autonomie.

– Raconter une journée de classe, une semaine de classe avec ses repères particuliers.

– Explication de différentes unités pédagogiques :
• Le langage : priorité absolue de la petite section, grosses différences entre les enfants, progrès les plus immédiats.
• La motricité générale : pour dépenser de l'énergie, établir des relations avec les autres, maîtriser son corps et l'action, acquérir une plus grande confiance en soi, maîtriser son équilibre, mieux coordonner ses mouvements. (Gymnastique, danse, escalade, athlétisme, jeux collectifs, jeux de contact...)
• Les mathématiques : activités de tri, classements, algorithmes, rangements sous forme de jeux et manipulation. Numération : compter (chanson des nombres) en toutes occasions.
• Le contact avec l'écrit : les albums, l'heure du conte, l'écrit dans l'environnement (la rue, la maison).
• Les arts plastiques : dessin, peinture, travail en volume.
• La musique : chants, rythmes, danses...

– Outils de communication entre la classe et la maison :
Les cahiers, les dossiers, le journal de vie de classe, la marionnette qui circule de l'école à la maison, les cassettes des chansons enregistrées...

– Problèmes matériels :
Fiches de renseignements de l'enfant à remettre à jour si changement dans le travail des parents (téléphone) / assurance obligatoire pour les sorties en dehors de l'école / information sur les conseils d'école : à quoi servent-ils ? qui peut être candidat pour les élections des parents d'élèves ? fonctionnement de la coopérative.

⟶

(suite)
– Informations pratiques en vrac :
Question des vêtements et chaussures à marquer du prénom de l'enfant. Ils ne doivent pas être fragiles et doivent être faciles à enlever (passage aux toilettes).
Question des chaussons à semelle antidérapante et sans lacets.
Question des goûters et sucreries personnels à proscrire (l'école est un lieu où on apprend à partager, on apporte pour tous ou pas du tout).
En hiver, préférer les moufles aux gants (les petits sont incapables d'enfiler leurs gants correctement. À raison de deux paires de cinq doigts par enfant, à enfiler un par un à chaque sortie, le compte devient vite faramineux...)
Demander aux parents de coudre les moufles à l'aide d'une cordelette ou d'un bout de ruban aux manches de l'anorak ou du manteau.
Fêter l'anniversaire en classe.
Fonctionnement de la bibliothèque.
Photos pour les portemanteaux.
– Visite des locaux :
Salle de classe, de motricité, toilettes, dortoir, cour de récréation, cantine, bibliothèque, salle de musique...
– Entretiens personnels.

La liste et longue, mais vous devez faire court ! Évitez de rentrer dans des débats pédagogiques ou de lasser votre auditoire par des descriptions trop longues de vos pratiques de classe. L'essentiel est surtout que les parents aient confiance, qu'ils soient au courant de ce que fera leur enfant avec vous et que leur action aille dans le même sens.

■ Les représentants de parents d'élèves

Ils ont un rôle de porte-parole et d'informateurs de tous les parents. Ils sont élus en début d'année pour un an en nombre égal à celui des classes de l'école. Ils se réunissent au moins une fois par trimestre pour préparer l'ordre du jour du conseil d'école qui est soumis au directeur. Ils participent aux conseils d'école. N'hésitez pas à les rencontrer et à dialoguer avec eux. Ils sont présents lors de toutes les décisions (projet d'école, intégration d'un enfant handicapé, etc.).

■ Petits problèmes avec les parents

Si des parents, charmants mais envahissants, vous accaparent régulièrement le matin bien au-delà de la limite horaire fixée, invitez-les fermement à sortir, "la journée de travail devant débuter".
À l'adresse de ceux qui arrivent systématiquement en retard le matin avec leur enfant, vous pouvez installer, en accord avec les enfants, un

système de feux tricolores en carton à la porte de la classe. Vert : entrée autorisée ; orange : dépêchez-vous, vous êtes en retard ; rouge : entrée vraiment gênante pour la classe, merci d'attendre quelques minutes.

Ce code connu par les adultes et les enfants de l'école vous garantit la tranquillité lors des précieux moments d'écoute (poésies, contes, auditions) et des discussions.

Sachez que le directeur peut intervenir en cas de retard fréquent des parents pour venir chercher leur enfant le soir. Votre liberté doit, elle aussi, être protégée.

RENCONTRER LES PARENTS EN JUIN

Bien sûr, si c'est votre première année, vous ne pourrez pas organiser de rencontre en juin avec les parents des enfants de votre future classe.

Mais si les classes sont attribuées avant les vacances d'été dans votre école, vous pourrez, dès la fin de cette première année, proposer aux parents seuls d'abord, puis aux parents accompagnés de leur enfant, de venir vous voir en juin.

Ce sera une première prise de contact très utile pour instaurer un climat de confiance.

Cela permettra de sécuriser les enfants et de rassurer les parents, en leur montrant où et par qui sera accueilli leur enfant lors de l'année scolaire suivante.

VÊTEMENTS

Pour éviter les conflits avec des parents qui "endimanchent" leur enfant tous les matins et se désolent de le retrouver tous les soirs… dans l'état d'un enfant qui sort d'une journée en maternelle (!), pensez à les prévenir que la maternelle est un lieu où l'on se livre à des activités salissantes. Conseillez-leur d'éviter les vêtements fragiles et de préférer les tenues confortables et pratiques qui, de plus, aident à l'autonomie gestuelle (il est plus facile d'enlever et de remettre tout seul un pantalon à élastique qu'une salopette à bretelles croisées !). Demandez que tous les vêtements susceptibles d'être enlevés par l'enfant soient marqués à son nom.

LES RELATIONS HUMAINES

- **"Mon enfant lit déjà... que dois-je faire ?"**

Ou "Mon enfant ne connaît pas encore l'alphabet... quel scandale !"
Plutôt que de vous lancer dans des polémiques sur la qualité de vos méthodes ou sur l'exactitude des idées pédagogiques de votre interlocuteur, argumentez en vous référant aux instructions officielles et aux objectifs généraux de l'école maternelle. Expliquez aux parents que respecter le rythme de l'enfant, c'est certes le stimuler, mais ce n'est en aucun cas le précipiter prématurément dans des apprentissages qu'il n'est pas encore prêt à commencer. Trop de hâte nuirait à l'évolution ultérieure de l'enfant !

- **Certains parents ne parlent pas français.**

Pensez à faire appel aux grands frères, grandes sœurs, cousins, voisins qui pourraient vous servir d'interprète.

Il existe en France de nombreux adultes qui ne maîtrisent ni la lecture ni l'écriture. Songez-y si vous devez travailler dans des milieux défavorisés. Un comportement agressif peut être parfois signe de souffrance : en tendant le cahier de correspondance de l'enfant, n'hésitez pas à préciser les messages donnés, à proposer de le remplir avec l'aide des parents. À vous d'être attentif.

- **Il peut arriver (c'est heureusement très rare !) que vous ayez affaire à des parents particulièrement agressifs.**

Ne vous laissez pas emporter mais demandez que l'entretien ait lieu en présence du directeur. Un interlocuteur supplémentaire, chargé d'une certaine image d'autorité, suffit bien souvent à calmer la colère. Les parents n'ont ni le droit de vous insulter, ni celui de vous bousculer, cela va sans dire. Quand certaines situations deviennent trop pénibles (en cas d'insultes devant témoins et menaces), prévenez votre inspecteur de circonscription et n'hésitez pas à avoir recours à l'Autonome qui se chargera d'adresser un courrier aux parents les informant d'éventuelles poursuites de votre part.

Les relations entre les adultes de l'école

▶ LE PERSONNEL DES RÉSEAUX D'AIDES SPÉCIALISÉES AUX ENFANTS EN DIFFICULTÉ (RASED)

Il aide les instituteurs à prendre en charge les difficultés rencontrées par certains enfants vis-à-vis des exigences du système scolaire.

Il comprend des psychologues scolaires, des instituteurs spécialisés chargés de la rééducation, des instituteurs spécialisés chargés de l'enseignement et de l'aide pédagogique.

Lorsque des difficultés apparaissent chez un enfant et que le maître s'aperçoit qu'il ne peut apporter seul une réponse pédagogique efficace, il convient d'informer le responsable du réseau.

L'IEN est responsable des réseaux implantés dans sa circonscription, de leur organisation, de leur fonctionnement et de l'évaluation de leurs actions.

Deux types d'aides sont apportées :
– à dominante pédagogique si l'enfant rencontre des difficultés dans ses apprentissages scolaires, dans ses méthodes de travail ;
– à dominante rééducative si l'enfant éprouve des difficultés scolaires globales ou particulières.

Une concertation entre le directeur, l'instituteur de la classe, les personnels du réseau permet de définir la nature de l'aide à apporter avec l'accord des parents. L'intervenant concerné poursuit l'analyse des difficultés de l'enfant, élabore les stratégies, les démarches, les supports, la durée de la prise en charge, les modalités de l'évaluation. Il informe et associe l'enfant, la famille, l'instituteur, et organise

> **MOTIFS D'INTERVENTION DU RASED EN MATERNELLE**
>
> Les principaux motifs sont :
> - les graves difficultés de comportement ou/et de langage ;
> - les problèmes importants de graphisme et d'écriture ;
> - les problèmes sérieux de motricité.

LES RELATIONS HUMAINES

> **UN ENFANT À PROBLÈME**
> - L'enfant est très en retard sur le plan scolaire (il ne parle pas ou peu ou mal en début de GS par exemple).
> - L'enfant a des troubles sérieux de comportement (crises de nerfs répétées, agressivité ou passivité anormale...)
> - L'enfant est visiblement malheureux et ce pour des raisons qu'il garde secrètes.

ses interventions au sein même de l'école. Il peut éventuellement orienter la famille vers un orthophoniste, un psychologue, un psychomotricien. Ces interventions doivent être organisées et réalisées avant que les difficultés ne s'aggravent et ne deviennent durables. D'où l'importance de votre vigilance et du rôle de dépistage et de prévention de l'école maternelle.

▶ LES MÉDECINS DE L'ÉDUCATION NATIONALE

Médecin et infirmière sont chargés des actions de prévention individuelle et collective et de promotion de la santé auprès des enfants scolarisés dans les établissements d'enseignement de leur secteur d'intervention.

Ils identifient les besoins de santé des élèves et élaborent des programmes d'action. Ils sont présents au conseil d'école. Ils contribuent à la formation initiale et à la formation continue de l'ensemble de la communauté éducative.

Ils réalisent le bilan de santé obligatoire en grande section de maternelle lors du passage à l'école élémentaire (dépistage des difficultés médicales, psychologiques, sociales susceptibles d'entraver la scolarité des élèves).

L'ÉQUIPE DE LA CIRCONSCRIPTION D'INSPECTION DU PREMIER DEGRÉ

Cette circonscription est un secteur géographique limité comprenant un certain nombre d'écoles maternelles et élémentaires publiques et privées.

L'équipe de circonscription comprend :

– l'inspecteur de l'Éducation nationale (IEN), chef hiérarchique de la circonscription, responsable administratif et pédagogique ;

– le ou les conseillers pédagogiques auprès de l'IEN, appelés IMFAIEN (instituteur maître formateur auprès de l'inspecteur de l'Éducation nationale) ;

– le ou les conseillers pédagogiques de circonscription pour l'éducation physique et sportive. Ils apportent aide et formation et sont au service de tous les instituteurs de la circonscription ;

– le ou la secrétaire ;

– éventuellement un coordinateur ZEP si l'IEN a la responsabilité d'une zone d'éducation prioritaire.

Il est utile de noter les renseignements concernant la circonscription d'inspection dont vous dépendez : adresse, numéro de téléphone.

Cependant pour une intervention auprès de l'IEN ou du conseiller pédagogique, la tradition demande que vous passiez par la voie hiérarchique.

L'inspecteur (IEN)

• **Son rôle**

Il veille à la mise en œuvre de la politique éducative arrêtée au niveau national.

Il inspecte les enseignants et s'assure du respect des objectifs et des programmes nationaux de formation dans le cadre des cycles d'enseignement.

Il participe à l'animation pédagogique et conseille les enseignants dans l'exercice de leur métier.

LES RELATIONS HUMAINES

• L'inspection

Dès votre titularisation et tout au long de votre carrière vous allez faire l'objet d'un contrôle qui doit permettre à l'inspecteur d'évaluer vos activités pédagogiques et éducatives, de vous conseiller et de vous attribuer une note.

L'inspecteur annonce sa visite au préalable.

Vous pouvez informer les enfants "qu'un monsieur (une dame) viendra regarder leur travail et votre travail !"

QUELQUES CONSEILS POUR PRÉPARER L'INSPECTION

Avant

Réunissez tout ce que l'inspecteur peut demander :
- le registre d'appel,
- l'emploi du temps de la classe,
- le cahier-journal,
- les programmations ou progressions dans toutes les disciplines, les préparations,
- l'ensemble des cahiers et travaux des élèves ainsi que les bilans et évaluations,
- la liste des livres et supports utilisés dans la classe.

Passez en revue ce que vous allez faire en classe le lendemain et vérifiez encore plus soigneusement que d'habitude que vous disposez de tout ce qui sera nécessaire pour les différentes activités.

Ne prévoyez pas d'expérimentation audacieuse pour ce jour-là.

Le jour de l'inspection

Soyez naturel. Faites tout simplement votre classe comme d'habitude.

Lors de l'entretien

Ecoutez attentivement. Argumentez si vous n'êtes pas d'accord, mais évitez de vous entêter outre mesure. Essayez plutôt de glaner ce qui peut être utile à votre enseignement.

L'inspecteur observe dans les activités pratiquées ce jour-là la clarté des consignes, les situations proposées (de recherche, exercices d'application), le rôle que vous jouez pendant la séquence. Il regarde la tenue des cahiers, la fréquence et l'intérêt des travaux proposés, la qualité des corrections, la part consacrée à l'écrit ou aux résolutions de problèmes mathématiques. Il s'entretient longuement avec vous afin de compléter son observation de votre conduite en classe. Entretien qu'il peut faire suivre d'une discussion avec vous et l'équipe pédagogique

Les relations entre les adultes de l'école

pour examiner le projet d'école.

Un rapport d'inspection est ensuite établi par l'inspecteur de l'Éducation nationale : il porte sur l'ensemble de vos activités. Le contexte dans lequel vous effectuez votre travail est analysé.

L'inspecteur termine son rapport par des suggestions, des conseils : il propose une note qui est arrêtée par l'inspecteur d'académie et est accompagnée d'une appréciation pédagogique. Rapports et notes sont communiqués, en principe, dans le trimestre qui suit l'inspection (vous avez un droit de réponse et pouvez formuler des observations qui seront intégrées à votre rapport d'inspection).

■ Le conseiller pédagogique (IMFAIEN)

Il assiste l'inspecteur dans son travail de conseiller et d'animateur et met son expérience au service des enseignants débutants et des maîtres plus expérimentés qui le sollicitent pour profiter de ses compétences.

Renseignez-vous auprès du directeur de l'école pour le contacter dès votre installation dans le poste : il peut venir une matinée pour vous aider à "démarrer" la classe (organisation, activités à mettre en place, emploi du temps, progression). Si, ensuite, vous avez besoin d'aide dans un domaine précis, il peut, après avoir observé la façon dont vous procédez, faire une "démonstration" dans votre classe, avec vos élèves et votre matériel (notez, au préalable, les questions précises que vous voulez lui poser).

Usez (et même ne craignez pas d'abuser) du conseiller pédagogique : il vous apportera toujours une aide efficace !

D'autres conseillers pédagogiques peuvent intervenir selon la circonscription :

– des conseillers pédagogiques spécialisés dans les domaines des activités artistiques ;

– des conseillers pédagogiques spécialisés dans les techniques de communication et de traitement de l'information ;

– des conseillers du CRDP dans le domaine de l'utilisation des nouvelles technologies (voir p. 125).

LES RELATIONS HUMAINES

▶ LES RELATIONS AVEC LA MUNICIPALITÉ

■ Le rôle de la municipalité

La commune a la charge des écoles, elle est propriétaire des locaux et en assure la construction, l'équipement, l'entretien et le fonctionnement. Les autres responsabilités du maire portent sur l'inscription des élèves, les horaires scolaires, l'usage des locaux scolaires, la restauration scolaire, le recrutement et la gestion du personnel communal.

Les municipalités occupent une place très importante dans le système éducatif (voir *Partenaires extérieurs*, page 124).

Vous aurez vraisemblablement des contacts occasionnels avec le maire ou le délégué aux affaires scolaires. C'est surtout le directeur qui entretient des relations régulières avec les autorités locales… et elles sont à préserver pour garantir le bon fonctionnement du service public !

(Dans certaines communes, il est possible de faire appel au service technique, par l'intermédiaire du directeur de l'école, pour réaliser quelques petits travaux d'aménagement dans la classe : étagères, rangements).

■ Le personnel de service

Ce sont des personnels municipaux qui, en plus des ATSEM, interviennent dans les écoles maternelles. Ils s'agit des animateurs du centre de loisirs (la "garderie" du matin et du soir) ; des "dames de la cantine" qui assurent le service de restauration scolaire et la surveillance pendant l'interclasse ; des femmes de ménage qui sont responsables de l'entretien des locaux et de l'hygiène en général.

Dans l'intérêt des enfants, il est souhaitable d'entretenir des rapports réguliers avec eux : vous servez, avec eux, d'intermédiaires entre l'école et la famille.

Dans certaines organisations pédagogiques, ils peuvent participer au projet d'école.

LES ÉQUIPES - LES CONSEILS

L'équipe pédagogique

Elle comprend le directeur, les maîtres, les remplaçants, les membres du réseau d'aides spécialisées, les autres personnels d'éducation qui interviennent durant le temps scolaire.

Les temps de concertation

"Dans le cadre de leur service hebdomadaire, les personnels enseignants du premier degré consacrent, d'une part, vingt-six heures à l'enseignement, d'autre part, une heure hebdomadaire en moyenne annuelle, soit trente-six heures par an hors du temps de présence pédagogique, à des conférences pédagogiques et à la tenue des conseils d'école obligatoires." (Décret du 14 janvier 1991.)
Ces trente-six heures annuelles se répartissent de la façon suivante :
– 18 heures de travaux au sein des équipes pédagogiques (différents conseils et réunions) ;
– 12 heures de conférences pédagogiques ;
– 6 heures affectées à la tenue des conseils d'école obligatoires.
(Arrêté du 15 janvier 1991.)
L'inspecteur départemental fixe et communique les dates arrêtées pour les conférences pédagogiques et l'école organise ses différentes réunions de concertation, ses conseils.

Le conseil des maîtres

L'équipe pédagogique se réunit en conseil des maîtres. Il est présidé par le directeur et se réunit une fois par trimestre en dehors de l'horaire de classe et chaque fois que le directeur le juge utile ou que la moitié de ses membres en fait la demande. Il donne son avis sur tous les problèmes de la vie de l'école et sur l'organisation du service qui est ensuite arrêté par le directeur. Un compte rendu rassemblant les conclusions du conseil des maîtres est rédigé par le directeur, signé et consigné dans le registre spécial conservé à l'école. Une copie est adressée à l'IEN.

■ L'équipe pédagogique de cycle

Elle comprend le directeur, les maîtres de chaque classe intégrée dans le cycle, les membres du réseau d'aides spécialisées intervenant dans l'école.

■ Le conseil des maîtres de cycle

Il réunit les enseignants d'un même cycle et est présidé par l'un de ses membres.

Il arrête les modalités du travail par cycle. Il élabore le projet pédagogique de cycle, veille à sa mise en œuvre, assure son évaluation en cohérence avec le projet d'école.

Il fait le point sur la progression des élèves à partir des travaux de l'équipe pédagogique de cycle et formule des propositions concernant le passage de cycle à cycle et la durée passée par les élèves dans le cycle.

Le directeur de l'école prévient les parents des propositions faites pour leur enfant.

■ Le conseil d'école

Il se compose du directeur d'école (président), du maire ou de son représentant (conseiller municipal), des maîtres de l'école, un des maîtres du réseau d'aides spécialisées, des représentants des parents d'élèves (autant que de classes), du délégué départemental de l'Éducation nationale.

L'inspecteur de la circonscription assiste de droit aux réunions.

Assistent avec voix consultative : les ATSEM, les médecins et infirmières scolaires… et toute personne dont la consultation est jugée utile selon l'ordre du jour.

Il se réunit au moins une fois par trimestre (obligatoirement dans les quinze jours après les élections). Il peut être réuni à la demande du directeur, du maire ou de la moitié de ses membres.

Il vote le règlement intérieur, établit le projet d'organisation de la semaine scolaire, donne avis et suggestions sur la vie de l'école et sur son fonctionnement (actions pédagogiques, utilisation des moyens alloués à l'école, intégration d'enfants handicapés, activités périscolaires, restauration scolaire, hygiène scolaire, protection et sécurité des enfants). Il statue sur la partie pédagogique du projet d'école et l'adopte. Il donne son accord pour l'organisation d'activités complémentaires.

■ L'équipe éducative

L'équipe éducative est composée des personnes auxquelles incombe la responsabilité éducative d'un élève ou d'un groupe d'élèves.

Elle comprend le directeur, le ou les maîtres, les parents concernés, les personnels du réseau d'aides spécialisées, les ATSEM, l'assistante sociale et les personnels médicaux et paramédicaux (médecin scolaire).

FRÉQUENCE DES RÉUNIONS

Réunions de l'équipe éducative : très exceptionnelles, uniquement lorsqu'un cas particulier le nécessite.

Réunions du conseil des maîtres : ce sont les plus fréquentes. Elles sont très souples à décider et à organiser. Pas de fréquence définie. (Au moins une fois par trimestre et avant la réunion du conseil d'école.)

Réunions du conseil d'école : une fois par trimestre, plus les cas particuliers.

Réunions des maîtres de cycle : elles sont libres et leur organisation est laissée à l'appréciation des maîtres.

Elle se réunit sous la présidence du directeur chaque fois que l'exige la situation d'un élève ou d'un groupe d'élèves.

CHAPITRE 4

LES GRANDS DOMAINES D'ACTIVITÉS

Envisager les activités à l'école maternelle sous forme de disciplines au sens où on l'entend à l'école élémentaire ne correspond pas aux mécanismes globaux par lesquels l'enfant construit ses apprentissages : le plus souvent, plusieurs domaines disciplinaires interviennent chaque fois.

Il ne s'agit donc pas pour nous de proposer des activités visant précisément l'acquisition de l'une ou l'autre de ces disciplines de l'école élémentaire, mais bien de présenter quelques exemples de situations incontournables que l'on rencontre dans la pratique du métier d'instituteur d'école maternelle et qui visent l'acquisition des compétences essentielles énumérées par les programmes officiels...

Les objectifs sont définis en termes de compétences : une somme de savoir et de savoir-faire acquis par l'enfant, repérable par un comportement adapté de sa part.

Ces compétences peuvent se regrouper en cinq grands domaines que nous traitons dans cinq parties distinctes suivant les programmes officiels :

– Socialisation et autonomie (vivre ensemble et construire sa personnalité ; devenir autonome et agir "dans le monde").

– Langage et écriture (apprendre à parler et à construire son langage ; s'initier au monde de l'écrit).

– Découvrir le monde.

– Imaginer, sentir, créer.

– Classifier, sérier, dénombrer, mesurer, reconnaître des formes et des relations spatiales.

Ces compétences sont à acquérir tout au long du cycle 1. Selon les niveaux, seules changent les activités destinées à faire acquérir ces compétences.

Socialisation et autonomie

▶ COMPÉTENCES À ACQUÉRIR

L'enfant doit prendre conscience des règles de la vie en collectivité et doit se familiariser avec ses exigences et ses difficultés. Il doit apprendre à écouter le point de vue des autres.

Il doit être capable de partager avec d'autres des activités et des espaces communs.

Il doit apprendre à devenir acteur et non plus à dépendre de l'adulte en toute situation. Il doit être capable d'assumer des responsabilités à sa mesure, d'expliquer ses actions.

Il construit sa personnalité au travers des relations qu'il noue avec les adultes et les enfants de l'école. Il affirme son identité.

Il apprend à communiquer et à discuter des problèmes qui se posent dans la vie quotidienne.

▶ ACTIVITÉS SUSCEPTIBLES DE CONTRIBUER À L'ACQUISITION DE CES COMPÉTENCES

■ Organiser l'autonomie

L'enseignant doit veiller à systématiser la mise en place de situations au cours desquelles l'enfant, de la petite à la grande section, agit seul dans une collectivité.

Pour aider l'enfant dans cette accession à l'autonomie, il est indispensable :

– que l'organisation de la classe, de l'école soit minutieusement pensée (voir p. 19),

– que les consignes (sécurité, fonctionnement des appareils, rangement,

LES GRANDS DOMAINES D'ACTIVITÉS

> ### SOYEZ PATIENT !
> On est toujours tenté de faire rapidement à la place de l'enfant ce qu'il s'évertue à réaliser avec beaucoup de lenteur et de difficultés. Combattre ce réflexe vous permettra d'arriver beaucoup plus rapidement à vos fins, en ce qui concerne l'autonomie des enfants.

SE DÉSHABILLER OU S'HABILLER SEUL

Certains vêtements facilitent l'autonomie… mais les bretelles, les "combinaisons de ski" sont un vrai cauchemar ! Parlez-en aux parents.

Enfiler un vêtement à manches ouvert sur le devant : l'enfant pose sa veste, son anorak, son gilet, sur une table, à l'envers (col et intérieur vers soi). Il enfile les manches, passe le vêtement par dessus sa tête et hop !

Enfiler ses chaussures au bon pied : l'enfant commence par les poser devant lui en les faisant "se regarder l'une l'autre". Ensuite seulement il les met à ses pieds.

En petite section, on peut coller une gommette sur le soulier droit (ou broder un pois de couleur sur le chausson droit). Un petit panneau de rappel affiché au mur, à l'endroit de l'habillage, sert à se repérer dans l'orientation des deux souliers : celui qui a une pastille et celui qui n'en a pas.

respect des autres) soient clairement énoncées dès la rentrée et inlassablement, calmement rappelées tout au long de l'année !

Ne négligez pas les tâches matérielles, même si elles prennent beaucoup de temps en petite section.

Aller aux toilettes seul, selon les besoins, est une nécessité pour que la vie de la classe ne soit pas sans cesse interrompue. Au début de l'année, surtout avec les petits, on procède cependant à des arrêts collectifs et à des déplacements en groupe.

Petit à petit, chaque enfant ayant enregistré le parcours, il devient possible de laisser chacun aller seul aux toilettes.

Socialisation et autonomie

Une ATSEM, constamment présente dans les couloirs, peut surveiller discrètement les enfants pendant la période de transition et, au besoin, les aider.

Certains gestes doivent devenir des automatismes :
– se laver les mains après la peinture, la cuisine, le modelage, les soins aux animaux et aux plantes, une séance de gymnastique...
– enfiler un tablier de protection avant tout travail salissant,
– ranger et nettoyer le matériel des ateliers,
– sentir le besoin de se moucher et le faire,
– aider un copain, une copine à s'habiller,
– monter et descendre seul de son lit au moment de la sieste (lits superposés),
– identifier seul ses vêtements...

> ## LE RESPONSABLE DU RANGEMENT
>
> **D**ans chaque atelier, nommez un (ou deux) responsable(s) du rangement. Il vérifiera que tout est bien remis en place à la fin de l'activité.
>
> Vous pouvez éventuellement l'aider au début, puis proposer à deux enfants d'être responsables ensemble, avant de prendre en charge seul à tour de rôle cette responsabilité. Le fait d'être chargé d'une mission fait que l'enfant enregistre avec plus d'attention les différentes places des outils et les différentes opérations de rangement. Ensuite, même lorsqu'il ne sera plus le responsable en titre, il fera tout naturellement les bons gestes.

■ À propos de responsabilisation : la question des outils "dangereux"

Le matériel proposé par les fournisseurs et utilisé dans les écoles garantit, en principe, la sécurité des enfants (ciseaux à bouts arrondis, peintures, feutres non toxiques, matériel aux normes européennes, etc.).
Attention toutefois aux petits objets que les plus jeunes introduisent dans leurs narines ou leur bouche (perles, pièces de monnaie, etc.).
Surveillez attentivement et fréquemment tous les coins de la classe.
Cela étant, l'école maternelle est un lieu d'apprentissage et l'enfant doit

LES GRANDS DOMAINES D'ACTIVITÉS

pouvoir y expérimenter l'univers qui l'entoure. Vous allez mettre en place des activités nécessitant l'utilisation d'outils parfois interdits dans les familles par des parents surprotecteurs.

Deux activités couramment pratiquées dans les classes se font obligatoirement avec des outils pouvant être dangereux lorsqu'ils sont mal utilisés :

– l'activité bricolage (marteaux, clous, petites scies, tournevis…) ;
– l'activité cuisine (cuisson, utilisation des couteaux, fourchettes, utilisation des mixeurs, batteurs, utilisation de vaisselle cassable en MS et GS…) ;

Il s'agit de permettre l'utilisation des outils en évitant les accidents.
Travaillez avec de petits groupes :

• Expliquez et réexpliquez aux enfants le bon usage de chaque outil. Faites-leur mesurer les dangers qu'un outil peut représenter pour eux et pour les autres.

• Recensez ensemble les gestes à éviter.

• Établissez des règles d'utilisation qui pourront être écrites, codées et affichées (nombre d'enfants réduit, emplacement bien délimité et installé à l'écart des autres enfants de la classe, geste adapté à l'outil).

• Expérimentez avec les enfants.

DÉMONSTRATION

Pensez à faire faire la démonstration par l'un des enfants, sous votre contrôle : elle n'en aura que plus de poids. Ne choisissez pas forcément le plus à l'aise pour la démonstration. On apprend aussi en pratiquant. Ensuite, laissez agir vos élèves en toute responsabilité afin de satisfaire leur envie de connaître et d'apprendre.
Restez constamment vigilant et très rigoureux !

Sachez que, malgré tous vos soins et toute votre attention, l'accident arrive parfois. Préparez-vous à cette éventualité pour ne pas être surpris.
Pour la marche à suivre en cas d'accident, voir p. 42.
Pour les responsabilités en cas d'accident, voir p. 138.

Socialisation et autonomie

■ Apprendre à vivre ensemble : le règlement de la classe

• L'élaboration du règlement intérieur de la classe se fait en commun en GS. On peut partir de différentes situations :

– La lecture du règlement de l'école distribué aux familles en début d'année et affiché en classe. (Questions de compréhension. Discussion : "Est-ce que cela nous concerne ?" ; "Est-ce que nous pouvons inventer d'autres règles ?" ; "Y a-t-il un règlement à la maison ?")

– Une situation de perturbation de la bonne marche de la classe (gêne occasionnée par un enfant qui parle trop fort, qui en brutalise un autre, qui refuse d'attendre son tour ; désordre dû à une trop grande affluence dans un coin-jeu...).

– La constatation de la mauvaise utilisation d'un outil ou d'une dégradation volontaire du matériel commun.

– La lecture du poème d'André Spire "Ne...", suivie d'une adaptation par le groupe aboutissant à : "Ce que j'ai le droit de faire à la maison, à l'école... et ce que je n'ai pas le droit de faire."

NE... (André Spire)

Quand je vallais quelque chose,
Digue digue digue ;
Quand je vallais quelque chose,
Ne touche pas au feu,
Me disait le grand-oncle ;
N'ouvrez pas cette armoire,
Me disait la servante ;
N'approchez pas du puits,
Me disait la grand-mère ;
Ne marche pas si vite,
Tu te mettras en nage ;
Ne cause pas en route,
Ne regarde pas en l'air ;
Ne regarde pas à droite,
Il y a la fleuriste ;
Ne regarde pas à gauche,
Il y a le libraire ;
Ne passe pas la rivière,
Ne monte pas la colline ;
N'entre pas dans le bois ;
Moi, j'ai pris mon chapeau
En éclatant de rire,
Mon manteau, mon bâton
En chantant : Digue, digue !
La rivière, la colline,
Les grands bois, digue, digue,
Digue, digue les beaux yeux,
Et digue digue les livres.

• On saisit l'occasion pour établir une discussion. Le maître pose des questions pour guider les enfants, ("Qu'est-ce qui gêne parfois la classe le matin ? Pourquoi ? Que peut-on faire ?)
• Un règlement succinct (10 règles sont largement suffisantes) est résumé par l'enseignant à la fin de la discussion. Le règlement est écrit sous la dictée des enfants. Il peut ensuite être illustré et affiché. On y fait référence chaque fois qu'il y a un problème. On peut aussi y faire allusion lorsque quelque chose fonctionne particulièrement bien : souligner par exemple le calme d'un atelier depuis que son organisation a fait l'objet d'une discussion et d'un nouvel article du règlement.

Le règlement peut être complété au cours de l'année, si l'on s'aperçoit qu'il y manque un article important, ou modifié (article désormais inutile ou pas assez précis).

EXEMPLE DE RÈGLEMENT DE CLASSE

En PS :
– Ne pas faire de bruit au moment du réveil échelonné.
– S'arrêter aux paliers lorsqu'on monte ou on descend un escalier.
– Traverser le préau ou la salle de motricité sans bruit pour ne pas déranger la classe qui danse ou fait de la gymnastique.
– Attendre son tour.

En GS :
– Ne pas arriver en retard.
– Ne pas courir dans la classe.
– Ne pas parler fort.
– Respecter les consignes d'utilisation des outils (surtout s'ils sont dangereux).
– Ranger le matériel à sa place.
– Mettre son tablier pour les activités salissantes.
– Attendre son tour.

• La séance peut se terminer par un vote à bulletin secret (dessiner un rond vert sur son bulletin si on est d'accord avec le règlement tel qu'il est élaboré, un rond rouge si on n'est pas d'accord ; ou choisir entre deux bulletins : l'un marqué d'un OUI, l'autre d'un NON). Dépouillement. Envisagez bien sûr le cas où la majorité se prononce contre ! Il est essentiel de prolonger alors la discussion.

Socialisation et autonomie

- Tous les jeux collectifs organisés et particulièrement les jeux à règles permettent d'apprendre à respecter les autres.

■ La collation du matin : une occasion de prendre des responsabilités

Vous pouvez faire de ces temps de pause, nécessaires sur le plan physiologique et utiles pour la socialisation, de véritables moments privilégiés de responsabilisation et d'apprentissage.

• Organisation matérielle

Remplacez la simple distribution de lait et gâteau par un vrai petit menu, varié et élaboré en commun (premiers rudiments de diététique). Par exemple :

Lundi : jus de fruit, fromage, pain ;

Mardi : lait et céréales ;

Jeudi : jus de fruit, pain, beurre, confiture ;

Vendredi : lait, pain, jambon.

En fin de semaine, le menu des collations de la semaine suivante est élaboré avec les enfants, affiché dans la classe (légendes codées) et dans le couloir (pour les parents).

Chaque jour deux enfants sont responsables de la préparation de la collation et du rangement (en petite section, l'aide de l'enseignant ou de l'ATSEM est nécessaire au début... ensuite les enfants peuvent agir de manière de plus en plus autonome). Si les conditions le permettent, les enfants responsables accompagnés de l'ATSEM vont faire l'achat des ingrédients dans le quartier ou au camion de l'épicier, du boulanger itinérants en zone rurale.

Les enfants "de service" repèrent dans le placard et installent le matériel nécessaire au menu du jour.

On peut corser les choses, en GS, en proposant aux enfants de choisir par exemple entre deux boissons possibles (lait ou jus d'orange). Chacun prend l'étiquette codée correspondant à son choix et la pose

LES GRANDS DOMAINES D'ACTIVITÉS

LE PLATEAU DE LA COLLATION

Fabriquer un grand panneau quadrillé, plastifié, qui sera posé sur une table comme un plateau. Chaque case (20 cm x 20 cm environ) porte le prénom d'un enfant. Le nom des absents du jour est caché par un papier (Post-it).

Le plateau sert à la répartition de la collation : une part par case, que chaque enfant vient chercher.

Cette activité est intéressante pour aborder des notions de mathématiques : correspondances terme à terme, numération, opérations simples...

sur la table à côté de son étiquette-prénom. Les responsables du jour doivent compter ceux qui prennent du lait, ceux qui prennent du jus d'orange. Ils doivent ensuite (avec votre aide) chercher combien de bouteilles de chaque boisson ils doivent acheter. Enfin, au moment de la distribution, ils doivent faire correctement la répartition. Un vrai travail de maternelle supérieure !

• **Financement**

La coopérative scolaire prend en charge l'achat des ingrédients ou les parents fournissent les provisions. La seconde solution n'est pas très bonne (contraintes pour les parents, difficultés à gérer pour vous, oublis, erreurs). Une participation financière spécifique est de toute façon demandée au parents (il est alors indispensable de présenter votre projet dès le début de l'année et d'afficher les "menus" pour que les parents sachent ce que l'on fait de leur argent).

■ D'autres activités pour découvrir les autres

De nombreuses activités de la maternelle fournissent aux enfants l'occasion de se découvrir entre eux et de communiquer.

• Faire travailler les enfants en ateliers.
• Leur faire utiliser les coins-jeux (c'est autour d'une activité qui les passionne en commun qu'ils commencent à échanger et à communiquer).
• Organiser des jeux dansés (en rondes, à deux...).

Socialisation et autonomie

- Confier une même responsabilité à deux ou plusieurs enfants en même temps : les enfants qui se retrouvent dans cette situation sont obligés de collaborer, de discuter pour rendre leur tâche plus facile et efficace.
- Faire travailler les enfants sur un projet commun (dessin collectif sur un thème donné).
- Systématiser le "tutorat" et inviter les enfants à s'entraider (boutonner un vêtement, maintenir quelque chose à coller, etc.).
- Trouver le plus possible d'activités de motricité ou d'éducation physique à faire à deux ou trois : avec un bâton (porter un seau suspendu, un camarade, tirer comme au jeu de la corde), un cerceau (l'un tient le cerceau et l'autre fait le tigre qui saute dedans, passer le cerceau autour des deux corps à la fois), une corde (deux enfants font tourner la corde, un troisième saute, on fait de grandes ondulations en tenant la corde chacun à un bout, par exemple pour repousser un anneau enfilé)... ou en équipes (jeux de relais).
- Introduire peu à peu les jeux collectifs pour construire le sentiment d'appartenance à une équipe.
- Faire participer les enfants à l'installation et au rangement du gros matériel en salle de motricité (tapis, bancs, chaises) en organisant des groupes de responsabilités. Il faut rouler le tapis, porter le banc à deux.
- Mettre en place un atelier de cuisine régulier où un groupe différent préparera chaque semaine un plat surprise pour le reste de la classe.
- Construire un passé commun : spectacles vus ensemble, sorties, promenades.
- Utiliser une grande toise pour se mesurer mutuellement, se comparer, se voir grandir et voir grandir les autres.
- Fabriquer un cadeau pour l'enfant qui fête son anniversaire (livre-dessin, collage, peinture, modelage), en tenant compte de ses goûts.

LES GRANDS DOMAINES D'ACTIVITÉS

■ Une séance de bilan avec des enfants de maternelle

La séance de bilan est l'occasion de parler ensemble, de souligner les problèmes, de proposer des solutions, de penser avec le groupe. Il faudrait normalement faire un bilan à la fin de chaque demi-journée. En pratique, on fait un bilan après chaque activité importante et chaque fois qu'il est nécessaire de bien verbaliser des acquis et de préparer le prolongement d'une activité en faisant le point sur ses premières phases de déroulement. Le bilan peut porter sur une activité, mais aussi sur le vécu de la classe, son atmosphère, le problème particulier d'un ou de plusieurs enfants... (Exemple : Marion n'est pas venue aujourd'hui. Elle pleure toujours le matin. Pourquoi ? Comment l'aider ?)

En quoi consiste exactement un bilan en maternelle ?
Les enfants sont regroupés dans l'espace qui sert aux rassemblements. Ils observent les travaux achevés ou en cours. Ils vérifient si les consignes ont été respectées.
Il est important d'éviter les jugements de valeur à l'emporte-pièce. Poussez les enfants à justifier leurs opinions, à argumenter. Vous êtes là également pour atténuer un jugement trop lapidaire et blessant par des remarques positives. Il faut bien entendu être honnête et préciser par exemple si la consigne n'a pas été respectée, mais on peut rassurer l'enfant sur le fait qu'il s'en sortira mieux la prochaine fois ou souligner qu'un élément de la réalisation est mieux réussi.
C'est à ce moment-là que l'on peut décider du choix des productions qui seront affichées ou utilisées pour illustrer l'album de vie de la classe (voir p. 182) ou enrichir le fichier d'exercices graphiques.
À partir de ce bilan, vous pouvez proposer aux enfants un temps dans la journée ou la semaine où le travail sera repris en tenant compte des indications de la classe ou de vous-même.

■ L'éducation physique et sportive : apprendre à agir "dans le monde" seul ou avec les autres

En 1er cycle, l'enfant construit ses conduites en s'engageant dans l'action. Progressivement, il prend en compte les résultats de son activité, il compare les effets recherchés et les effets obtenus.

Ses compétences sont développées dans des espaces variés, avec ou sans matériel, dans des situations qui ont un sens pour lui et qui permettent un engagement total.

Il doit pouvoir :

- utiliser, à son initiative ou en réponse aux sollicitations du milieu, un répertoire aussi large que possible d'actions élémentaires : courir, grimper, lancer, sauter, glisser, chuter, tirer, pousser, manipuler… ;
- oser réaliser, en sécurité, des actions dans un environnement proche et aménagé ;
- participer, avec les autres, à des activités corporelles d'expression (avec ou sans support musical) et à des jeux, en respectant des règles simples dont il comprend l'utilité.

Plus l'enfant est jeune, plus son besoin de bouger, courir, grimper se fait sentir. Soyez rigoureux : ne laissez pas passer une séance de motricité. C'est le plus souvent dans la salle de gymnastique que l'enfant de cet âge se construit, qu'il intègre son schéma corporel et qu'il apprend à se connaître et à se dépasser. La séance de motricité doit devenir un rendez-vous régulier pour l'enfant, si ce n'est le temps fort de sa journée.

LES GRANDS DOMAINES D'ACTIVITÉS

QUELQUES OUTILS POUR APPORTER UN PEU DE VARIÉTÉ DANS LE MATÉRIEL TRADITIONNEL

Matériel	Utilisation
Clochette	Saut ; rythme. Pour amener les enfants à oser "quitter le sol", les faire sauter en l'air ou au loin pour aller faire sonner la clochette suspendue de plus en plus haut, de plus en plus loin. Pour les encourager à escalader les espaliers, par exemple, accrocher la sonnette comme but de l'escalade.
Tunnel (armature métallique recouverte de tissu)	Manipulation, glisse, courses.
Jersey tubulaire (vendu dans les magasins de tissu)	Manipulation, expression corporelle.
Masques blancs (magasins de matériel pour les arts plastiques)	Expression corporelle.
Métronome	Rythme.
Foulards (plusieurs couleurs)	Jeux collectifs, expression corporelle.
Échasses (boîtes de conserve + ficelle)	Équilibre.
Cibles (en bois, métal, carton)	Lancer.
Sacs de graines, de sable (carrés de tissu cousus ensemble et remplis)	Manipulation (gros sacs), lancer (petits sacs), expression corporelle.
Quilles-balises (bouteilles en plastique remplies de sable, bouchées, peintes, ou barils de lessive peints)	Manipulation, courses d'orientation, jeux collectifs.
Haies (tubes en plastique ou en carton fichés dans deux barils de lessive, un élastique relie les deux tubes)	Courses, saut, lancer de précision.
Panier en plastique, carton d'emballage	Manipulation, course, lancer, jeux collectifs, expression corporelle, glisse.
Serpillières	Manipulation, glisse, expression corporelle. On peut se tirer mutuellement sur une serpillière comme sur une luge. On peut l'utiliser à trois comme une chaise à porteurs... En général, les enfants inventent eux-mêmes immédiatement de multiples utilisations.
Table	Saut-grimper, lancer, acrobatie.
Bancs, chaises	Manipulation, course, saut, grimper.
Ballons de baudruche	Manipulation, expression corporelle.

Socialisation et autonomie

• Installation du matériel en salle de motricité

S'il s'agit d'un matériel léger facilement transportable (bancs, tables, matelas...), l'installation peut se faire rapidement en présence des enfants observateurs, conseillers et peut-être acteurs (restez vigilant!). Mais lorsque l'on a décidé d'utiliser du gros matériel, l'installation demande du temps et pose des problèmes de sécurité. Il est donc préférable de choisir un jour fixe de la semaine, en accord avec les autres enseignants de l'école, où le matériel installé la veille au soir (ou le samedi pour le lundi) restera en place toute la journée, les groupes d'élèves se succédant. Bien entendu le matériel n'est pas utilisé de la même façon par toutes les classes. Il peut aussi être évolutif (avec les plus grands, on double la hauteur de l'échelle, on éloigne un tapis de réception, on ajoute un élément sur un parcours... ou on complique la consigne).

• Comment canaliser l'énergie des enfants en début de séance ?

Lorsqu'ils découvrent l'espace et les installations, les enfants ont tendance à se mettre à crier, hurler parfois, à courir de tous les côtés, à vouloir tous commencer anarchiquement à explorer les possibilités. N'essayez pas de les calmer : c'est impossible. Éloignez-les simplement des installations dangereuses et proposez aussitôt une petite mise en train, rythmée au tambourin, par exemple : courir dans tous les sens en occupant tout l'espace, réagir à des changements de rythme par des changements de direction ou de posture. Il s'agit, pendant cinq minutes, de libérer le trop-plein d'énergie.

Ensuite, vous pourrez rassembler les enfants et leur expliquer rapidement l'objectif de la séance du jour.

LA SALLE EST TROP PETITE !

Si la salle est trop petite pour permettre une évolution sans risque lorsque le matériel est installé, placez des bancs contre le mur où les enfants vont s'asseoir dès qu'ils entrent dans la salle, pour observer le matériel présent. Auparavant, vous aurez fait courir les enfants dans la cour pendant quelques minutes (défoulement et échauffement).

LES GRANDS DOMAINES D'ACTIVITÉS

- **Deux grands axes de travail**
– Découverte et exploration de parcours installés avec du gros matériel : sauter, grimper, descendre, monter, ramper, passer sur ou sous des ponts... Il est préférable de travailler par moitié de classe dans ce cas, la moitié qui ne participe pas à l'exercice s'amusant simplement avec les porteurs dans une autre partie du local.
– Découverte et exploration de tout ce qu'on peut faire avec du matériel léger : on commence par une recherche libre puis un enfant montre son idée aux autres, on la verbalise tous ensemble et on tente de la reproduire.

- **Quelques exemples d'activités**
– **Franchissement de frontières ou d'obstacles :** matérialiser la frontière par une ligne de bancs et demander aux enfants de trouver toutes les manières possibles de franchir la frontière.
– **Portage à deux de petit matériel (balle, coussin) :** à coupler éventuellement avec des jeux de relais en équipes ou à compliquer par des consignes du type "Sans les mains" ou "En se tournant le dos" ou "L'un des deux ferme les yeux", selon les compétences que l'on veut faire entrer en jeu.
– **Jeux d'imitation de gestes ou d'actions :** muet pour les PS, en expliquant ce que l'on fait pour les MS et les GS.
– **Variations sur le déplacement :** sur la pointe des pieds, en sautant à pieds joints, à cloche-pied, vite, lentement, au ralenti, accroupi comme un canard, sur les genoux, à quatre pattes, en rampant, sur les fesses à reculons ou en avant, en roulant seul ou à deux... Demander aux enfants d'inventer d'autres façons de se déplacer.
– **Tirs sur des cibles ou vers des buts** (avec des projectiles légers : balles, coussins, petits sacs de graines, gommes, billes, cubes... ou des projectiles de plus en plus lourds : gros ballons, medicine balls, gros sacs).
– **Jeux de rondes et de farandoles :** agrandir ou rétrécir la ronde par augmentation ou diminution du nombre des participants, par mouvement général vers le centre ou vers l'extérieur, en rapprochant ou en écartant

Socialisation et autonomie

les bras ; ouvrir ou fermer la ronde ; se servir de la ronde pour maintenir un prisonnier qui cherche à s'évader en passant sous les bras ; déplacer la ronde de plusieurs pas dans une direction, puis une autre ; placer un obstacle à franchir sur le chemin de la ronde qui tourne (gros coussin à enjamber à tour de rôle) ; faire avancer la farandole, la faire reculer, s'inverser, zigzaguer, contourner ou franchir des obstacles (par dessus ou par dessous), sans se lâcher les mains.

> Pensez à inventer un petit scénario ou à relier l'exercice à une histoire connue des enfants lorsque vous énoncez une consigne de motricité : "Lucas est la locomotive et les autres enfants sont les wagons. La locomotive roule, puis elle tombe en panne, puis elle repart, mais en marche arrière" ; ou bien : "Je suis la fermière qui donne du grain à toutes ses poules. Vous êtes les poules et vous courez partout ramasser les grains que vous mettez dans votre nid" ; ou encore : "Les cerceaux sont les maisons. À l'extérieur des cerceaux, c'est le jardin. Vous courez partout dans le jardin en utilisant toute la place.
> Au signal, vous rentrez vite dans votre maison et vous marchez sans prendre beaucoup de place".

– **Jeux de dispersion et récupération :** le maître se tient sur un tabouret et jette au loin des balles ou des feuilles de papier. Les enfants les récupèrent chacun à leur tour et les rangent dans un endroit prévu. Le rôle du maître peut être tenu par l'un des enfants.

– **Se déplacer avec un gros ballon** en driblant ou suivre un chemin donné, balle au pied, et tirer dans des buts.

– **Jeux de combat :** le renard et la tortue (le renard doit retourner la tortue sur le dos, la tortue résiste et se déplace pour échapper au renard) ; le combat de coqs (deux enfants sont accroupis, ils essaient de se faire tomber en se poussant ou en s'évitant) ; le gardien et le trésor (le gardien est à genoux, assis sur ses pieds, il tient un ballon dans ses mains que le voleur cherche à lui arracher) ; la queue du loup (chaque loup a un foulard accroché derrière lui et essaie d'attraper celui de son partenaire tout en protégeant le sien).

LES GRANDS DOMAINES D'ACTIVITÉS

– **Jeux de course :** attraper la maîtresse ou un autre enfant, course d'endurance (courir le plus longtemps possible sans être fatigué), relais avec objet-témoin à passer de mains en mains, course de haies.

– **Jeux collectifs :** minuit dans la bergerie (les moutons se promènent, au signal donné, ils demandent : "Quelle heure est-il ?" Lorsque le loup répond : "Il est minuit !" tous les moutons rejoignent la bergerie et le loup essaie de les attraper) ; le filet du pêcheur (les pêcheurs choisissent un nombre entre 1 et 10, ils forment une ronde, bras levés, et les poissons se faufilent dans le filet ; au nombre choisi, les bras s'abaissent et les poissons qui restent prisonniers du filet rejoignent la ronde des pêcheurs); les balles brûlantes (deux équipes sont face à face : elles jettent et renvoient le plus de balles possibles dans l'autre camp. Au signal, on compte les balles des deux camps : l'équipe qui en a le moins a gagné).

• **Expression corporelle**

Avant de faire évoluer les enfants sur une musique, proposez un temps d'écoute et d'imprégnation pour qu'ils puissent analyser les différentes

AVEC LES MOYENS DU BORD

S'il n'y a aucun matériel dans votre école, n'hésitez pas à utiliser le mobilier de la classe (tables, bancs, chaises, armoires...) pour construire un parcours de gymnastique. Les matelas du dortoir feront d'excellents tapis de réception. Utilisez des cartons de différentes tailles à tirer et à pousser ; des rouleaux en carton, des petites bouteilles en plastique, des bandes de tissu nouées sur elles-mêmes que les enfants pourront lancer et manipuler sans risque. Enfin, en fonction de votre environnement proche, improvisez des séances à l'extérieur : une barrière entre la cour des grands et celle des petits peut être utilisée sous votre surveillance comme un mur d'escalade. Partez en exploration autour de l'école, vous y découvrirez peut-être des buttes de terre, des escaliers, des pans inclinés ou des murets pour vos petits explorateurs.

Socialisation et autonomie

données musicales (phrases musicales, rythme, différenciation des thèmes musicaux, découpage de la mélodie en refrain et couplets...).
N'hésitez pas à proposer des musiques extrêmement variées (percussions africaines, berceuses, menuets, musiques folkloriques...) pour diversifier et enrichir les déplacements des enfants (galops, balancés, sautillés, tours...). Si l'expression corporelle permet à l'enfant de rentrer en relation avec les autres, à vous de créer des situations stimulantes, riches, variées et suffisamment rassurantes pour que l'enfant sorte des gestes stéréotypés. Pour cela facilitez la mise en train en proposant, en début de séance, des petits jeux d'expression corporelle.

Le sculpteur : un enfant sculpte, l'autre est une boule de terre. Peu à peu, le sculpteur donne vie à sa boule de terre, la transforme en un personnage dont il modèle chacune des attitudes... Lorsqu'il a terminé, il recouvre sa sculpture d'un grand morceau de tissu. Aux autres de deviner ce qui se cache sous le drap.

Le magicien : Les enfants évoluent sans se toucher. Le magicien (le maître) lance un mot que les enfants devront traduire corporellement. Au début, lancez des mots simples (chat, oiseau, vent...) puis passez peu à peu à des mots plus abstraits (tristesse, légèreté, amour...). Bien entendu, seul le corps peut parler.

Le miroir : Un enfant bouge lentement devant un miroir fictif, un autre devient son reflet.

Lorsque vous faites évoluer les enfants sur une musique, divisez la classe en deux groupes : un groupe danse et l'autre regarde, puis inversez les rôles. La notion de spectacle apparaît ainsi très tôt et permet de construire et d'organiser les déplacements des enfants à partir de leurs improvisations. À la fin de chaque évolution, prévoyez toujours un temps de regroupement où chacun peut parler de ce qu'il a vu.
En section de grands, vous pouvez proposer aux enfants de manipuler

LES GRANDS DOMAINES D'ACTIVITÉS

POUPÉE DE CHIFFON/ POUPÉE DE BÂTON

Les plus petits ont souvent du mal à décontracter tous leurs muscles après un effort physique. Proposez-leur de jouer, allongés, à se raidir comme une "poupée de bâton", puis à se ramollir comme une "poupée de chiffon", partie du corps par partie du corps : cou en bâton, cou en chiffon ; bras en bâton, bras en chiffon ; jusqu'à la "poupée de chiffon" entière.

en musique du petit matériel (foulards, rubans pas trop longs, ballons de baudruche), ce qui leur permettra d'agrandir leurs gestes.

• Organiser un retour au calme

Après une grande activité, il est nécessaire de calmer et reposer les enfants. On peut commencer par une ronde marchée ou une comptine mimée, pour se calmer et réduire le bruit. Ensuite, organisez une séance de relaxation et de repos. Créez de bonnes conditions matérielles (espace, calme, pénombre, musique douce de faible intensité). Les enfants allongés, bien écartés les uns des autres, choisissent leur position. N'imposez pas l'immobilité absolue... et ne réveillez pas ceux qui s'endorment !

Langage et écriture

▶ COMPÉTENCES À ACQUÉRIR

■ Langue orale

L'enfant doit pouvoir :
- Prendre la parole et s'exprimer de manière compréhensible quant à la prononciation et à l'articulation dans des situations diverses : dialogues, récits, explications, justifications, résumés.
- Faire varier les temps des verbes, les pronoms personnels, les mots de liaison permettant d'établir des relations entre deux phrases simples (et, pour, ou, mais, parce que…).
- Réutiliser dans des situations diverses du vocabulaire acquis dans les activités de la classe.
- Identifier des éléments de la langue parlée (sons…), les reproduire (jeux de mots), les associer, les agencer (inventions de mots…).
- Formuler correctement des demandes ou y répondre.
- Dire et mémoriser des textes courts (comptines, poèmes…).

■ Lecture

L'enfant doit pouvoir :
- Identifier et savoir pourquoi on utilise différents supports d'écrits (livres, revues, journaux, dictionnaires, affiches, publicités, cartes, écrits documentaires, courriers…).
- Reconnaître l'organisation d'une page, de la suite des pages d'un livre (fonction d'un titre, d'une pagination, d'une table des matières…).
- Reconnaître certains éléments dans un texte pour en découvrir le sens ou la fonction : reconnaître le titre, repérer des graphismes particuliers (signature, sigles…).

LES GRANDS DOMAINES D'ACTIVITÉS

- Utiliser une bibliothèque (s'initier à de premiers classements, choisir un album, un livre, une bande dessinée, réunir une documentation...).
- Écouter et comprendre un récit, un texte documentaire simple, une règle du jeu...
- Identifier des mots familiers écrits (prénoms, mots usuels, jours de la semaine, mois d'anniversaire...).
- Prendre conscience de la correspondance entre l'oral et l'écrit, isoler les mots d'une phrase simple, être capable d'identifier à l'oreille et à l'écrit des éléments simples composant un mot (syllabes, phonèmes) ; décomposer et recomposer.

■ Initiation à la production de textes

L'enfant doit commencer à produire des textes variés en les dictant au maître : lettres, listes, règles de jeux, recettes, récits, poèmes...
Il doit pouvoir :
- Nommer, dans des situations de la vie quotidienne, des objets, des actions, des sentiments...
- Mémoriser et utiliser à bon escient, dans son contexte, un vocabulaire précis.
- Remarquer des graphies particulières.
- En mémoriser quelques-unes.
- Remarquer des régularités (marques de pluriel, désinences des verbes ; homophones courants...).
- Associer textes et images.

■ Dessin, graphisme et écriture

L'enfant doit pouvoir :
- Tenir de manière adaptée et efficace pour écrire un crayon, un stylo à bille, une craie..., en adoptant la posture corporelle qui convient.
- Reproduire des modèles, des formes, des trajectoires proposés par l'enseignant.
- Copier correctement quelques mots, une courte phrase, en rapport avec les activités de la classe, en respectant les règles de graphie de

Langage et écriture

l'écriture cursive qui permet de donner une unité au mot.
• Écrire sur une ligne, puis progressivement entre deux lignes.
• Reconnaître et comparer différents systèmes graphiques (différents mots ou lettres en écriture cursive, en écriture script, en caractères d'imprimerie…)

▶ L'ACQUISITION DES COMPÉTENCES LIÉES À LA PRATIQUE DE LA LANGUE

■ Communiquer pour reporter des résultats

Rendre compte verbalement est une activité qui doit être pratiquée en toutes occasions à la maternelle. Quelle que soit l'activité, on verbalise constamment, en utilisant le vocabulaire approprié et en organisant le discours (chronologie des étapes, utilisation de prépositions de temps et de lieu).
On peut éventuellement enregistrer au magnétophone ou au magnétoscope un enfant qui explique ce que l'on vient de faire.

■ Être "facteur"

L'activité du "facteur" permet de responsabiliser les enfants, de leur confier une tâche utile, de leur offrir des situations variées de communication, tout en adaptant à chacun le niveau de difficulté de la mission à remplir.

Chaque matin, à tour de rôle, un enfant est nommé "facteur" du jour. Son rôle : transmettre des documents, des messages écrits ou oraux, rapporter éventuellement une réponse, à l'extérieur de la classe, dans l'école, et en suivant un itinéraire précis, pour communiquer avec l'ATSEM, les collègues, les autres enfants, le personnel de service. Il met alors une casquette spéciale, ce qui fait sa fierté et permet à l'ATSEM de le repérer dans le couloir et éventuellement, en début d'année, de surveiller discrètement son déplacement.

LES GRANDS DOMAINES D'ACTIVITÉS

• Des envois divers
- Une note de service, une lettre… à apporter à une collègue ou à faire circuler de classe en classe.
- Une demande de matériel que l'enfant devra rapporter.
- Une information orale à transmettre.
- Une question à poser appelant une réponse…

• Compétences mises en jeu
- L'enfant à qui vous confiez un document à distribuer doit mémoriser le nom, le prénom et "l'adresse" du destinataire (numéro de la classe, du local…), retrouver l'itinéraire que vous aurez préparé avec lui.
- S'il s'agit d'un message oral, l'enfant doit écouter, mémoriser puis communiquer correctement et, si nécessaire, savoir rapporter la réponse.
- S'il s'agit d'un message écrit, vous devez le calligraphier lisiblement en présence du "facteur" (correspondance oral/écrit)… et il le "relira" avec vous avant la distribution. (Ici aussi, noter le nom, le prénom du destinataire et son adresse.)

• Itinéraire à suivre
Expérimenter puis tracer sur un plan de l'école les itinéraires à suivre pour se rendre directement dans les lieux de l'école (les autres classes, le local des ATSEM, le restaurant scolaire, la salle de jeux, les sanitaires…) peut faire partie d'un travail de repérage dans l'espace pour toute la classe.

■ La marionnette de la classe : un médiateur pour communiquer

Maîtriser la langue orale, et établir des relations avec les autres : deux priorités essentielles à l'école maternelle.

Or, quand ils arrivent à l'école maternelle, les "petits" ont un niveau de langage très varié… certains en sont au mot-phrase, d'autres ne parlent pas du tout…

Langage et écriture

D'autre part, entre les enfants de cet âge, il n'y a que très rarement dialogue. Il s'agit plutôt de monologues parallèles.
La marionnette de la classe facilite la communication entre les enfants. Elle est également utilisée comme médiateur entre vous, qui l'animez, et le groupe-classe.

• Quel personnage choisir ?
Une marotte, une poupée en chiffon, un animal en peluche feront l'affaire.
Il est souhaitable que cette marionnette soit au moins (ou presque) de la taille des enfants pour être différenciée des autres jouets de la classe et être facilement vêtue de costumes différents selon les saisons et les situations vécues (utilisez des vêtements d'enfants).
Sa taille d'enfant permettra de lui faire réaliser des actions crédibles au yeux de la classe et facilitera l'identification.
Les enfants doivent l'adopter d'emblée et pouvoir la toucher quand ils le souhaitent. Elle doit donc toujours se trouver à un endroit facilement repérable (on peut fabriquer ensemble la maison de la marionnette).

• Quel est son rôle ?
Elle favorise le dialogue avec les enfants, elle est source d'imprégnation verbale, elle permet de varier les formes langagières (aujourd'hui, elle parle comme un bébé ou elle est timide ou elle donne des ordres à tout le monde : "Pour qui se prend-elle ?"), adaptées aux multiples situations d'actions que vous lui faites vivre.

• Comment intervient-elle ?
• Dans les moments collectifs :
– elle arrive un matin vêtue d'un imperméable et munie d'un parapluie,
– aujourd'hui, elle a un pansement,
– elle apporte des cadeaux,
– elle fait des farces,
– comme les enfants, il arrive qu'elle fasse des bêtises...

– elle connaît de nouvelles chansons, des comptines,
– quand elle parle à l'oreille du maître, des situations imprévues surgissent,
– chut! tout le monde l'écoute... et c'est le silence!

• En relation individuelle:
– elle sollicite l'enfant timide, dialogue avec lui, fait des câlins,
– elle participe à l'endormissement au moment de la sieste et sécurise les enfants anxieux,
– elle peut aussi aller dormir à tour de rôle chez chacun des enfants (une occasion exceptionnelle pour eux: vous aurez à établir un ordre très strict de rotation!) et le lendemain, à son retour, elle raconte ce qu'elle a fait.

■ La lettre aux correspondants : premier message écrit

Les activités de correspondance scolaire motivent l'expression écrite, mais risquent d'être fortement limitées par les aptitudes réduites des enfants de maternelle. Qu'elle soit lettre collective de présentation, d'invitation, d'information... la lettre aux correspondants doit nécessairement être compréhensible!
Comment faire quand on ne sait ni lire, ni écrire?

• L'élaboration du projet

Au préalable, en grand groupe, on adopte oralement des dispositions concernant l'objectif de la lettre, son contenu et sa présentation. Que veut-on dire? Est-ce qu'il vaut mieux utiliser des photos, des dessins, des phrases dictées à l'instituteur? Pourquoi? Est-ce que nous avons déjà en classe des dessins ou des textes déjà faits qui pourraient compléter cette lettre? Qui va s'occuper de quoi?

Langage et écriture

- **La réalisation**
- En petite section :
Le but des productions des enfants de PS est principalement esthétique et/ou affectif.
Le texte est écrit par le maître, toujours sous la dictée des enfants, pour les amener à découvrir l'utilité de l'écrit, sa fonction d'information et de communication avec les autres.
L'apport complémentaire des enfants se limite à la décoration de la lettre (collages, dessins, découpages).

- En moyenne et grande sections :
Le but des productions devient informatif (inviter, expliquer une recette, raconter une histoire, un événement vécu par la classe, indiquer un itinéraire…).
En MS : le texte est écrit par le maître sous la dictée des élèves. En cours d'année, les enfants pourront signer la lettre à l'aide de leur prénom calligraphié et écrire quelques mots simples.
En GS : le texte est écrit par le maître très lisiblement au tableau sous la dictée des élèves. Ensuite, les enfants recopient à l'aide de lettres découpées et collées, d'étiquettes-mots ou en écrivant une courte phrase à tour de rôle (dès que le niveau d'apprentissage le permet). Puis il signent.

ÉCRIRE "VRAI"

D'une manière générale, profitez de toutes les occasions pour faire écrire des messages utiles aux enfants :
– Lettre à un enfant absent depuis plusieurs jours.
– Lettre aux parents, aux élèves de l'école primaire d'à côté pour les inviter à un spectacle, au maire, au directeur du conservatoire, de la salle de spectacle ("Est-ce que vous voulez bien nous faire une réduction si on vient à trente ?") ou de la bibliothèque de la ville ("Y a-t-il un livre sur les hippopotames, avec des photos, dans votre bibliothèque ?").
– Lettre au responsable de l'usine que l'on voudrait visiter.
– Réponse à un jeu-concours.

LES GRANDS DOMAINES D'ACTIVITÉS

LES BOUTEILLES À LA MER

L'envoi d'une lettre au Père Noël où simplement la tentative de communication sans connaître le destinataire est une autre forme possible d'envois de messages en maternelle :

– Bouteille en plastique avec petit message + coordonnées de la classe et de l'école, livrée à la rivière.

– Message attaché à un ballon gonflé à l'hélium et lâché.

– Message envoyé à une classe de maternelle dans une école inconnue dont on a trouvé l'adresse dans un annuaire.

Si l'instituteur veut absolument obtenir une réponse pour sa classe, il lui est possible de s'arranger avec l'instituteur d'une école proche pour être pratiquement assuré de retrouver le message.

Les enfants interviennent également dans le message sous d'autres formes que le texte, par des dessins figuratifs, des images séquentielles, des bandes dessinées ou du graphisme décoratif.

■ Création de textes, jeux sur les sonorités de la langue, les mots

Cette activité de communication et d'expression orale et écrite doit être privilégiée tout particulièrement chez les moyens et les grands (comptines, poésies, histoires…).

- **Créer des comptines, des poésies, des textes courts**

Procédez, avant tout, à une imprégnation lente, régulière, progressive… et les enfants manifesteront une attention certaine à la poésie.

Voici quelques jeux oraux sur les mots et les sons permettant de créer des textes courts, des comptines :
- Jeu du corbillon (une petite corbeille peut avoir sa place dans la classe : on va la chercher pour y mettre des mots) : "Je te passe mon corbillon. Qu'y met-on ?" Répondre par un mot finissant par le son "on" (jupon, mouton…),

Langage et écriture

LE LIVRE DES PRÉNOMS

Premiers mots écrits connus, les prénoms peuvent servir de base solide pour des créations de phrases simples. Pour cela, constituez le livre des prénoms, avec un classeur, autant de fiches intercalaires que d'enfants et des feuilles qui viendront petit à petit enrichir le livre. Chaque enfant est photographié. On colle sa photo sur une fiche intercalaire et on écrit son prénom très lisiblement au dessous, en trois graphies différentes : capitales, script et "attachée" (cursive). Les pages suivantes porteront chacune une photo de l'enfant en activité et une courte légende, écrite par le maître sous la dictée des enfants. Ce livre a bien entendu sa place à la bibliothèque de la classe.

- Jeu des devinettes : recherche de mots finissant comme Lucie "C'est un outil utilisé pour découper le bois..." Avez-vous trouvé ?
- Substitution à partir d'un chant ("Compèr' vous mentez"), à partir d'un poème ("Dimanche", René de Obaldia).
Utilisez la structure et remplacez le contenu.
"Le cancre" (J. Prévert) peut servir de point de départ à un jeu du type : "Je dis oui à tout ce que j'aime, je dis non à tout ce que je n'aime pas."
"Ne..." (A. Spire) fait parler des interdits et des obligations à la maison, à confronter aux interdits et aux obligations à l'école.
- Jeux de mots : "rattraper" la dernière syllabe d'un mot et enchaîner avec un nouveau mot ("un p'tit chat, chapeau d'paille, paillasson...").
- Construire une comptine à partir d'une base connue : les jours de la

semaine, l'enchaînement des premiers chiffres ou les prénoms d'un petit groupe d'enfants. Puis jouer sur des assonances.

• Utiliser un drôle de mot comme point de départ (mot inconnu des enfants dont la sonorité est amusante ou mot inventé) et chercher des définitions.

EXEMPLE DE CRÉATION COLLECTIVE EN MS

d'après le poème de Glyraine :
"Au château de Tuileplate"

À l'école maternelle
la révolution éclate.
J'ai trouvé,
vrai de vrai :
Julien
dans ma main,
Sébastien
dans le moulin,
Daniel
dans le miel,
Charly
dans les spaghetti,
Amélie
dans le riz,
Auréa
dans le chocolat,
David
dans le vide,
etc.

• **Imaginer des histoires**

Proposez des démarches de difficulté croissante :

• trouver un dénouement à un récit,
• imaginer un début à une histoire,
• proposer des prolongements à une histoire, des suites différentes,
• construire un récit complet répondant à la structure du conte, à partir de la marionnette de la classe, d'un personnage imaginaire, d'un personnage historique, d'une idée apportée par un enfant, d'une illustration, d'un tableau, d'une affiche... ou du tarot des contes (voir l'encadré ci-contre).

Vous devez, chaque fois, écrire les textes devant les enfants (en cursive), sous leur dictée, pour les sensibiliser à la transformation écrite d'un message oral. Attention : ne pas oublier de mettre le mot "fin".

Ces textes, correctement écrits pour que les enfants y puisent des repères, sont ensuite classés dans les albums, les cahiers de production de textes ou utilisés pour la création d'albums, de livres, ou mis en scène pour un spectacle présenté aux parents lors de la fête de fin d'année par exemple.

> ## LE TAROT DES CONTES
> **R**éalisez ensemble des cartes à combiner sur le mode du conte traditionnel : série de héros, série d'actions ou de quêtes, série d'aides, série de lieux... On joue en tirant une carte dans chaque série et on compose une histoire qui pourra être mise en scène de diverses façons : diapos, bande dessinée, mini-album, cassette audio avec élaboration de la bande-son (rôle du narrateur, dialogues, musique, bruitages).

• **Autres activités de création d'histoires**

• Partir du vécu raconté par un enfant. Ex : "Je suis allé au cirque..." On le laisse raconter puis on change un élément du récit : "Que se serait-il passé si le dompteur s'était endormi ?"

• Nommer un conteur pour le lendemain : c'est lui qui devra raconter aux autres une histoire vécue ou inventée ou connue.

> ## DÉMARCHE DE CRÉATION COLLECTIVE D'UNE HISTOIRE
>
> Réunir les enfants devant une affiche, un dessin, un tableau, un objet (figuratifs ou abstraits).
> On observe tous ensemble.
> "Pourrions-nous inventer une histoire à partir de ce dessin ?"
> L'instituteur prend sa feuille et son stylo : "Il était une fois...". Puis ça part : les enfants parlent tous en même temps. Laisser faire puis canaliser, trier.
>
> L'instituteur relève à droite ou à gauche une idée qui peut servir de point de départ, un personnage riche en possibilités de développement, etc. Ensuite, il pose des questions pour organiser la suite ou pour relancer l'histoire lorsque le souffle retombe. Il note au fur et à mesure les grandes étapes de l'histoire.
> À la fin, en se servant de ses notes, il raconte l'histoire complète.

LES GRANDS DOMAINES D'ACTIVITÉS

■ Plusieurs façons de raconter une histoire

Les enfants sont toujours regroupés très près de l'instituteur.
- L'instituteur lit le texte d'un album et s'interrompt pour montrer à la ronde les illustrations au fur et à mesure qu'elles apparaissent.

- L'instituteur montre toutes les images d'un album sans commenter, puis lit l'histoire sans s'interrompre. (Ce principe permet éventuellement une phase intermédiaire de création qui consiste à demander aux enfants quelle histoire ils imaginent à partir de ces images.)

- L'instituteur lit tout le texte et ne montre les images qu'à la fin.
Cela permet une phase intermédiaire différente qui consiste à faire dessiner par les enfants les personnages tels qu'ils les imaginent ou à leur demander de les décrire oralement. On peut aussi donner une "mission" de description à chaque enfant : celui-ci invente la maison du héros, celui-là le dragon, un autre la fée, etc.

- L'instituteur raconte une histoire sans le support d'un livre.
Cela demande un peu de pratique. Les enfants doivent être plongés dans un bain de langage de qualité : aussi, préparez bien votre séance.
Mettez en scène votre narration : pénombre, lumières tamisées, coussins. Sans le support d'images, c'est à vous de créer la couleur locale, l'atmosphère.
Vous pouvez même faire participer les enfants à l'élaboration du décor pour le récit : pendant toute une séance, on fabrique la grotte de la sorcière, on dessine ses outils, son chat et son corbeau ou son hibou, sa marmite à potion magique... Le soir, lorsque tout est en place, que tout le monde a passé plusieurs heures dans l'univers des sorcières et que l'attente est à son comble, on s'installe tous dans la grotte et on écoute religieusement l'histoire.

Langage et écriture

■ Les tableaux d'activités : une situation de lecture incontournable

Même si cela vous semble répétitif et parfois fastidieux, utilisez ces tableaux fonctionnels quotidiennement de façon très rigoureuse (voir leur mise en place p. 96). Leur préparation représente un travail important de la part de l'instituteur !

Ils évoluent selon les périodes de l'année et les sections (par exemple, il y a des photos sur le tableau de présence des petits. Elles disparaissent pour les plus grands).

Ils favorisent la socialisation et aident à la structuration du temps et de l'espace.

• Comment les "lire" ?

Nous donnons ici un exemple d'utilisation, mais il y en a d'autres, qui dépendent d'autres façons de construire les tableaux eux-mêmes.

• Tableau des présences

Utilisation libre et spontanée par les enfants lors de leur arrivée : chaque enfant, dès qu'il arrive, va afficher sa présence sur le tableau. Les étiquettes de prénoms non utilisées sont celles des enfants absents.
Exploitation ensemble :
- nommer les absents aujourd'hui ; lire les étiquettes.
- comptabiliser les enfants présents.
- comptabiliser les enfants absents.

On matérialise sur les doigts le nombre des absents et des présents (rechercher le chiffre correspondant dans le tableau des chiffres de 1 à 10 ; compter et repérer le chiffre écrit doit être fait le plus souvent possible : présents, absents…).

Lorsqu'un enfant arrive en retard, on s'initie à la soustraction (un absent de moins, combien cela fait-il d'absents aujourd'hui ?) et à l'addition (un présent de plus).

LES GRANDS DOMAINES D'ACTIVITÉS

• **Éphéméride**

Cette activité est à relier au travail sur le temps (voir *Découverte du monde*, p. 248).

Chaque matin : ranger le folio de la veille dans la file (ou celle de l'avant-veille et de la veille, si l'on est lundi).

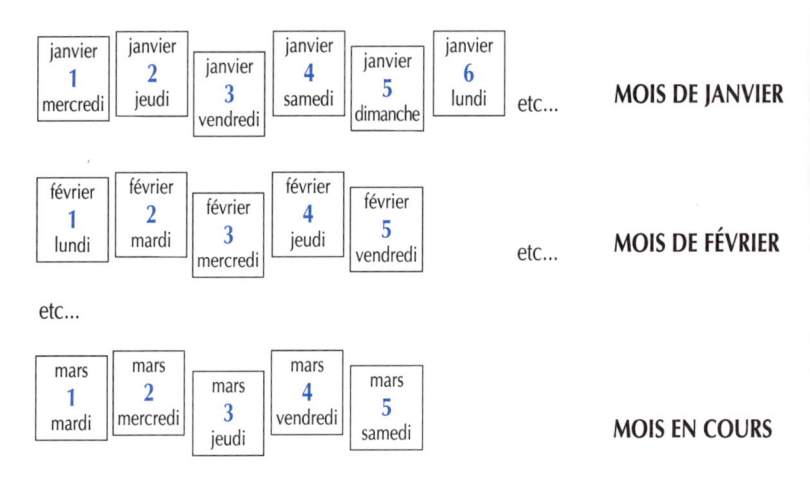

| janvier 1 mercredi | janvier 2 jeudi | janvier 3 vendredi | janvier 4 samedi | janvier 5 dimanche | janvier 6 lundi | etc... | **MOIS DE JANVIER** |

| février 1 lundi | février 2 mardi | février 3 mercredi | février 4 jeudi | février 5 vendredi | | etc... | **MOIS DE FÉVRIER** |

etc...

| mars 1 mardi | mars 2 mercredi | mars 3 jeudi | mars 4 vendredi | mars 5 samedi | | | **MOIS EN COURS** |

Faire apparaître le folio du jour commencé : le nommer ainsi que celui du lendemain. Suivant le cas, préciser si la semaine commence ou si la semaine finit.

Rappeler la succession des jours et demander aux enfants de repérer le jour d'aujourd'hui sur le calendrier général.

• **Calendrier de la classe**

Cette activité est à relier au travail sur le temps (voir *Découverte du monde*, p. 248).

• Il sert :
– à repérer, à situer le jour annoncé (on parle au présent) ;
– à noter la date : recherche des étiquettes-chiffres. N'oubliez pas de rappeler l'année ! Cette date sera reportée sur tous les travaux de la journée (mettre à jour les tampons dateurs) ;

– à prévoir un événement (on parle au futur) : vacances, spectacles, bibliothèques, début de chaque nouvelle saison, anniversaire de chaque enfant, fêtes traditionnelles (Noël, galette, chandeleur, carnaval, fête des mères, des pères, fête de l'école, kermesse...) ;
– à se souvenir d'un événement (on parle au passé).

• Lorsque tout est mis en place, résumez clairement : "Aujourd'hui nous sommes le : jour, date, mois, année", "Hier nous étions le...", "Demain nous serons le..."

• Repérez enfin ce jour sur un calendrier imprimé (acheté dans le commerce) : cela permet la lecture de mots calligraphiés différemment.

• Tableau de la cantine (+ menu de la semaine)

On commence par rechercher l'étiquette du jour dans la "boîte cantine" (c'est écrit dessus !)
On suspend au tableau prévu les étiquettes des enfants déjeunant à la cantine.
On les compte.
Éventuellement vous pouvez, sur un autre tableau, comptabiliser les enfants qui déjeunent à l'extérieur de l'école et établir des comparaisons entre le tableau "Je mange à la cantine" et le tableau "Je mange à la maison".

• Tableau des responsabilités

• Service du "facteur" : transport, transmission des messages écrits et oraux à l'extérieur de la classe (voir p. 221).
• Service de la collation de la matinée (voir p. 207).
• Service des soins aux plantes et aux animaux.

On remplit les cases des tableaux à double entrée avec les étiquettes des enfants désignés comme responsables. On met la date à jour. (Pour l'initiation à l'utilisation du tableau à double entrée, voir p. 293.)

LES GRANDS DOMAINES D'ACTIVITÉS

• Tableau des activités en ateliers

• Ateliers dirigés du matin : mettre à jour le tableau des prévisions fixes à la semaine sur un tableau à double entrée portant le nom et le code de chaque atelier.

	GRAPHISME	MATHS	MODELAGE	DÉCOUPAGE
LUNDI	jaune	bleu	vert	rouge
MARDI	bleu	jaune	rouge	vert
JEUDI	rouge	vert	bleu	jaune
VENDREDI	vert	rouge	jaune	bleu

◯ : groupe jaune ; ● : groupe bleu ; ● : groupe vert ; ● : groupe rouge ;

• Emploi du temps de la journée : déroulement de la journée matérialisé sur une pendule (voir p. 99). On déplace l'aiguille à chaque changement d'activité et on indique à quel moment de la journée on se trouve : matin, après-midi... début, fin, milieu. On établit une relation avec l'horloge des heures. On pose des questions sur l'ordre des activités : "Qu'allons-nous faire avant d'aller manger ? Et après ?"

• Tableau de la météo

Quel temps fait-il aujourd'hui ? On sélectionne l'image correspondante (portant le mot pluie, ou soleil, ou neige...) dans le fichier météo (voir sa préparation p. 98). On l'affiche.

Langage et écriture

TABLEAU DE SERVICE DE RÉCRÉATION DES MAÎTRES

	MATIN	APRÈS-MIDI
LUNDI	Jocelyne Anne	Yolaine Dominique
MARDI	Jocelyne Dominique	Christiane Anne
MERCREDI		
JEUDI	Christiane Yolaine	Jocelyne Anne
VENDREDI	Jocelyne Christiane	Yolaine Anne
SAMEDI		
DIMANCHE		

CHRISTIANE **ANNE** **DOMINIQUE** **JOCELYNE** **YOLAINE**

Toutes ces mises à jour vous paraissent interminables ? Ne vous affolez pas... après les premières semaines "d'échauffement", la mise à jour des différents tableaux ne nécessite qu'un quart d'heure. Et elle est primordiale : elle permet de structurer le temps, de rassurer les enfants par son côté rituel, de poser des balises utilisables tout au long de la journée. Elle est une occasion de lecture et de calcul en situation.

■ L'album de vie de la classe : comment le mettre à jour ?

Cet album informe les parents des activités de la classe, aide à garder en mémoire les activités partagées tout au long de l'année, sert de liaison entre les classes entre les cycles.

Sa mise à jour s'effectue tous les après-midi et de diverses façons selon le niveau des enfants :

– au début par le maître seul qui propose aux enfants, ensuite, la lecture de la page du jour,
– progressivement par un groupe d'enfants guidés par le maître,
– enfin par un petit groupe d'enfants autonomes.

EXEMPLE DE MISE À JOUR EFFECTUÉE EN AUTONOMIE

- Les enfants responsables (2 ou 3 à tour de rôle) sélectionnent des documents qui traduisent au mieux les activités, les moments forts de la journée écoulée. Ils mettent en page les réalisations retenues en suivant une consigne plusieurs fois expliquée par le maître : chronologie ou mise en valeur d'un thème précis.

Ils placent des titres à l'aide d'étiquettes-mots, de phrases calligraphiées ou imprimées (Le "stock" de titres doit être toujours le même pour être bien connu des enfants et ne doit s'enrichir que très progressivement, l'apport d'un nouveau titre faisant chaque fois l'objet d'une lecture collective et d'une explication répétée.
Ex : "Un dessin pour le conte", "Le découpage d'aujourd'hui").

- Le maître intervient comme "secrétaire" pour l'écriture d'un commentaire… d'un texte plus long ; il opère, évidemment, sous la dictée des auteurs !
- Les rédacteurs signent leur article.
- Une lecture critique collective est ensuite effectuée par l'ensemble de la classe. Elle vise surtout la compréhension, la présentation et, avec les plus grands, l'originalité.

Langage et écriture

■ Le cahier de vie personnel : la mémoire de l'enfant pour toute l'année scolaire

• À quoi sert-il ?

Il est intéressant de réunir dans un même cahier les réalisations individuelles de chaque élève. Ce cahier sert à montrer aux parents ce qui se passe à l'école et permet de souligner les progrès accomplis par l'enfant au fil des jours, des semaines, des mois.

Ce cahier doit aussi être un instrument de liaison entre la maison et l'école : les parents, les frères et sœurs, les grands-parents ont le droit (toujours avec l'accord de l'enfant !) d'y noter quelques petits événements, d'y coller des documents, d'apporter des informations, de parler d'une activité favorite de l'enfant chez lui, etc.

Utilisez un cahier de cent pages de grand format (à spirales car il va doubler de volume avec les collages). Il en faudra plusieurs dans l'année. Prévoyez une protection imperméable (sac en plastique, par exemple) car il va beaucoup voyager. Il lui arrivera même de partir en vacances !

Expliquez en début d'année aux parents le rôle et l'importance de ce cahier. Si vous avez affaire à des parents qui ont du mal à écrire en français ou même du mal à écrire tout court, rassurez-les : il n'y a rien d'obligatoire dans l'utilisation de ce cahier et on peut aussi bien se contenter d'y coller une photo de l'enfant en train de se livrer à une activité familiale. Dites-leur aussi qu'un voisin, un ami ou le grand frère peuvent leur servir d'interprète et inscrire sur le cahier ce qu'ils voudraient y mettre.

Il n'est pas question de demander aux familles d'étaler leur vie privée, mais simplement de constituer un document chaleureux sur une année de la vie de l'enfant, sans barrière entre l'école et la maison.

LES GRANDS DOMAINES D'ACTIVITÉS

• Utilisation en classe

En MS et GS, l'enfant met à jour son cahier dès qu'il a un moment (voir *Activités-tampons* p. 68) : c'est un travail autonome que chaque élève doit réaliser quotidiennement selon ses possibilités (quelques séances dirigées seront nécessaires pour la mise en route).

En PS, les petits seront aidés par le maître au début de l'année. Cette activité trouve très bien sa place après la sieste, au moment des réveils échelonnés.

Peu à peu, les enfants apprennent à mettre en valeur leurs productions, à sélectionner leurs documents (on peut coller des dessins, des découpages, des écrits, des tissus, des plantes, des photos...). Mettre aussi à la disposition des enfants des photocopies des comptines ou des chants du moment.

■ Jeux de mémoire

La mémorisation tient une place importante en maternelle. On enregistre des comptines, des consignes, des modes d'utilisation, l'ordre des chiffres, le plan d'un lieu, etc. Cela se fait naturellement, par répétition et imprégnation.

Voici quelques activités purement destinées à cultiver "l'outil-mémoire".

• Jeu de la phrase reprise et augmentée.

Il s'agit d'un jeu à faire avec cinq ou six enfants au maximum.
Le premier commence une phrase :
Ex : "Je sors de mon lit."
Le deuxième répète et complète :
Ex : "Je sors de mon lit en pyjama."
Ainsi de suite jusqu'au dernier enfant. En maternelle, on ne peut aller au-delà de cinq ou six répétitions avec augmentation. Lorsque tous les enfants sont passés, on commence avec une nouvelle phrase, en inversant l'ordre de passage, pour que la mémorisation la plus complexe ne tombe pas toujours sur le même enfant.

Langage et écriture

• Variations sur le jeu de Kim

– Rappel du principe de base : plusieurs objets sont présentés sur une table et observés par les enfants pendant un court laps de temps. Ensuite, on supprime un objet pendant que les enfants tournent le dos. Ils doivent découvrir lequel.

On peut placer des objets de couleurs différentes et supprimer par exemple tous ceux qui sont bleus. Il faut se rappeler la couleur qui a disparu. (Même possibilité pour des formes.)

– Kim des sons : on laisse défiler plusieurs fois une cassette sur laquelle on a enregistré une série de sons différents (cela peut être divers instruments de musique connus des enfants, le cri de divers animaux, des bruits de la rue ou les enfants de la classe qui disent leur prénom à tour de rôle). Puis on passe la cassette une dernière fois en appuyant de temps en temps sur la touche "pause". Les enfants doivent annoncer le bruit qui doit venir juste après. On relâche la touche "pause" et on continue.

– Kim des vêtements : un enfant est observé par les autres pendant quelques instants. Pendant que les autres sont tournés, il ôte un élément discret des ses vêtements (ou enfile un vêtement supplémentaire). Aux autres de découvrir lequel.

• Jeux de memory

On peut en fabriquer avec les enfants ou utiliser ceux du commerce.

Ils peuvent être l'occasion d'explorer un champ sémantique ou thématique : les moyens de transport, les animaux aquatiques, les métiers, etc. Les deux cartes à réunir peuvent être identiques ou, pour rendre le jeu plus complexe, complémentaires : le chauffeur et le camion, le skieur et les skis, ou le chat et le chaton, le cheval et le poulain, etc.

On peut aussi fabriquer des jeux de memory en atelier de découpage ou de mathématiques : formes géométriques semblables, morceaux de papiers de même couleur, collés sur des cartes de bristol.

LES GRANDS DOMAINES D'ACTIVITÉS

LES SERPENTINES

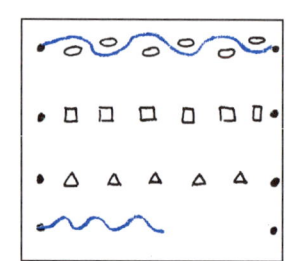

■ Exercices de graphisme vers l'écriture

Voici à titre d'exemple quelques exercices de graphisme dirigé visant l'apprentissage de l'écriture cursive. Cette liste n'est qu'indicative.

LES BOUCLES

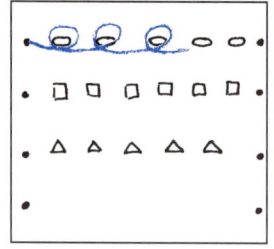

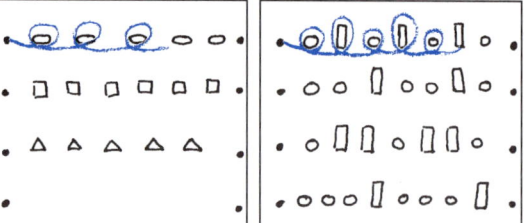

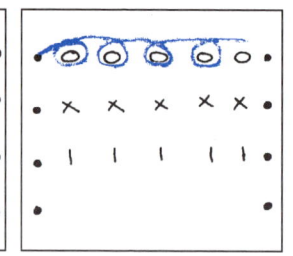

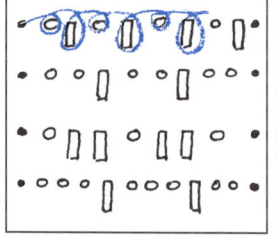

LES "PONTS"   **LES "COMBINAISONS"**   **L'ÉCRITURE !**

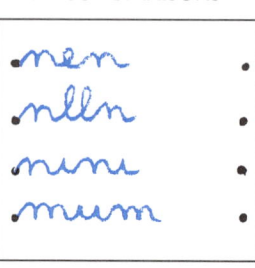

Langage et écriture

L'ENTONNOIR À LETTRES

Pour aider les enfants à passer du geste ample du poignet à des gestes de plus en plus précis, minutieux et maîtrisés des doigts, tracez des modèles en entonnoir. Le principe peut être utilisé pour des formes graphiques non signifiantes ou pour des lettres ou des chiffres.

• Pour apprendre à orienter les lettres

Ce tableau pourra être construit par le maître et introduit dans la classe à partir du dernier trimestre de PS. Il s'agit d'un support de 26 cases dans lesquelles les enfants viennent placer des fiches-lettres plastifiées qui se trouvent dans une boîte de rangement à côté du tableau. Les lettres peuvent être de deux sortes (dans deux boîtes différentes) : minuscules et majuscules.

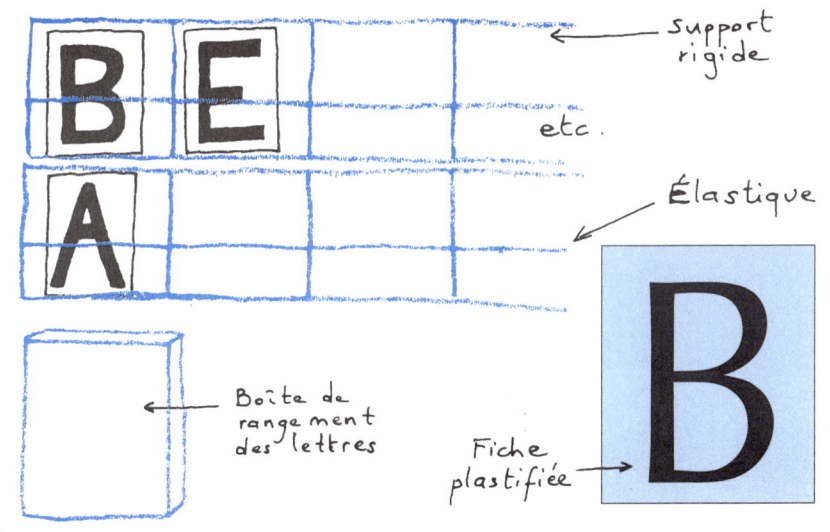

LES GRANDS DOMAINES D'ACTIVITÉS

La manipulation est libre. Petit à petit, les enfants apprennent à orienter les lettres dans le bon sens. Ensuite, ils peuvent composer des mots ou classer les lettres par ordre alphabétique. Un alphabet illustré placé à côté du tableau sert de référence.

• Pour reconnaître les lettres, quelle que soit leur graphie
Ici encore, le maître est mis à contribution pour la fabrication d'un grand panneau fait de 26 feuilles de papier, une par lettre.
Les enfants recherchent des lettres à découper dans des journaux et les collent sur la bonne feuille.
Les feuilles restent affichées en permanence et sont complétées régulièrement par les enfants.

DU BRAS AU POIGNET

Pour amener l'enfant à progresser vers un geste de plus en plus fin vers l'écriture, proposez-lui d'abord de dessiner sur de grands papiers fixés verticalement (grands gestes de tout le bras) puis faites-le dessiner sur des papiers de plus en plus petits et à plat sur une table (geste de plus en plus minutieux du poignet et des doigts).

• En GS : prolongements en lecture et écriture
Tous les exercices cités plus haut visant à l'acquisition de l'écriture et de la lecture, il est bien évident que, pour les enfants de GS qui manifestent une aisance suffisante avec les acquis du cycle 1, on peut prolonger ces exercices par des incursions dans le cycle 2. Voir pour cela, par exemple, les exercices les plus simples proposés dans *"Le guide pratique de l'instituteur pour les cycles 2 et 3"* (Istra – La Classe ; même collection).
Voir aussi la partie consacrée au décloisonnement, p. 168.

Langage et écriture

• Et les gauchers ?

C'est le plus souvent au cours de séances de graphisme que l'on remarque qu'un enfant est gaucher. Attention cependant : en PS et MS, les enfants ne sont pas forcément complètement latéralisés. Il est donc possible qu'un enfant qui écrit de la main gauche soit simplement en train de "chercher la bonne"...

Pour vérifier si un enfant est vraiment gaucher, tendez-lui de temps en temps un crayon vers la main droite et voyez s'il change systématiquement pour la gauche. D'autres petits tests de ce genre peuvent intervenir dans le courant des activités (tenir un outil, des ciseaux...). Mais attention : il ne faut surtout ni le gêner, ni lui donner l'impression que l'on cherche le moins du monde à le contrarier dans ses gestes. L'essentiel est que chacun s'épanouisse le plus possible, dans ses gestes comme dans les autres domaines.

En définitive, si l'enfant est gaucher de façon certaine (c'est beaucoup plus évident en GS), ne faites rien d'autre que d'en tenir compte, par exemple pour le placer correctement à une table où il dessinera à côté d'un droitier, ou pour lui montrer le maniement d'un outil en respectant le côté où il se sent le plus à l'aise, tout cela très naturellement.

LES GRANDS DOMAINES D'ACTIVITÉS

Découvrir le monde

▶ COMPÉTENCES À ACQUÉRIR

Au cycle des apprentissages premiers, la préparation aux apprentissages disciplinaires ultérieurs d'histoire et de géographie est constituée essentiellement d'activités sur l'espace et le temps perçus par l'enfant dans des situations de vie quotidienne.
La préparation à l'apprentissage ultérieur des sciences et techniques se fait, elle, par l'utilisation et la fabrication d'objets dans des situations de la vie quotidienne à l'école.
L'enfant doit pouvoir découvrir, aux cours des trois années de maternelle, les propriétés de matériaux naturels, quelques propriétés de l'air, de l'eau et de la lumière.
Il découvre son corps et les grandes fonctions du vivant, à travers des documents et des observations dans des milieux divers. Il découvre la nature, les animaux et les plantes, grâce à des observations sur le terrain et à des activités de type élevage ou jardinage. Il approche les notions d'hygiène corporelle et alimentaire.

▶ APPROCHE DE L'ESPACE

L'approche géographique pratiquée à l'école maternelle est fondée sur l'observation et la description d'éléments pris dans l'environnement immédiat de l'école : espace-classe, espace-cours, espace-école, espace-quartier… Vous allez sensibiliser les enfants aux espaces dans lesquels ils vivent afin qu'ils en comprennent l'organisation, qu'ils s'y sentent bien et puissent ensuite établir des comparaisons avec d'autres espaces plus éloignés.

Découvrir le monde

■ Jeux à partir du plan de la classe

• À partir d'un grand plan précis de la classe : vu de dessus, tout est représenté (murs, fenêtres, portes, meubles, différents ateliers...).
– On commente tous ensemble en essayant de reconnaître le maximum d'éléments. On peut afficher les symboles essentiels au tableau : table, chaise, armoire, fenêtre...
– Une fois le plan bien "décortiqué", le maître se place dans différents endroits de la classe. Les enfants doivent montrer où il se trouve chaque fois, sur le plan. Il faut les aider en soulignant des points de repère : "Je suis près d'une fenêtre, mais pas près d'une porte." "Il n'y a pas de chaise à l'endroit où je me trouve."
– Des enfants peuvent ensuite remplacer le maître et souligner eux-mêmes les particularité du lieu qu'ils ont choisi, pendant que d'autres tentent de les resituer sur le plan.

• À partir d'un grand plan muet de la classe : vu de dessus, seuls les murs, les fenêtres et les portes sont marqués.
– Prendre des photos dans les différents coins et ateliers (avec ou sans les enfants). Puis les faire reconnaître, trier et placer au bon endroit sur le plan.
– Repérer tous ensemble, puis dessiner les différents meubles, coins et ateliers sur le plan.
– Une fois les ateliers situés sur le plan, on peut demander aux enfants de placer la couleur des groupes sur les ateliers qui leurs sont attribués pour la matinée ou l'après-midi, lors des ateliers dirigés.
– Proposer aux enfants de choisir chacun un atelier ou un coin-jeu dont ils dessineront un plan. Ensuite chacun commentera son plan pour l'expliquer aux autres. Avec les plus grands, les plans étant plus élaborés et plus facilement reconnaissables, on peut passer par une phase intermédiaire où le groupe tente de découvrir le coin représenté.

LES GRANDS DOMAINES D'ACTIVITÉS

■ Les panneaux des paysages

Pour une approche d'espaces lointains et divers, on peut choisir une période de retour de petites vacances et demander aux enfants de décrire le paysage dans lequel ils ont passé leur séjour.
On peut décider de réunir les différents lieux en quatre grands types : montagne, mer, campagne, ville. Chacun annonce sur quel panneau il doit travailler. On attribue une portion de panneau à chaque enfant.
Ensuite, chacun cherche, trie et découpe dans des magazines de voyages des photos proches du paysage de ses vacances.
Il les colle sur sa portion de panneau.
Il peut également découper ou dessiner puis coller des éléments liés à ce paysage : personnages, animaux, plantes, objets, constructions.

Lorsque tout est fini, on se réunit devant les quatre panneaux successivement, on observe et on commente. On établit des comparaisons, on questionne les enfants responsables de chaque panneau. On écoute leurs remarques à propos d'un éventuel décalage entre les photos qu'ils ont trouvées et la réalité du terrain (arbres plus grands, plus de voitures, rivière plus tumultueuse, ensoleillement plus fort). Cette séance permet d'aborder un vocabulaire de plus en plus varié et précis.

■ Champs lexicaux liés à l'espace

Ce travail peut se faire à partir des panneaux de paysages ou à l'occasion d'une classe transplantée. Nommer ou faire nommer le plus grand nombre d'éléments liés à un espace donné. (Campagne : haie, champs, ferme, balle de foin, paille, vendange...)

On peut aussi proposer le jeu du petit "reporter" : au retour d'une sortie au cours de laquelle on a particulièrement demandé à chaque enfant d'observer un bâtiment (ville), un arbre (campagne) ou un animal (zoo), on demande à chaque enfant de faire aux autres une description la plus précise possible de son sujet d'observation.

Découvrir le monde

■ Thèmes de sorties liés à l'environnement immédiat des enfants

– Les habitations,
– les chemins et les routes,
– les bâtiments publics (école, église, hôpital, bureau de poste, gare…),
– les commerces,
– les signalisations,
– l'évolution du quartier : prendre conscience des transformations créées par les actions des hommes (constructions, démolitions…).

■ Thèmes liés à l'espace lointain

Les disparités culturelles de la classe peuvent être mises à profit de façon concrète et vivante (voir p. 149). Participez aux actions École/Médecins du monde. Elles ont pour vocation d'associer les enfants à l'aide humanitaire.

Cette occasion de sensibiliser vos élèves aux droits de l'Homme, aux droits des Enfants, aux problèmes de l'humanité est en même temps une façon concrète de leur parler de pays lointains.

Des informations parviennent dans les écoles, et des outils pédagogiques peuvent être commandés pour vous aider à mettre en œuvre ou à enrichir ce projet.

■ Thèmes liés à la pollution et à la protection de l'environnement

Des événements locaux ou nationaux peuvent vous servir de point de départ.

De même que l'observation des alentours de l'école (présence d'usines à grosses cheminées, rivière à "inspecter", usine de retraitement des déchets…).

Enfin, vous pouvez faire participer votre classe à des initiatives organisées par des associations de protection de la nature.

LES GRANDS DOMAINES D'ACTIVITÉS

▶ APPROCHE DU TEMPS

"L'époque historique" étudiée en maternelle est très courte : chronologie d'une activité d'une heure, la demi-journée, la journée, hier, aujourd'hui, demain… L'enfant se situe dans le temps proche. Pour ce qui est des événements historiques, l'enfant de maternelle se contente pour le moment de les situer "il y a longtemps", c'est-à-dire dans le même univers que les gens relativement âgés qu'il côtoie (grands parents, par exemple) ou "il y a très longtemps", c'est-à-dire dans le même univers que les contes de fées. Il est essentiel de montrer fréquemment des traces tangibles du passé (costume, outil, monument, arme…) et de toujours situer les périodes et les objets les uns par rapport aux autres, sans avoir peur de répéter inlassablement.

■ La chronologie

Réalisation d'un bricolage, bain de la poupée, recette de cuisine permettent de mettre en évidence l'existence de l'ordre chronologique et son importance (si on cuit les pommes de terre avant de les couper en frites, on n'obtient pas du tout des frites, et si on lave la poupée avant de la déshabiller, on fait la lessive en même temps !).

La remise en ordre d'images séquentielles est une activité fréquente en maternelle. Ne dépassez pas 3 ou 4 étapes en PS et augmentez progressivement en GS. Légendez les étapes (sous la dictée des enfants) et utilisez les mots "titre", "début" et "fin" ; "avant", après", "pendant", "en même temps", "ensuite"…
Les frises séquentielles constituées sont linéaires. Vous pouvez aborder la notion de "passage à la ligne" lorsqu'elles deviennent trop longues, avec les plus grands (voir schémas ci-contre).

Découvrir le monde

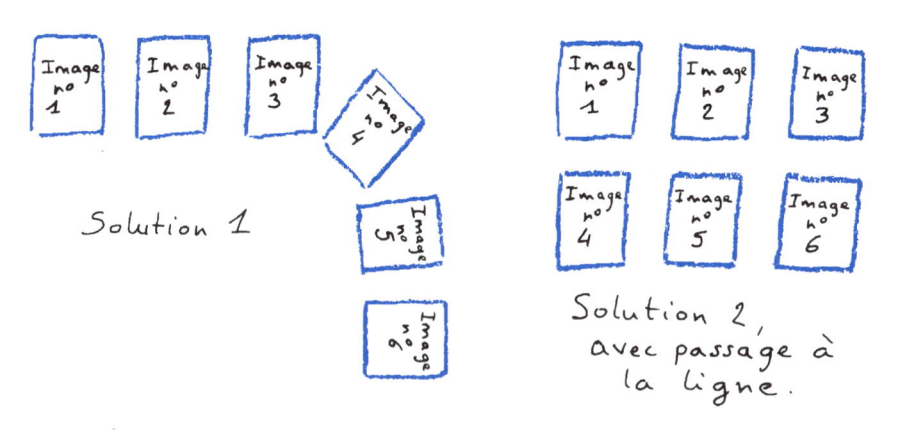

[Schéma : Solution 1 (images n° 1 à 6 disposées en colonne qui tourne) et Solution 2, avec passage à la ligne (images n° 1 à 3 sur une ligne, n° 4 à 6 sur la ligne suivante).]

Les images peuvent être des dessins proposés par le maître ou faits par les enfants, mais aussi des photos prises au cours d'une activité dans la classe ou d'une sortie. Quelques thèmes : du bébé au vieillard, de la graine à l'arbre, la construction d'une maison (ou sa démolition !), l'ordre d'enfilage des vêtements... Les thèmes peuvent être propices à des développements humoristiques (ex : un repas tout désordonné où l'on commencerait par le dessert).
Cette activité peut intervenir absolument dans tous les domaines (artistique, scientifique, historique...).

■ Le passage, la durée, les rythmes du temps
• **La durée**
La durée est une perception difficile à acquérir à l'âge de la maternelle (durée d'une action, d'un son... utilisez le sablier, le minuteur...).
Vous pouvez fabriquer la bande des jours, des semaines, des mois, à l'aide des feuillets de l'éphéméride du commerce.
Collez les pages successives, jour après jour, sur une longue bande de papier qui peut contenir 31 jours. Collez ensuite ou punaisez les bandes des mois les unes au dessous des autres, chaque fois qu'un mois est terminé.

LES GRANDS DOMAINES D'ACTIVITÉS

RANGEMENT EN MUSIQUE
Les jours de grand déballage, vous pouvez proposer que tout soit rangé quand la petite musique sera finie, ou quand deux petites musiques seront finies.

Faites comparer la longueur des semaines, la longueur des mois. Soulignez le rythme du retour des jours de la semaine, des événements réguliers (jour de piscine, jour de bibliothèque...). Verbalisez : une bande fait un mois, toutes les bandes font une année, etc.

La totalité des feuillets collés permet aux enfants de visualiser ce qui serait bien abstrait sinon : la totalité des 12 mois d'une année. Montrez le panneau des années précédentes. Soulignez le retour de l'anniversaire de chacun.

LE RYTHME DES SAISONS
Prenez des photos des enfants jouant dans la cour à différentes périodes de l'année, en soulignant les différences liées aux saisons (arbres en fleurs ou sans feuilles, neige, pluie, vêtements, nature des jeux, indices précis, comme l'arbre de Noël, les œufs de Pâques, les poissons d'avril...).
À la fin de l'année, sélectionnez les plus évidentes, en nombre croissant selon le niveau des enfants, et demandez aux enfants de reconstituer l'histoire de leur année d'école, en la liant aux saisons.
On peut utiliser la bande des jours, semaines et mois pour tenter d'y replacer les photos.

Cet "outil" peut servir pour de nombreux jeux de mathématiques. Combien de jours dans une semaine ? Combien de mois dans l'année ? Quel est le troisième mois de l'année ? Le cinquième ? Le mois de mars finit un jeudi, cette année : combien de jours manque-t-il à la dernière semaine du mois de mars ?

Découvrir le monde

■ L'âge

Une approche de l'âge peut se faire avec la famille : grands-parents, parents, frères, sœurs (génération – arbre généalogique).
Travaillez à partir de photos, mais attention aux situations familiales "délicates". Si vous savez que de telles situations existent dans votre classe, choisissez de faire réaliser collectivement l'arbre généalogique d'un personnage de conte, par exemple.

■ Hier et aujourd'hui

La motivation peut être apportée par les médias (actualité – commémoration d'événements historiques), par des publications destinées aux enfants (dessins animés, journaux, BD...) par les ressources locales (musée, grotte préhistorique, mégalithe, château) et les ressources humaines (grand voyageur, pilote de ligne, militaire de carrière)...

• Le temps présent

• Le marché en plein air (les différents commerces : alimentaire, non alimentaire, les commerçants, les produits vendus, les jours de marché dans la semaine, le trajet de l'école au marché : à pied, en utilisant les transports en commun).
• Un événement lié à la communauté européenne (le drapeau européen, à chaque pays son drapeau, sa monnaie, sa langue).
• Utilisez les jumelages de votre ville (folklore, vie quotidienne, situation géographique, lecture de carte... de la ville jumelée).

• Le temps passé

Comparer la vie quotidienne des enfants de l'époque actuelle avec celle des époques du passé (Préhistoire, temps des Gaulois, Moyen Âge...). Parlez de ce qui est le plus concret : vêtements, nourriture, maisons, moyens de transport.
Les recherches peuvent aboutir à diverses productions : fresques murales, tapisseries, défilé de carnaval, spectacles de fin d'année.

LES GRANDS DOMAINES D'ACTIVITÉS

▶ APPROCHE DU CORPS

■ Démarche générale

Partez de situations fortuites ou provoquées toujours en relation étroite avec la vie quotidienne de l'enfant :
– les chaussons devenus trop petits,
– la visite médicale,
– une naissance dans la famille d'un enfant,
– vous portez des lunettes,
etc.

Vous pouvez également mettre à profit la séance d'observation d'un animal pour faire établir des comparaisons : dents de l'animal / est-ce que tous les animaux ont des dents ? / nos dents ; museau de l'animal / notre nez ; pattes / pieds ; façon de manger ; mode de vie...

Laissez vos petits élèves construire leur savoir par tâtonnements, expérimentations, questionnements. Amenez-les à s'interroger sur le fonctionnement global de leur corps. La démarche la plus fréquente comporte quatre phases :

1	2	3	4
Vous cherchez d'abord à connaître ce que les enfants pensent ou savent sur le sujet. Faites-les éventuellement dessiner : cela les aidera à s'interroger.	Vous les aidez à organiser leurs connaissances et à utiliser leurs acquis.	Vous insistez sur l'activité comme moyen de découverte, mais vous vous servez aussi de documents pour apporter des réponses claires et précises (livres illustrés, diapositives, films documentaires, émissions de télévision).	Vous terminez par une petite synthèse : ce que nous avons appris. Cette synthèse peut se traduire par un dessin ou un texte mis au point collectivement.

Découvrir le monde

■ Une représentation du corps : le géant

Cette activité peut servir pour les trois niveaux de la maternelle. Il s'agit de fabriquer un pantin géant (environ 2 m) de carton, à utiliser comme référence ou comme "lieu" d'affichage dans de très nombreuses occasions de l'apprentissage du corps humain.

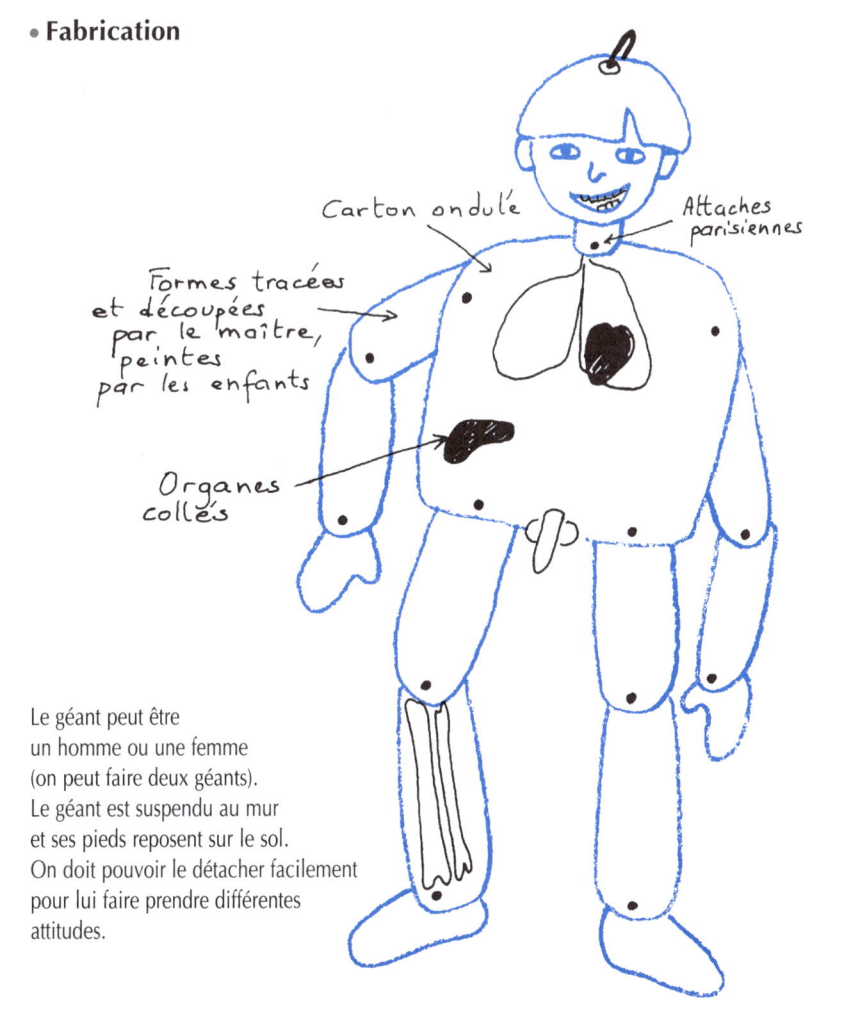

• **Fabrication**

Carton ondulé

Attaches parisiennes

Formes tracées et découpées par le maître, peintes par les enfants

Organes collés

Le géant peut être
un homme ou une femme
(on peut faire deux géants).
Le géant est suspendu au mur
et ses pieds reposent sur le sol.
On doit pouvoir le détacher facilement
pour lui faire prendre différentes
attitudes.

• Accessoires possibles

Ces accessoires sont à fabriquer tout au long de l'année et à mettre en place au fur et à mesure des découvertes et des apprentissages (avec du ruban adhésif repositionnable) : un cœur, des poumons, des intestins, un foie...

En fin d'année, on peut jouer à retirer tous les organes, à les reconnaître et à les replacer au bon endroit.

On peut aussi attribuer un sexe au géant, faire un fœtus...

On peut enfin lui mettre des lunettes, une prothèse dentaire, un appareil de surdité. On peut lui administrer des médicaments, lui faire des piqûres ou des opérations, lui mettre un plâtre s'il s'est cassé une jambe, etc.

Tous ces ajouts, toutes ces interventions doivent être motivés par un événement de la classe ou de la vie familiale d'un enfant, et uniquement si l'événement en question a fait l'objet d'une discussion et d'un travail de recherche en commun.

On peut aussi décider de donner une dimension plus affective au géant en lui attribuant des vêtements, des accessoires (animal de compagnie, instrument de musique) et en l'utilisant dans les spectacles.

■ Jeux de découverte des sens

• Jeu des odeurs

Faites humer différents produits, alimentaires ou non (café, banane, papier, citron, camembert, menthe, thym, lavande, eau de fleur d'oranger, herbe coupée, œuf dur, pain grillé...).

De préférence, limiter à trois ou quatre le nombre d'odeurs utilisées, à chaque fois. Faire prendre conscience de la notion d'intensité : ne sent rien, de faible odeur, d'odeur forte.

Pour les produits non alimentaires et qui peuvent être dangereux, placer des cotons imbibés dans des petites bouteilles en verre dont vous boucherez le goulot avec un filet de protection (morceau de moustiquaire) pour éviter tout accident. Attention bien sûr de ne pas utiliser de produits dont l'inhalation est toxique ou simplement irritante !

Découvrir le monde

Vous pouvez aussi demander aux enfants d'apporter des objets odorants de chez eux.

Enfin il existe dans le commerce plusieurs lotos des odeurs. Sans avoir besoin de grands moyens de départ, vous pouvez mettre en place vous-même différentes situations de jeu :

– Dans une série de récipients contenant de l'eau, retrouver celui qui contient de l'eau de fleur d'oranger.

– Retrouver deux odeurs jumelles sur des petits buvards, en éliminant deux autres buvards imprégnés de deux odeurs différentes.

– Cacher un petit coussin rempli de fleurs de lavande parmi une pile d'autres coussins. Un ou deux enfants, à tour de rôle, doivent le retrouver. Attention, un autre enfant chronomètre !

– Classer quatre flacons selon la notion d'intensité de l'odeur.

• Loto tactile

Dans un grand sac commun à tout le (petit) groupe, on met des morceaux de différents matériaux : rugueux, lisse, duveteux, strié, piqueté... Chaque enfant a devant lui une plaque portant trois ou quatre de ces matériaux. Les plaques sont toutes différentes. Chaque enfant tire du sac les morceaux qui, au toucher, lui paraissent semblables à ceux de sa plaque. Le gagnant est celui qui a tout rempli.

• Jeux sur l'ouïe

– Établissez un silence total dans la classe (c'est déjà, en soi, un jeu sur l'ouïe !). Puis allumez la radio dont vous avez complètement baissé le son. Montez le son très progressivement. Les enfants doivent vous stopper en levant la main au moment où le son devient audible. Vous lâchez le bouton et tout le monde essaie de comprendre ce que l'on entend. Si ce n'est pas possible, on monte encore un peu.

– Jeu de reconnaissance de bruits : posez quelques objets sur la table (cuillère en bois, boîte de conserve, peigne, bocal transparent fermé contenant des grains de riz...). Faites observer les objets puis demandez aux enfants de se retourner. Émettez alors un bruit avec l'aide d'un ou

de deux des objets. Les enfants écoutent puis tentent de deviner ce que vous avez utilisé. Chaque fois qu'un enfant émet une hypothèse, il vient lui-même la vérifier en utilisant les objets qu'il a cités. On peut alors discuter tous ensemble pour savoir si c'est bien le bon bruit ou si c'était un bruit plus fort, plus doux, plus métallique…
On peut faire le même jeu avec des instruments de musique, dans le cadre d'une activité plus directement tournée vers l'initiation artistique.
– Jeu de l'écho : il s'agit d'une variante du précédent. Au lieu de dire ce qu'il entend, l'enfant tente de reproduire le son directement avec le même matériel (distribué à tous les participants).

▶ PLANTES ET ANIMAUX

Ici encore, on peut partir d'événements fortuits : une plante de la classe se dessèche et meurt ; on en profite pour se poser des questions, faire des suppositions, les tester sur une autre plante… L'observation du monde vivant se fera alternativement en partant de l'aire d'élevage et nature (voir p. 110), des sorties (et éventuellement des classes de découverte) ou de documents audiovisuels. Dans tous les cas, il est essentiel de partir des remarques des enfants, même si elles ne sont pas toujours de nature à permettre des découvertes importantes ou à faire en une seule fois le tour de la question. N'influencez pas les hypothèses et ne forcez pas la rationalité. On apprend aussi la démarche expérimentale en faisant des expériences "inutiles". Ce qui est important, c'est de faire à chaque fois des commentaires et un bilan. "Qu'avons-nous appris ? Avons-nous la réponse à notre question ? Sinon, comment (où) pourrions-nous trouver cette réponse ?" Si vous sentez que l'intérêt s'émousse, annoncez que l'on reviendra plus tard (ou un autre jour) sur le sujet.

■ Plantes faciles à cultiver en maternelle

Celles qui poussent très vite et demandent peu de place : radis, haricots, lentilles, persil, herbe à chat, cresson.
Celles qui se bouturent facilement : misère, géranium, menthe (planter

Découvrir le monde

simplement un petit bout de tige dans de la terre bien humide, avec de la poudre à boutures que l'on trouve chez tous les grainetiers). Vous pouvez laisser les enfants expérimenter librement en mettant en terre toutes sortes de boutures. Établissez ensuite tous ensemble un tableau à double entrée réunissant les expériences de toute la classe et précisant quelles sont les plantes que l'on peut (que l'on ne peut pas) bouturer.
Cultures de bulbes : jacinthe, jonquille, tulipe.
Pensez aussi à semer les pépins de pomme après la séance d'épluchage pour la compote et, d'une manière générale, tout ce qui peut être semé (pépins d'oranges du goûter, glands récoltés en promenade, noyaux divers).

■ Une culture spectaculaire : la citrouille

Si vous avez la chance de disposer d'un petit coin de terre en plein air, faites récupérer par les enfants des graines de citrouille que vous ferez germer dans une assiette, entre deux couches de coton imbibé d'eau. Lorsque le germe soulève le coton, plantez la graine dans un trou de trois fois sa hauteur. Ajoutez un peu de terreau si la terre ne semble pas très riche. Arrosez puis... oubliez ! Au bout de quelques semaines, emmenez les enfants sur le lieu de culture : surprise ! Une petite tige et deux feuilles sont apparues. Déterrez l'une des graines pour voir ce qui s'est passé sous terre. Puis oubliez de nouveau pendant quelques semaines. La plante grandit, lance une longue ramification qui court sur le sol, s'accroche par de nouvelles racines, se tortille et se couvre de feuilles qui deviendront aussi grandes que des tabourets. Revenez de temps en temps avec les enfants : chaque fois la surprise et la jubilation sont énormes !
À la fin du printemps, des fleurs apparaîtront, puis de minuscules citrouilles, à la base des fleurs. Quant aux fruits mûrs... c'est à la rentrée que vous pourrez les récolter ensemble, pour faire une soupe, ou des têtes de sorcière.

LES GRANDS DOMAINES D'ACTIVITÉS

■ Jeux à propos des animaux

• L'animal secret (en GS)

Réalisez de grandes cartes portant le dessin ou la photo de nourritures d'animaux, d'abris, ou le symbole trouvé en commun de modes de déplacement, de modes de reproduction, de milieux. Le jeu peut ensuite commencer : un enfant sélectionne (avec votre aide au besoin) les cartes qui correspondent à l'animal qu'il veut faire découvrir aux autres enfants de la classe. On cherche tous ensemble et on complète éventuellement sa sélection. On peut ensuite dessiner l'animal.

Variante : chaque enfant doit réunir le plus rapidement possible toutes les cartes qui concernent un animal tiré au sort.

• Les devinettes des animaux

Le maître donne à la classe des indices qui doivent permettre de découvrir un animal ("J'ai des sabots, mais pas de cornes ; j'ai de grandes oreilles et je suis tout gris. Qui suis-je ?")

• Dessins à consignes

Dessiner des animaux à fourrure, des animaux qui volent, qui chassent... les enfants peuvent trouver eux-mêmes d'autres consignes.

• Loto des animaux familiers

Ce jeu vous demandera un peu de préparation. Découpez dans des magazines spécialisés des photos d'animaux (une quinzaine pour les PS, une trentaine pour les plus grands). Collez-les sur des cartes de bristol. Photocopiez les cartes en en plaçant chaque fois 3 différentes (ou 6 pour les plus grands) côte à côte : vous obtiendrez les 5 cartons-supports du jeu. Le jeu pourra donc se pratiquer par groupes de 6 : un tireur qui piochera et annoncera l'animal pioché et 5 joueurs qui chercheront s'il n'ont pas à placer cet animal sur leur carton-support.

On peut corser le jeu en faisant correspondre non plus l'animal et sa photocopie, mais l'animal adulte et son petit (deux photos à découper chaque fois).

Découvrir le monde

▶ L'UNIVERS DES OBJETS ET DE LA MATIÈRE

■ Éveiller l'esprit scientifique

Veillez à mettre entre les mains des enfants le plus grand nombre possible d'outils et permettez-leur d'expérimenter librement : balances de différentes sortes, minuteurs, sabliers, pendule, horloge, réveil, récipients doseurs, moulins à légumes, râpes à fromage, moulin à café ancien, essoreuse à salade, magnétophone, visionneuse, thermomètre, baromètre, jouets à clé et jouets téléguidés, outils de bricolage d'adulte (vrille, vilebrequin, tournevis, pinces, tenailles... à essayer en votre présence), et aussi règles de toutes sortes, aimants, lampes, boussoles, kaléidoscope…

Donnez aux enfants l'occasion de toucher et de transformer de très nombreux matériaux : bois, terre, mais aussi papier d'aluminium, polystyrène expansé, éponge, bandes plâtrées...

■ L'outil et sa fonction

Posez sur la table une série d'outils et différentes matières. Faites établir des relations outil/matière. Faites chaque fois découvrir la fonction de l'outil et nommez les transformations possibles. Soulignez les particularités de forme ou de construction des outils liées à leur fonction. Cette activité peut servir de point de départ à une initiation à la sécurité (voir p. 134).

Variante : glisser une matière "intruse" qu'aucun outil présent ne peut transformer ou un outil "intrus" (ouvre-boîtes sans boîte, tournevis sans vis, aiguille sans fil...).

Le jeu peut aussi être simplement verbal et humoristique : "Je coupe mon pain avec un râteau", dit le maître. Les enfants doivent rectifier et être précis. Le rire ajoute au plaisir des découvertes.

On peut, pour toutes ces activités, utiliser des cartes de jeu : découper des magazines ou des catalogues de bricolage, puis coller la photo de l'outil, de l'appareil, de l'instrument...

LES GRANDS DOMAINES D'ACTIVITÉS

■ Découverte dirigée

Un objet précis peut servir de thème pour toute une série de jeux de découverte. On en explore alors les différentes particularités.

• Le miroir

- Se diriger dans un circuit en marche arrière avec un miroir comme rétroviseur.
- Capter la lumière du soleil et la diriger pour "toucher" un adversaire qui doit tenter d'échapper au faisceau.
- Se servir du miroir pour lire son nom écrit à l'envers par le maître (le nom de tous les enfants est écrit à l'envers sur des feuilles différentes et il s'agit de retrouver le sien parmi les autres)...

• L'aimant

- Jeu des "captures" : chaque enfant doit attirer le plus possible d'éléments jusque dans son camp, à travers le support, ou, au contraire, en repousser vers le camp de l'adversaire.

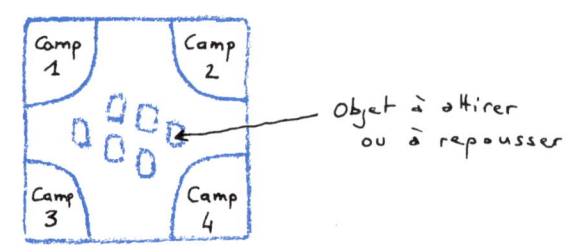

- Faire monter le long d'une vitre, en l'aimantant de l'autre côté, un petit pantin en papier collé sur un trombone.
- Aimanter une aiguille pour faire une boussole...

• La moustiquaire ou le grillage fin

- Fabriquer un tamis pour le sable.
- Faire du mouchetis en frottant un brosse à dent pleine de peinture sur un morceau de moustiquaire, au-dessus d'une feuille de papier à dessin.
- Faire du canevas avec de la laine...

Découvrir le monde

• Jeux d'ombre, de lumière, de vent...

• Fabriquer un petit théâtre d'ombres (formes très simples dessinées puis découpées dans du carton). Une grande feuille de papier fixée à un fil par des pinces à linge fournira l'écran. On fait le noir dans la pièce et on éclaire l'écran par derrière à la lampe de poche.

> Chaque fois, demander aux enfants ce que l'on pourrait encore faire d'autre avec cet objet. Trouver de nouvelles utilisations les obligera à s'interroger sur les particularités et les propriétés spéciales de l'objet.

• Profiter d'une séance de projection pour utiliser l'écran et la source lumineuse et faire des ombres chinoises avec les mains. Chaque enfant peut jouer à son tour.
• Fabriquer un cadran solaire (après en avoir d'abord fait observer un aux enfants à différents moments de la journée).

CONSTRUIRE UN MOULIN À VENT

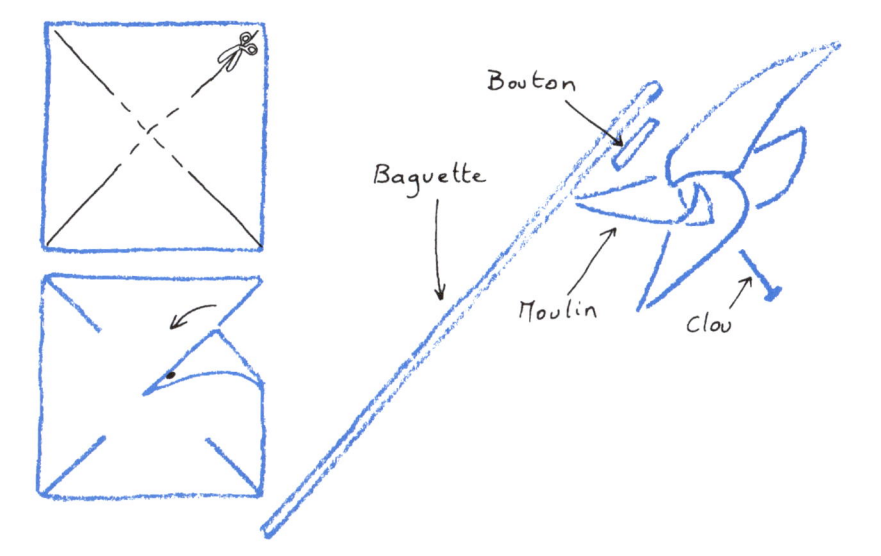

DES ACTIVITÉS, DES OCCASIONS POUR FAIRE "DÉCOUVRIR LE MONDE" AUX ENFANTS

■ La cuisine : tout apprendre sans s'en rendre compte

• **Une activité très pratiquée à l'école maternelle**

La cuisine est une activité quasi inclassable tant elle est riche d'enseignements variés.

À l'occasion des fêtes, des anniversaires, des rencontres (correspondants, élèves de l'école primaire, parents), de l'utilisation des produits du jardin, de situations fortuites ou provoquées : apport des enfants, visite au marché… la cuisine se pratique dans un climat de jeu, de

---

EXEMPLES D'OCCASIONS D'APPRENTISSAGES OFFERTS PAR L'ACTIVITÉ "CUISINE"

Communication / langage / écriture / lecture

Expliquer une recette oralement.
Utiliser une recette codée.
Créer une nouvelle recette, la coder.
Lire les menus de la cantine.
Élaborer des invitations.
Mettre à jour le cahier de recettes individuel (on y colle ses recettes codées ; on peut l'emporter à la maison ; on peut y faire inscrire une proposition de recette de la famille pour la classe).

Mathématiques

Trier, classer (produits, aliments).
Peser, mesurer, utiliser des instruments de mesure (verre gradué, balances diverses).
Se repérer dans le temps (à chaque fête sa recette).
Maîtriser la chronologie (différentes étapes de la recette, images séquentielles : on peut éventuellement proposer aux plus grands une recette dans le désordre à remettre dans l'ordre).

Sciences et technologie

Les familles d'aliments.
Premières notions de diététique.
L'absorption d'aliments, la digestion.
Les changements d'état des aliments (solidification, fusion, cuisson, mélanges, etc.).
La conservation des aliments.

Arts plastiques

Décorer les fiches de cuisine.
Illustrer le cahier de recettes.
Décorer une nappe, des sets…

Découvrir le monde

convivialité, de travail en commun consenti, d'attention, d'entraide, propices à faire naître la confiance chez les enfants les moins assurés. Elle vous permet d'adapter à chaque niveau et à chaque enfant les difficultés et les responsabilités.

Selon l'organisation de l'école, l'achat des ingrédients se fait avec la coopérative scolaire ou par les familles (en totalité ou en partie).

La recette sera lue, codée ou décodée la veille du "jour de cuisine" afin de prévoir avec les élèves les ingrédients nécessaires et de demander éventuellement à chacun d'apporter des produits pour le lendemain.

• Codage et décodage de recettes

Voici des exemples de recettes codées. En PS et en MS, vous pourrez élaborer vos recettes de cette façon et les enfants auront pour mission de les décoder. En GS, ils pourront eux-mêmes coder leurs recettes (que vous utiliserez ensuite éventuellement avec les petits).

Une simple liste d'ingrédients et de proportions.

LES GRANDS DOMAINES D'ACTIVITÉS

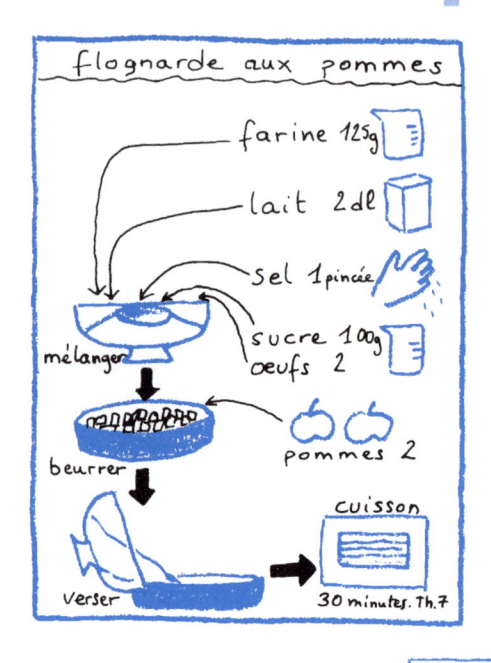

flognarde aux pommes

- farine 125g
- lait 2dl
- sel 1 pincée
- sucre 100g
- œufs 2
- pommes 2

mélanger → beurrer → verser → cuisson 30 minutes. Th.7

La chronologie des opérations apparaît.

sablés

1. farine 120g
2. beurre 80g
3. sucre 50g
4. pétrir et rouler en boule
5. étaler la pâte
6. découper les sablés dans la pâte
7. cuisson 15 mn. Th.6

La chronologie est matérialisée par des numéros d'ordre des opérations.

Découvrir le monde

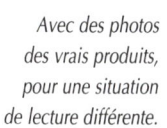

Avec des photos des vrais produits, pour une situation de lecture différente.

> **gâteau au vin blanc**
>
> OO œufs 2
>
> sel
>
> sucre 200g
>
> huile 8 cl
>
> vin blanc 10 cl
>
> farine 200g +
>
> 30mn. Th 6

■ Les fêtes traditionnelles

Les fêtes sont un excellent support d'activités à l'école maternelle : elles permettent de transmettre une tradition culturelle ; elles sont communes aux familles et à l'école et constituent un "pont" entre la maison et la classe ; elles sont parfois médiatisées ou célébrées par la ville ou le pays, ce qui apporte aux jeunes enfants une occasion d'ouverture sur le monde extérieur et de participation à la vie des adultes.

LES GRANDS DOMAINES D'ACTIVITÉS

LES FÊTES ET LEUR UTILISATION

Fête	Langue orale	Graphisme/écriture	Maths
NOËL	– L'hiver – La légende du Père Noël – Le sapin – Les traditions dans le monde – Les souhaits à formuler – Les étrennes	– Lettre au Père Noël – Cartes de vœux – Recettes traditionnelles à coder – Affiches	– Calendrier de l'avent – Formes – Algorithmes décoratifs – Calendriers d'autres religions
LES ROIS	– Coutume et histoire – La galette, la fève – Vocabulaire lié aux rois, reines, châteaux	– Décoration de la couronne – Affiches pour annoncer la fête – Programmes de déroulement	– Algorithmes décoratifs – Jeu de cartes – Correspondances terme à terme – Mesurer le tour de tête
CARNAVAL	– Thème choisi pour le carnaval – Déguisements – Tradition du roi Carnaval – Les expressions du visage – Personnages de farce (Arlequin, Polichinelle, Pierrot...)	– Décoration des déguisements	– Itinéraire du défilé
PÂQUES	– Le printemps – L'œuf	– Décoration des œufs	– Itinéraire, fléchage – Chasse au trésor
FÊTE DES MÈRES (DES PÈRES)	– Poésie	– Cartes	– Utilisation de la toise – Tableau des tailles des enfants de la classe – Chronologie de la vie : le bébé, l'enfant, l'adolescent, etc.

Découvrir le monde

Fête	Histoire et géographie	Éducation arstitique	Sciences et technologie
NOËL	– Nouvel an à travers le monde – Noël à travers le monde	– Paysages d'hiver – Décorations de Noël en pâte à sel – Fabrication d'un calendrier, d'une éphéméride – Chants de Noël, poésie	– Cuisine : chiffres en chocolat, bûche de Noël, menu de Noël – Notion de circuit électrique (guirlande d'ampoules)
LES ROIS	– L'époque des Rois mages – L'époque des châteaux, des rois et des reines	– Découverte de portraits de toutes les époques	– Parcours d'orientation – Les étoiles
CARNAVAL	– Carnaval dans le monde – Déguisements de tous les pays	– Le portrait – La musique du défilé – Musiques de défilés du monde – Maquillages – Masques décorés (pâte à papier, terre, plâtre...)	– Cuisine : crêpes, beignets... – Accessoires : chapeaux, instruments de musique – Masques, loups – Costumes
PÂQUES	– Pâques à travers le monde et dans les différentes cultures et religions	– Paysages de printemps	– Recettes à base d'œufs – Les différentes familles d'aliments, éveil à la diététique – Fabrication de récipients pour les œufs (paniers, cornets, sacs...)
FÊTE DES MÈRES (DES PÈRES)	– Le carnet de santé (page naissance) (photocopie demandée aux parents) ; poids et taille du bébé que l'on a été, date de naissance, anniversaire, lieu de naissance...	– Poésie, chants	– Fabrication de la toise – Cadeau à offrir

LES GRANDS DOMAINES D'ACTIVITÉS

Pour chaque thème, un travail de lecture est abordé : recherche d'écrits concernant le sujet (dans les familles, à la BCD, dans les journaux, les magazines, fichiers, recettes, poésie...).
Un album-classeur peut être réalisé à l'occasion de chaque fête. Il décrit la chronologie de l'événement, de la préparation à l'aboutissement, à l'aide de dessins, d'écrits, de découpages d'articles divers, de photos.

Attention à la "prise d'élan" : ne commencez à préparer une fête ni trop tôt ni trop tard... Par exemple, il faut bien quatre bonnes semaines pour mettre en place la décoration de Noël dans la classe et dans l'école. Le mieux étant bien sûr d'avoir encore quelques jours, quand tout est terminé, pour en profiter. Pour les Rois, en revanche, sitôt de retour des vacances de Noël, il faut se précipiter. En une semaine, tout est pratiquement terminé : les couronnes sont faites et les galettes mangées !
Quand la fête est finie, faites place nette. Le temps qui passe sera mieux matérialisé. Et puis, c'est un peu déprimant de voir de vieilles guirlandes de Noël poussiéreuses et effilochées pendouiller au plafond du mois de mai.

- **Un exemple de démarche pour le 1er avril**

Avant de commencer toute exploitation de fête, racontez-en l'origine aux enfants. On trouve cela assez facilement, souvent avec des histoires différentes, dans des livres sur les traditions populaires ou dans un almanach.

Découvrir le monde

EXEMPLE D'ORGANISATION POUR L'EXPLOITATION DU 1er AVRIL

LANGUE ORALE
- Recherche de ce qu'est une farce.
- Inventer des histoires drôles.
- Observation, description de poissons.

PRODUCTION D'ÉCRITS
- Création de textes :
  – histoire drôle (livre, BD),
  – comptine humoristique,
  – règle du jeu d'une pêche à la ligne.

GRAPHISME
- Décoration de poissons.

LECTURE
- Recherche de documents :
  – se rapportant aux poissons,
  – traduisant une situation drôle (contes, poésies, comptines).

FÊTE DU 1er AVRIL

MATHÉMATIQUES
- Tris, classements.
- Numération.
- Correspondance terme à terme.

ARTS PLASTIQUES
- Fabrication de poissons en volume.
- Modelage de poissons : terre, pâte à sel.
- Peintures, encres : travail sur les couleurs, la transparence, les mélanges.

CUISINE
- Poissons en pâte sablée, en pâte feuilletée.

SCIENCES ET TECHNOLOGIE
- Vie animale : le poisson de l'école, film documentaire (milieu marin).
- Construction de cannes à pêche : crochets, aimants.
- Jeux d'enfants : objets à pêcher (flottaison).
- Fabrication d'un mobile-poissons (équilibre).

LES GRANDS DOMAINES D'ACTIVITÉS

■ Tirer parti des événements fortuits

Sachez vous servir de l'occasionnel... Voilà que le petit René a apporté en plein hiver un énorme coquillage où l'on entend la mer lorsqu'on le colle à son oreille. Ce jour-là, oubliez votre préparation de classe minutieusement pensée, rédigée la veille, et improvisez, sans pour autant vous laisser déborder (pensez à faire un bilan le soir même).

BILAN TYPE D'UN SOIR D'IMPROVISATION

Nature du fait fortuit :

Emploi du temps de la journée découlant de l'exploitation improvisée :

Apprentissages suscités :

Temps morts ou inutiles :

Échecs, difficultés (et moyens éventuels que vous envisagez, *a posteriori*, pour les éviter) :

Idées nouvelles qui vous viennent au moment du bilan, qui pourront éventuellement servir si le cas se reproduit ou qui peuvent servir dès maintenant de point de départ pour un thème à exploiter plus longuement :

Afin de vous permettre d'enrichir, d'illustrer spontanément ce sujet inattendu, ayez toujours sous la main une documentation variée (revues, manuels, photographies, poésies, comptines, contes) et utilisez la BCD avec les élèves. Cette documentation ne peut bien entendu être réunie dès la première année. Vous l'accumulerez petit à petit.

Découvrir le monde

EXEMPLE DE TABLEAU À CONSTITUER PROGRESSIVEMENT À PROPOS DES ÉVÉNEMENTS FORTUITS ET DE LEURS EXPLOITATIONS POSSIBLES

Ce tableau est à compléter au fur et à mesure de vos propres expériences.
Il peut servir de point de repère, mais ne doit pas être utilisé comme grille d'exploitation, l'intérêt essentiel du fait fortuit résidant justement dans la vivacité de l'improvisation.

ÉVÉNEMENT	LISTE D'EXPLOITATIONS POSSIBLES
	(Il ne s'agit pas de tout faire chaque fois, mais de choisir, parmi les possibles que l'on a répertoriés, ceux qui sont les plus adaptés à tel groupe d'enfants, à telle circonstance...)
1. Un enfant arrive avec un animal : escargot, ver de terre, têtard, oiseau, tortue...	1. L'animal : observation – description. Questionnement sur le mode de vie, le milieu, le pays d'origine... Différences – ressemblances avec les autres animaux connus. Recherche de documents à la BCD. Projet : construire un terrarium (si la classe n'en possède pas). Approche des fonctions du vivant (croissance, locomotion, nutrition, reproduction). Respect des animaux "sauvages" et de l'environnement. Point de départ pour l'aménagement d'un coin élevage.
2. Un enfant est malade... il vomit.	2. Le malade : on s'interroge : • Pourquoi ? maladie, indigestion. • Que mangeons-nous ? (Variété des aliments.) • Quand mangeons-nous ? (Différents repas quotidiens – manifestation de la faim.) • Quel peut être le trajet de la nourriture à l'intérieur du corps ? (Faites le point sur les représentations des enfants.) Importance des dents pour mastiquer. On recherche des documents. On réfléchit sur les règles d'hygiène de l'alimentation (régularité des repas, composition). Classification des aliments. Jeux sensoriels sur le goût.

LES GRANDS DOMAINES D'ACTIVITÉS

(suite)	
	Approche de la diététique (bien manger pour bien vivre !). La digestion. L'hygiène dentaire. Point de départ pour un éveil plus approfondi à la biologie. La faim dans le monde.
3. Un autre doit porter des lunettes de vue.	
4. Un autre s'est blessé… il saigne.	
5. Les chaussures sont devenues trop petites…	
6. Le hamster de la classe a des petits…	
7. Un panier de châtaignes vous attend…	
8. Ce matin, il neige…	
9. Le canari est mort dans la nuit…	

Remarque : *ne pervertissez pas cette improvisation nécessaire et cette spontanéité en tombant dans l'excès de l'anecdote, du "zapping" systématique. Il y a aussi de nombreux moments où maturation et préparation des activités sont indispensables.*

Imaginer, sentir, créer

▶ L'ÉDUCATION ARTISTIQUE EN MATERNELLE

Il s'agit d'amener les enfants à rencontrer les arts, à éprouver des émotions et à découvrir les moyens de différentes pratiques artistiques. Deux domaines sont obligatoirement présents en maternelle : arts plastiques et musique. Mais toutes les ouvertures artistiques (danse, théâtre...) sont les bienvenues à cet âge.

■ Éducation musicale

Elle se traduit au cycle 1 par l'acquisition d'un répertoire vocal simple, par la pratique de jeux vocaux à partir de comptines, de chansons ou de poèmes, par la sonorisation de contes... Les chansons peuvent faire l'objet de mimes, de rondes ou d'activités instrumentales. La découverte de l'univers musical se fait également à travers l'audition d'œuvres classiques, folkloriques, instrumentales ou chantées... On affine et on cultive la perception des sons, des rythmes, des durées, des intensités.

■ Arts plastiques

L'enfant découvre et explore les formes, les volumes, les couleurs, les matières. Il utilise des procédés simples et variés de création à partir de matériaux les plus divers possibles. La création se fait à partir de consignes précises ou dans un esprit de totale liberté d'imagination.
La présentation d'œuvres tirées de toutes les époques, de tous les styles et de cultures diverses vient compléter, comme en musique, l'initiation aux arts plastiques.

LES GRANDS DOMAINES D'ACTIVITÉS

▶ MUSIQUE !

■ Instruments variés

N'oubliez pas de proposer aux enfants un contact avec des instruments de tous les types (percussions, instruments à vent, à cordes...). Mais sachez aussi inventer des instruments : on peut gratter le dos des coquilles Saint-Jacques, agiter des boutons enfilés sur des ficelles, frapper sur des ballons de baudruche ou les faire crisser avec la pulpe des doigts, frotter de gros élastiques tendus, comme des cordes de guitare... Laissez bien sûr les enfants chercher eux-mêmes des instruments. Tout peut servir (ou presque) râpe à fromage et cuillère en bois, soufflet à feu, bracelet aux anneaux multiples, tapette à mouches, tubes de matières diverses plus ou moins bouchés... La voix aussi peut être modifiée : chanter en se bouchant le nez, à travers un long tube de carton, en tenant une casserole devant sa bouche...

■ Quelques idées d'activités

• En section des petits, amusez-vous à jouer sur le timbre et l'intensité. On chante en faisant la grosse voix, ou la toute petite voix. On chante très fort ou tout bas, comme si c'était un secret.

• Avec les plus grands, jouez aux devinettes : chantez sans proférer aucun son mais en marquant très clairement le mouvement des lèvres ; ou bien fredonnez une chanson bouche fermée : il s'agit dans les deux cas de reconnaître la chanson.

• Frappez le rythme d'une chanson connue : "Quel est son titre ?"

• Vous pouvez également jouer à la partie manquante. On chante le refrain tous ensemble à haute voix et le couplet dans sa tête. Mais attention, il faut reprendre le refrain tous en chœur !

• Assis en rond, on fait circuler un rythme, un son, un frappé. En PS, c'est vous qui lancez le modèle. Ensuite, les enfants trouvent eux-mêmes des sons à faire circuler.

• Écouter les sons et écouter le silence : frappez un diapason et laissez-le sonner contre l'oreille de chaque enfant jusqu'au silence.

Imaginer, sentir, créer

- Faites tenir des sons chantés le plus longtemps possible, après avoir bien pris son souffle.
- Faites parler ou chanter les enfants, à tour de rôle, en choisissant la vitesse de leur élocution et en la faisant varier (pour cultiver la concentration et la maîtrise de celui qui chante et la finesse de l'écoute des autres).
- Faites reproduire des algorithmes de sons.

(Voir aussi *L'invention musicale à l'école maternelle* de Monique Frapat ; CNDP. CRDP de Versailles.)

■ Chants et chansons
• Avant de commencer à chanter...

Invitez les enfants à se moucher et proposez-leur des jeux qui leur permettront de maîtriser leur respiration et de jouer avec leur voix.

Vous pouvez, dans un premier temps, demander aux enfants de s'allonger sur le dos. Invitez-les à gonfler le ventre en faisant rentrer l'air par le nez, puis à l'expirer avec la bouche. Chaque enfant doit être à l'écoute de son propre rythme respiratoire. On peut vérifier que la respiration abdominale est bien en place en posant sur le ventre de chaque enfant un petit bateau en papier qui monte et qui descend en suivant les mouvements de son ventre. Ensuite les enfants s'étirent, bâillent et se relèvent doucement. On peut alors jouer à faire des ronds avec sa tête.

Pour prendre conscience du souffle, de son amplitude et de sa direction, demandez aux enfants d'imaginer qu'ils tiennent une fleur du bout des doigts et qu'ils en respirent le parfum (vous pouvez ainsi varier les propositions à l'infini, par exemple proposez-leur de siffler comme un serpent en colère, souffler sur la purée pour la refroidir, souffler une à une des bougies d'anniversaire, faire de la buée sur une glace, enlever le sable qu'on a sur les mains, souffler devant puis sur le côté, souffler en l'air pour soulever les cheveux ou au contraire souffler vers son menton...).

LES GRANDS DOMAINES D'ACTIVITÉS

FAIRE APPRENDRE UNE CHANSON

Commencez par chanter la chanson en entier, comme vous raconteriez une histoire, avec beaucoup d'expression. Puis parlez-en avec les enfants. Que raconte la chanson ? Expliquez les mots compliqués. Qu'en pensent-ils ? Ensuite, chantez à nouveau la chanson plus doucement. Si elle n'est pas trop longue, chantez-la en entier. Sinon, reprenez juste le refrain ou un couplet en modulant votre voix (par exemple : chantez comme si c'était un secret, puis très fort...). Joignez le geste à la parole, les petits s'appuient sur des jeux de mains et de doigts pour apprendre les paroles.

Avec les plus grands, tracez dans l'espace les mouvements de la mélodie : si elle monte dans l'aigu, votre main monte, si elle descend dans le grave, votre main descend.

Continuez par quelques jeux vocaux : demandez aux enfants d'imiter le poisson, le mouton ou la poule qui glousse. Zozotez, parlez comme si vous aviez une bouchée de purée trop chaude dans la bouche. En GS, faites chanter les enfants debout (évitez les mains dans le dos ou les bras croisés, les enfants doivent être détendus, jambes légèrement écartées et bras ballants le long du corps).

• **Utilisez un répertoire éclectique**

Pensez à faire alterner les chants traditionnels du répertoire enfantin et les chants modernes, les chansons contemporaines inventées pour les enfants (Henri Dès, Jean Naty-Boyer, Anne Sylvestre, Steve Waring...), chants du monde, chants inventés à partir d'une structure connue.

Voyez aussi les productions de l'association "Enfance et musique" (60, rue de Brément, 93130 Noisy-le-Sec).

■ **Jeux d'écoute**

– Jeu de l'appel murmuré : les enfants sont silencieux, le maître chuchote un prénom. L'enfant qui a été appelé rejoint le maître sans faire de bruit puis reprend sa place.

Imaginer, sentir, créer

LE COIN-ÉCOUTE

Si vous le pouvez, installez dans un coin de votre classe un coin-écoute. Équipez-le d'un ou plusieurs magnétophones faciles à utiliser par les enfants. Collez des gommettes de couleur sur les touches (une verte pour la touche marche, une rouge pour la touche arrêt...). Munissez les magnétophones d'une boîte à casques qui permettra de multiplier le nombre d'enfants qui pourront écouter en même temps. Mettez à disposition des enfants des cassettes différentes et de bonne qualité (chansons enfantines, comptines, histoires avec support du livre ou pas).

Une des activités de la classe pourra bien entendu être de fabriquer des cassettes "maisons" en enregistrant les chants appris ensemble, les poèmes ou les histoires inventées dans la classe... ou même le mode d'emploi d'un bricolage !

Pourquoi ne pas organiser un prêt de cassettes qui permettra de partager à la maison les expériences vécues en classe. Pourquoi aussi ne pas imaginer qu'un papa raconte une histoire, qu'une grande sœur joue une pièce de piano... et que ces moments-là soient rapportés en classe.

– Jeu des devinettes : identifier un son (tambourin, triangle, grelots, claves). Le maître se cache et joue d'un instrument : qu'est-ce que c'est ? Vous pouvez par la suite utiliser des instruments aux sons très voisins (cloche, clochette, cymbalettes, grelots).

– Le téléphone (les enfants sont placés en ligne, le premier donne une consigne qui circule de bouche à oreille jusqu'au dernier qui doit l'exécuter).

ÉCOUTER DE LA MUSIQUE

Donnez aux enfants l'occasion d'écouter de la musique. Mettez-les en véritable situation d'écoute en créant tout d'abord... le silence ! L'enfant, aujourd'hui, doit apprendre à se repérer dans un monde où le son (comme le bruit) envahit le quotidien. Faites-lui prendre des bains de musique en variant à l'infini les styles (classique, moderne et pourquoi pas contemporain...), le plaisir de ces moments d'écoute doit être partagé par tous.

– Le concert des petits bruits : il s'agit pour les enfants de chercher dans la classe les éléments qui vont leur permettre de faire entendre à leurs camarades un tout petit son, presque inaudible (en frappant, en soufflant, en frottant...). Lorsque chacun a trouvé, "le concert des petits bruits" peut commencer !

– Le roi du silence : un enfant, yeux bandés, est chargé de garder un trésor. Un voleur va tenter de s'en emparer sans faire de bruit.

■ Rondes et jeux chantés

Ce n'est pas si facile de faire la ronde. Avec les plus petits privilégiez les jeux chantés en dispersion ou les farandoles. Par exemple, vous pouvez chanter "Jean-petit qui danse" ou "Savez-vous planter les choux" en dispersion dans la salle de motricité.

En cours d'année, la ronde se ferme, mais ne compliquez pas la tâche des enfants immédiatement, choisissez des rondes simples, sans changement de sens ("À la ronde", "Il tourne en rond notre beau bateau"...). En moyenne section, lorsque les enfants savent faire la ronde correctement, proposez différentes variations : rondes à choix ("Mon petit lapin a bien du chagrin"), avec changements de sens ou regroupements ("La galette"), changement d'allure ("Meunier tu dors"), avec retournement ("Les pigeons"), en petits groupes avec frappés dans les mains ("Quand on fait des crêpes chez nous").

En grande section, vous pourrez proposer des rondes et jeux plus élaborés ("Le fermier dans son pré", "Le coupeur de paille", "Tiens voilà main droite", "Bonjour ma cousine"...).

À utiliser pour les trois sections : la collection *"Jeux dansés et rythmés du folklore"* – La Classe-Les Francas.

Imaginer, sentir, créer

▶ ARTS PLASTIQUES

■ Des émotions diverses avec des techniques diverses

À l'âge de vos petits élèves, on va de découverte en découverte et d'émerveillement en émerveillement. Coller ensemble des boîtes à œufs, utiliser une carte à gratter, s'essayer à la linogravure, souffler sur des taches d'encre à l'aide d'une paille, replier un papier maculé puis le déplier, peindre sur du papier de verre, sur du tissu, malaxer la terre glaise, utiliser du matériel de récupération pour édifier une sculpture géante... offrez-leur le plus grand nombre possible d'occasions de faire des expériences. Vous susciterez ainsi chez eux le plaisir de la création et de la recherche artistique hors des sentiers battus.

Montrez-leur aussi ce que d'autres avant eux ont inventé avec les techniques les plus diverses. N'hésitez pas, pour cela, à leur faire explorer différentes cultures (sculpture en beurre au Tibet, en pain en Crête, en caramel en Chine...), différentes époques (peinture sur pierre à la Préhistoire, sur bois au Moyen Âge, sur toile ensuite), différentes écoles (pointillisme, cubisme...). Vous pourrez ensuite les faire travailler "à la manière" des œuvres observées.

■ Outils et matières variés

Pour la peinture : gros rouleau, cuillère à café, spatule de cuisine, compte-gouttes, pistolet à eau, vaporisateur à parfum, brosse à dent, éponge, plume d'oiseau, Coton-tige, tampon de pomme de terre...
Comme support : polystyrène, tissu, papier kraft, carton ondulé, papier calque, galets...
Pour la sculpture : bandes plâtrées, pâte à papier, pâte à bois, ficelle, vieilles dentelles, linoléum, copeaux de bois...

LES GRANDS DOMAINES D'ACTIVITÉS

■ Le commentaire des dessins

Le plus souvent possible, faites parler les enfants sur leurs créations. Notez leurs commentaires en marge ou au dos des dessins. En premier lieu, cela offre à l'enfant une occasion de s'exprimer et de verbaliser ses intentions. En second lieu, cela permet de souligner l'habileté (ou les difficultés) de l'enfant à rendre en dessin ce qu'il a voulu montrer. Enfin, cela vous réserve souvent des surprises extraordinaires, de celles qui vous enthousiasment par leur drôlerie ou qui vous laissent sans voix devant l'intelligence enfantine.

Tristan : C'est le soleil, avec ses pieds.

L'institutrice : Dis donc, il est en colère, ton soleil !

Tristan : Mais non ! Regarde : Je lui ai fait un beau sourire.

Imaginer, sentir, créer

■ Quelques idées d'activités

• Le rideau à tableaux

Installez une tringle sur un pan de mur et suspendez-y un rideau troué de quelques "fenêtres". Affichez une reproduction de tableau sous le rideau, sans la montrer aux enfants, et déplacez le rideau (qui doit être d'une largeur très supérieure au tableau). On va de surprises en surprises, on parle, on fait des suppositions. À la fin de la séance, on dévoile le tableau en tirant entièrement le rideau. On recherche les détails déjà connus et on commente le tableau entier.

Variante : le principe du calendrier de l'avent peut être réalisé individuellement par les enfants sur l'une de leurs propres productions.

• Le loto des détails

Photocopier et agrandir quelques détails choisis d'un tableau (objets, animaux, éléments de décor...) et proposer aux enfants de retrouver les détails sur le tableau affiché.

• Investir une "grille"

Photocopiez une "grille" régulière que vous aurez vous-même dessinée, éventuellement à partir de motifs géométriques inventés par les enfants à l'occasion d'un exercice antérieur.

"GRILLES" POUR DESSINER OU PEINDRE

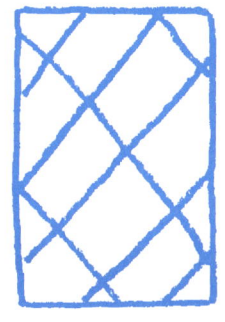

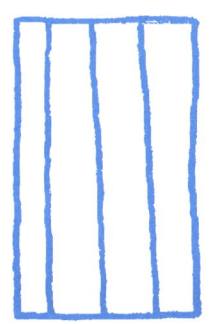

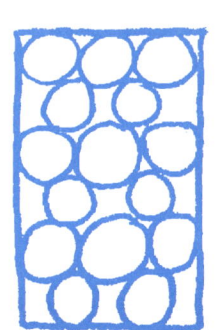

LES GRANDS DOMAINES D'ACTIVITÉS

Les enfants doivent se servir de ces supports pour un travail libre de peinture en couleur (envahir des zones, serpenter entre les repères, repasser sur des lignes...).

- **Les photos retravaillées**

Faites découper de grands visages dans des magazines, puis demandez aux enfants de repeindre ces visages, par dessus. Petit à petit, un nouveau visage dessiné recouvre l'ancien, photographié. On peut suivre la même démarche avec des photocopies.

- **Portrait après observation des tableaux d'Arcimboldo**

Faites découper des fruits et des fleurs dans des catalogues et faites-les coller pour transformer ou construire de toutes pièces un visage dont la forme a été dessinée.

- **Le chemin à peindre**

Une très longue bande de papier kraft blanc est posée sur le sol, comme un chemin. Au départ, deux ou trois cuvettes avec un fond très mince de peinture (une couleur différente par cuvette).

Les enfants entrent pieds nus dans la cuvette puis marchent sur le "chemin" (en tapant du pied, à pieds joints, en traînant les pieds, en faisant de très grands pas ou des pas de fourmi...).

Au bout du "chemin", un petit banc et une cuvette d'eau permettent de se laver les pieds !

- **Pour découvrir les mélanges de couleurs**

Faites découper des formes de Rhodoïd de couleurs primaires et laissez les enfants les superposer librement pour "fabriquer" d'autres couleurs.

- **Pour découvrir l'intensité**

Faites plier, superposer et coller des papiers translucides de couleur. Aux endroits de superposition, la couleur fonce proportionnellement au nombre de couches.

Imaginer, sentir, créer

• Pour "explorer" une couleur
Collectionner les objets jaunes (petits objets, photos, morceaux de tissus, de papier, etc.) et composer "l'album du jaune" (du bleu, du rouge...).

• Le volume
Ce n'est pas toujours facile de faire travailler le volume à l'école maternelle. N'hésitez pas à réunir les matériaux les plus variés et les plus insolites (jouets cassés à assembler, peindre, recouvrir de papier mâché collé et peint, enduire de colle et de sable ; bouteilles de plastique à tronçonner, empiler, emboîter, déformer ; boîtes à œufs à découper, combiner, trouer, remplir de façon disparate et inégale ; sciure, copeaux, bouchons, morceaux de bois, paille d'une brosse, d'un balai ; papier roulé en boule, chiffonné, torsadé, effiloché, noué, encollé, plâtré, peint...
Et n'oubliez pas de demander aux enfants de donner un titre à leur œuvre et de faire des commentaires.

• Le bac à argile
Dans un bac rectangulaire, étalez une couche épaisse d'argile molle : les enfants pourront y faire des empreintes de mains, de pieds nus, d'objets que l'on pourra ensuite "effacer" pour en faire d'autres, chacun trouvant de nouvelles idées. On peut aussi utiliser ce bac pour faire des traces (griffer, rayer, peigner, creuser en pointillés).

• Fenêtres de couleur
Demandez aux enfants de découper dans des feuilles de papier d'une même couleur (en jouant sur la gamme des tons) des ouvertures de différentes tailles. Puis invitez-les à coller les feuilles collectivement sur un grand papier blanc. Les ouvertures se superposent peu à peu de façon irrégulière (proposez des papiers à découper de différentes textures : papier de soie, photos de paysage, crépon, papier métallisé, papier peint...).

LES GRANDS DOMAINES D'ACTIVITÉS

• Peinture à la laine
Donnez aux enfants des brins de laine, pour qu'ils les trempent dans des assiettes remplies de couleurs vives. Ces brins leur serviront ensuite à "peindre" sur une feuille de couleur sombre.

• Peinture à rouler
Donnez à l'enfant de petites boules de cotillon ou des glands récoltés dans la nature qu'il trempera dans la peinture (à l'aide d'une petite cuillère) avant de les faire rouler sur sa feuille de papier.

• Peinture à chanter
À partir de la comptine : "Que fait ma main ?"
   Elle gratte, gratte, gratte
   Elle caresse tout doux
   Elle pince aïe ! aïe !
   Elle tape : pan ! pan !
   Elle chatouille...
Donnez à l'enfant de la peinture suffisamment épaisse pour qu'il puisse la manipuler avec les doigts. Il pourra expérimenter par lui-même les traces laissées sur le papier en suivant les paroles de la petite poésie.

• Le livre de la maison
Les enfants réalisent un livre à partir de découpages de catalogues de mobilier, d'électro-ménager, de papiers peints et de plantes vertes. Chaque groupe doit ainsi réaliser une pièce de la maison en juxtaposant judicieusement les éléments essentiels qui la composent. Puis les pièces sont assemblées les unes aux autres de façon à former un livre.

• Verbes d'action
Utiliser des verbes d'action comme point de départ d'une activité artistique. Par exemple le verbe "tourner" ou le verbe "cacher" (qui permettent d'aborder la mise en volume : on cache une petite boîte en collant du papier dessus...).

Imaginer, sentir, créer

● **Le bonhomme-journal**
Demandez aux enfants de découper dans du papier journal les éléments d'un bonhomme (tête, bras, jambes, tronc...) qu'ils assemblent ensuite et collent sur une feuille blanche. Ensuite, ils complètent avec des yeux, nez, oreilles, bouche et cheveux prélevés dans des magazines.

● **Le robot**
Demandez aux enfants de créer un robot avec des éléments hétéroclites découpés dans des magazines (électro-ménager, montres, roues, bijoux, bouteilles...). Le robot doit être le plus grand possible. Ensuite, vous pourrez photocopier les résultats obtenus et demander aux enfants de colorier leur production avec des feutres clairs.

LES GRANDS DOMAINES D'ACTIVITÉS

Classifier, sérier, dénombrer, mesurer...

▶ COMPÉTENCES LIÉES À CE QUI SERA PLUS TARD DE L'ORDRE DES MATHÉMATIQUES

Au cycle des apprentissages premiers, l'enfant doit pouvoir mettre en œuvre des stratégies de tâtonnement pour trouver des solutions aux problèmes qui lui sont proposés.

■ Approche du nombre et de la mesure

L'enfant doit pouvoir :
• Identifier certaines propriétés des objets en vue de les comparer, les trier, les classer, les ordonner.
• Mettre en œuvre une procédure numérique (dénombrement, reconnaissance globale de certaines quantités…) ou non numérique (correspondance terme à terme…) pour :
– réaliser une collection ayant le même nombre d'objets qu'une autre collection ;
– comparer des collections ;
– partager des collections ;
– effectuer une distribution ;
– résoudre des problèmes liés à l'augmentation et à la diminution de quantités.
• Étendre la suite des nombres connus et savoir l'utiliser pour dénombrer (exemple : compter le nombre de filles et le nombre de garçons dans la classe…).
L'enfant doit pouvoir également :
• Commencer à comparer des grandeurs continues (longueur, capacité, masse…).

• Utiliser une mesure-référence (ruban ou baguette de bois...) pour mesurer des objets.

■ Structuration de l'espace

L'enfant doit pouvoir :
• Se situer et se repérer dans l'espace.
• Coder et décoder un déplacement.
• Situer, repérer et déplacer des objets par rapport à soi ou par rapport à des repères fixes.
• Maîtriser les notions de dedans/dehors, sur/sous, au-dessus/au-dessous, en haut/en bas, à gauche/à droite, vers le haut/vers le bas, en avant/en arrière, vers la gauche/vers la droite.
• Aborder les notions de lignes, de positions relatives de deux lignes, de trajectoire.
• Approcher la notion de symétrie.

▶ ACTIVITÉS SUSCEPTIBLES DE PERMETTRE L'ACQUISITION DE CES COMPÉTENCES

■ Approche du nombre et de la mesure

Les mathématiques à la maternelle se font de façon diffuse, presque à chaque instant des activités quotidiennes ou ponctuelles. Pensez à utiliser toutes les situations, toutes les occasions, pour répéter inlassablement et travailler par imprégnation constante.

• Tout ce qui peut être compté et recompté chaque jour

On peut compter les présents, les absents du jour, les enfants qui déjeunent à la cantine, ceux qui n'y déjeunent pas, les jours qui précèdent une fête ou un événement, les garçons, les filles, le nombre des boutons des différents manteaux, les pièces d'un jeu, les pions...
– On peut lire, écrire, mémoriser les nombres sur les différents calendriers, au moment de la mise en place de la date (au tableau, tampon dateur...), sur la pendule, les thermomètres (intérieur, extérieur), les

pages de l'album de vie de la classe (numérotées chaque jour), les portes des classes, les locaux de l'école.

– On peut compter pour le plaisir avec les comptines numériques (voir le *Livre des comptines numériques de l'AGIEM* édité par le CDDP de l'Aube et les *Livres à compter*, coll. *Prépamaths PS, MS, GS*, Hachette).

QUELQUES JEUX "MATHÉMATIQUES" LIÉS À D'AUTRES DISCIPLINES

Éducation civique et "maths"
Une carte d'identité personnelle illustrée par l'enfant et portant sa photo (éventuellement prise en classe) et son nom sera complétée par :
– le numéro de son immeuble (le numéro de l'étage) ou de sa maison,
– son numéro de téléphone,
– sa date de naissance,
– sa taille.

Graphisme et "maths"
Jeux sur les formes géométriques : reconnaître les lignes fermées et les lignes ouvertes ; repasser en bleu sur les lignes fermées, en rouge sur les autres ; fermer les lignes ouvertes et ouvrir les lignes fermées (en gommant ou en utilisant du blanc).

EPS et "maths" (1)
L'instituteur frappe en rythme régulier sur un tambourin. Les enfants courent. Soudain, le maître interrompt son rythme régulier et frappe 1 coup isolé, 2 coups, 3 coups, 4 coups...
1 coup : les enfants stoppent, restent un instant immobiles puis repartent lorsque le rythme du tambourin reprend ;
2 coups : les enfants stoppent, se regroupent par 2, puis repartent chacun de leur côté ;
3 coups : même chose, mais cette fois-ci, il faut se regrouper par 3 ; et ainsi de suite.

EPS et "maths" (2)
Des cerceaux sont posés sur le sol. Le maître pose des étiquettes de chiffres (de 2 à 5) à l'intérieur. Les enfants courent. Au signal, les enfants se regroupent dans les cerceaux en nombre correspondant aux étiquettes : 4 enfants dans un cerceau portant une étiquette 4, par exemple.

EPS et "maths" (3)
Pour cet exercice, il faut avoir deux séries de dossards chiffrés de 1 à 6.
Le maître distribue un dossard au hasard à chaque enfant. Dès que tous les dossards sont enfilés, les enfants doivent chercher très rapidement leur jumeau et venir se placer près du maître. Avec les GS, on peut comptabiliser des points à écrire au tableau (2 points pour chacun des deux premiers, 1 point pour chacun des deux suivants) et faire quelques additions simples.
À la fin, on récupère les dossards, on les distribue différemment et on recommence.

Classifier, sérier, dénombrer, mesurer

- **Correspondances et mesure**
- Mesurer et comparer : la taille des enfants (fabrication de toises individuelles), le poids des enfants (visite médicale), les ingrédients pour faire un gâteau.

●●●●●●●●●●●●●●●●●●●●●●●●●

LA TOISE COLLECTIVE

Collez au mur une longue bande de papier de 1m 30 de haut, à partir du sol. Notez les hauteurs en cm. Tracez les lignes horizontales correspondantes.

Proposez aux enfants de découper dans du carton et de peindre une montgolfière de la grosseur de leur tête. Les plus grands y inscriront leur nom. Les autres y colleront leur étiquette.

À l'occasion d'une séquence de mesure collective, on place les montgolfières sur la bande graduée, en prenant soin de poser le sommet de la montgolfière à la hauteur du sommet de la tête de l'enfant. Les plus âgés peuvent lire leur hauteur en suivant les lignes. Les plus jeunes font des comparaisons (untel est plus grand qu'untel, celui-ci est le plus grand de la classe, etc, en veillant à ménager les susceptibilités). Les chiffres des hauteurs doivent être présents même chez les petits et même s'ils ne s'en préoccupent pas encore.

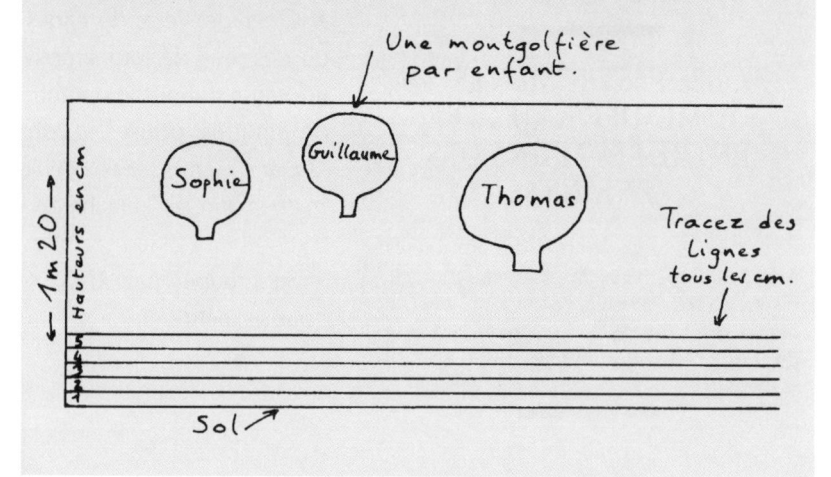

LES GRANDS DOMAINES D'ACTIVITÉS

- Faire correspondre terme à terme un enfant, son portemanteau ; un enfant, ses chaussons ; à chaque boîte, son jeu ; un pot de peinture, un pinceau ; une bougie à chaque année d'âge...

Utiliser également le principe du coloriage mystérieux dont chaque case marquée d'un signe précis doit être coloriée avec telle ou telle couleur et où l'on découvre un objet caché lorsque toutes les cases sont correctement coloriées (très bonne autocorrection !).

- Transvaser : jeux d'eau, de sable, de graines, en insistant sur les différences de contenance et en utilisant le vocabulaire approprié : plus grand, plus petit, à moitié plein, à moitié vide, plus que, moins que, autant que...

- Construire la bande numérique des premiers nombres.

- Jouer aux jeux de société avec un dé (face couleur ou face constellation), des dominos, des itinéraires (oie, petits chevaux...).

LES INSTRUMENTS DE MESURE À METTRE ENTRE LES MAINS DES ENFANTS

Pensez à la grande diversité des possibilités ! Mètre ruban, mètre de charpentier, règles diverses, verres doseurs, balance de Roberval, pèse-personne, pèse-lettre et, pour la mesure du temps : sablier, minuteur, réveil, chronomètre...

- Créer des jeux de cartes ou des jeux de loto simplifiés, en réduisant le nombre de chiffres utilisés. (Voir *"Jouer c'est très sérieux. Jeux mathématiques"*, Hachette)

- Se grouper par 2, 3, 4 pour se mettre en rang.

JEUX AVEC LA BANDE NUMÉRIQUE

• **GS, en atelier de six enfants**
Cinq enfants se placent en file indienne arbitrairement. Le sixième sélectionne pour chacun, parmi cinq étiquettes portant les nombres de 1 à 5, celle qui correspond à sa place dans la file. La bande numérique sert de référence si besoin est.

| 1 | 2 | 3 | 4 | 5 | 6 | 7 | 8 | 9 | 10 |

• **En GS, les devinettes**
"Nous sommes entre le 4 et le 7, qui sommes-nous?" "Je suis juste après le 3, qui suis-je?"...

• **Toutes sections (adapter la difficulté)**
Faire fabriquer une bande numérique (5 chiffres pour les petits, 10 pour les moyens, 15 ou plus pour les grands) dont les cases soient à peu près grandes comme la main.
Plusieurs jeux sont possibles :
– L'instituteur cache une case et demande aux enfants quel est le chiffre caché.
– L'instituteur distribue à chacun une étiquette portant un chiffre. Chaque enfant doit replacer son étiquette sur la bande numérique comme au loto. (Ce jeu peut se faire avec des bandes numériques individuelles et autant d'étiquettes pour chacun que de chiffres sur la bande.)
– L'instituteur donne des consignes que les enfants doivent respecter à tour de rôle : "Place la gomme sur la case du 4", "Cache la case du 2 et la case du 5 avec tes deux mains", etc.

• **Toutes sections :** photocopier en grand nombre et distribuer aux enfants des bandes numériques (de 1 à 5 en PS, de 1 à 5 puis à 10 en MS, de 1 à 10 puis au-delà en GS). Sur une bande numérique nouvelle à chaque fois, les enfants entourent le chiffre correspondant au nombre d'objets que vous réunissez sur une table.

• **Toutes sections :** se servir d'une bande numérique pour aider au **classement des livres de la bibliothèque** de la classe ou pour le classement des boîtes de jeux.
Une bande numérique colorée sert de référence sur la tranche de chaque étagère (étagère bleue, livres de 1 à 10, étagère rouge, livres de 1 à 10, etc.). Chaque livre est numéroté et marqué de la même couleur que la bande au-dessus de laquelle il doit être rangé. On peut aussi jouer sur des formes si les couleurs ne suffisent pas.

Code sur l'étagère
Livre codé de la même façon

LES GRANDS DOMAINES D'ACTIVITÉS

- **Trier, classer, ranger, sérier...**

On peut se livrer à ces exercices dans une infinité d'occasions quotidiennes :

- Dans les coins-jeux (les ustensiles de cuisine, les vêtements de poupées, les voitures, les animaux du zoo, de la ferme).

- À la bibliothèque (revues, livres de comptines, imagiers...).

- Dans les ateliers (les feutres, les craies, les crayons, les pinceaux gros ou fins, les perles, les jetons, les photos, les images).

- En EPS (ballons, cerceaux, anneaux...).

- Dans le bac à graines.

EXEMPLES D'EXERCICES DE CLASSEMENT À LA BIBLIOTHÈQUE

- Par taille : les livres les plus grands, les plus petits, en ordre croissant ou décroissant.
- Par thème : les livres de cuisine, les livres sur les animaux...
- Ceux qui sont illustrés de dessins, ceux qui comportent des photos, ceux qui sont écrits en gros, en petit, en cursive, en lettres d'imprimerie (découverte de graphies différentes).
- Ceux qui sont rigides, mous, épais, minces (apprentissage de vocabulaire).
- Ceux qui ont plus de 10, 20, 30 pages (initiation au repérage des nombres en référence à un modèle).

- **Algorithmes**

Ils peuvent reposer sur la couleur, la forme, la taille et prendre la forme d'activités diverses : enfilage de perles, de boutons, création de ribambelles, dessin sur un rythme binaire = • X ;
un rythme ternaire = • X ∆ ;
un rythme quaternaire = • X ∆ ¤

APPRENDRE À UTILISER LE TABLEAU À DOUBLE ENTRÉE

Les enfants de maternelle ont besoin d'utiliser très tôt des tableaux à double entrée, outil de classement par excellence (pour la répartition des enfants dans les ateliers, pour l'attribution des responsabilités, pour le prêt de livres à la bibliothèque, etc.).
Comment apprendre aux plus jeunes son fonctionnement ?

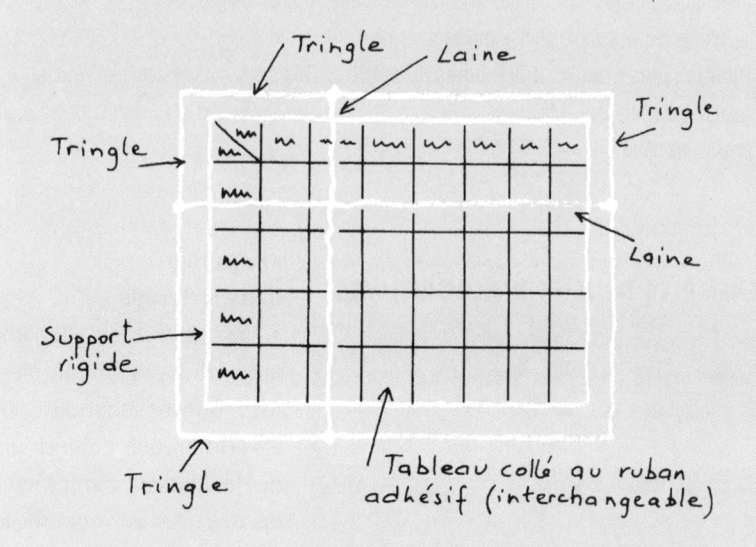

Les fils de laine coulissent sur les tringles et signalent l'un la colonne, l'autre la ligne intéressantes. Au croisement des deux fils : la case à considérer.

LES GRANDS DOMAINES D'ACTIVITÉS

LES JEUX DE FAMILLES

Ce jeu bien connu a de multiples qualités : il oblige les enfants à observer attentivement les cartes, à mémoriser les possibilités, à établir des séries selon des critères qu'ils doivent enregistrer... Voici deux exemples de jeux de familles à créer et à utiliser avec les enfants.

Pour les plus petits : les familles de couleurs et de formes
– Famille des carrés, des ronds, des triangles... On peut représenter les six personnages traditionnels du jeu des familles avec une tête carrée, ronde, triangulaire...
– Famille bleue, famille jaune : même principe.

Pour les plus grands : des thèmes de familles liés à des notions d'hygiène (humoristique) : famille des "Mange salement", famille des "Ne se lave jamais", famille des "Se brosse les dents"...

EXEMPLES DE JEUX D'ALGORITHMES

- Faire des colliers en suivant des consignes dessinées (2 perles carrées, 1 perle ronde, 1 ovale, etc.).
- Faire des colliers en suivant une consigne orale.
- Créer soi-même un algorithme dessiné que l'on échange avec celui de son voisin. Ensuite chacun copie le modèle dessiné en faisant un collier. On discute des éventuelles impossibilités (forme qui n'existe pas dans la couleur indiquée, etc.).
- Fabriquer des couronnes des Rois.
- Fabriquer des ribambelles ou des guirlandes pour l'arbre de Noël.

• Repérage dans le temps

• Les calendriers : les enfants doivent manipuler, lire, utiliser chaque jour les différents calendriers de la classe pour prévoir les activités et organiser la journée. Il est souhaitable que les enfants disposent de divers types de calendriers : éphéméride, calendrier à fenêtre, à curseur, avec cases à cocher...

Classifier, sérier, dénombrer, mesurer

- Le tableau-calendrier : on met tous les matins le calendrier à jour en reprenant inlassablement : "Aujourd'hui, nous sommes le...", "Hier, nous étions le...", "Demain, nous serons le...".

On reporte sur ce calendrier les anniversaires de chacun, les événements de la classe ou de l'école (spectacle, bibliothèque, piscine, carnaval...).

Pour que les enfants aient à tout moment sous les yeux la totalité de l'année, on agrafe en cahier les douze pages des douze mois du calendrier de l'année. On peut ainsi à tout moment tourner les pages et se repérer dans l'écoulement du temps.

- Dessin puis classement d'images séquentielles. (Le dessin peut être remplacé par des photos prises par les enfants aux différents moments de la réalisation.)

Ce type de compte rendu convient par exemple à la culture d'une plante, à la réalisation d'une recette de cuisine, à la fabrication d'un objet.

- Dessin sous la forme d'une BD rudimentaire montrant les différentes étapes. Y joindre le commentaire des enfants, que vous aurez écrit sous leur dictée.
- Utilisation de tableaux.
- Tri et mise en ordre de photos correspondant aux étapes à décrire, parmi un lot de photos dont certaines n'ont aucun rapport.

Cette formule demande une certaine préparation de votre part et l'utilisation d'un appareil Polaroïd : vous photographiez les enfants pendant plusieurs semaines, au cours d'activités différentes (modelage, graphisme, peinture...) et vous photographiez également les différentes étapes de l'activité précise d'aujourd'hui, dont ils devront rendre compte.

À la fin de l'activité, vous donnez toutes les photos aux enfants et vous leur demandez de sélectionner et de classer celles qui conviennent.

LES GRANDS DOMAINES D'ACTIVITÉS

■ Structuration de l'espace

- Les jeux de construction du commerce.
- Les jeux de mosaïques : fabriquer des mosaïques permet aux enfants de s'initier aux premières notions de formes géométriques et de procéder à des regroupements, classements par forme, par taille, par couleur.

Faites découper des papiers de couleur, puis donnez une consigne pour la réalisation de la mosaïque (les enfants peuvent participer à l'élaboration de la consigne) :

– Remplir une surface avec des mosaïques (le chemin d'un dessin qu'il faut "daller", le ciel qu'il faut couvrir de nuages, le dos d'un poisson qui n'a pas encore d'écailles...).

– Suivre des lignes droites, brisées, courbes tracées sur de grands papiers, en collant dessus des mosaïques (en PS, ajouter la consigne d'une seule couleur ou de deux couleurs en alternance ; en MS et GS, demandez de couvrir les lignes droites en rouge, les lignes courbes en bleu, etc.).

- Les jeux avec un ordinateur ou le clavier du Minitel, en utilisant les touches de déplacement latéral ou vertical du curseur.

L'enfant découvre la relation entre son action sur le clavier et le déplacement sur l'écran. Il apprend à déplacer un point (une tortue ? un lapin ?) dans quatre directions.

Dans un deuxième temps, il peut réaliser un projet dessiné sur un plan et tenter de le reproduire sur l'écran.

- Le jeu du tangram simplifié (en GS).

Recomposer le grand carré à partir des sept pièces est bien entendu trop difficile sans modèle pour les enfants de maternelle. En revanche deux activités sont possibles : composer des formes figuratives en utilisant toutes les pièces (un gros poisson, une poule...) ou reproduire des compositions figuratives ou non, en replaçant les mêmes morceaux au même endroit.

- Les puzzles : utilisez la photo du visage de chaque enfant, ou une photo en pied ou la photo de tous les élèves de la classe, pour réaliser un puzzle. Vous pouvez éventuellement faire une photocopie agrandie de la photo.

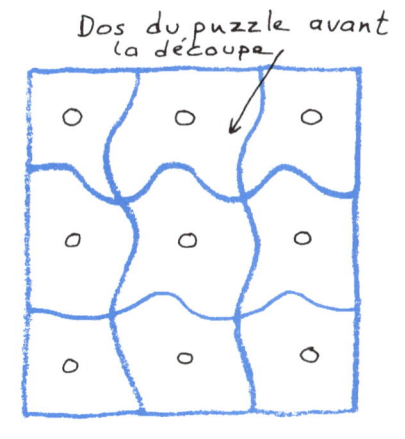

Dos du puzzle avant la découpe

Collez-la sur du carton fin, faites tracer des lignes sinueuses au dos (pas trop nombreuses chez les petits).

Faites reproduire un code sur chaque case délimitée (voir dessin) pour que les pièces une fois découpées soient facilement regroupables.

Aidez les enfants à découper les pièces et demandez-leur de reconstituer le puzzle.

LES GRANDS DOMAINES D'ACTIVITÉS

UN CIRCUIT D'INITIATION AU CODE DE LA ROUTE

Tracer un parcours à la craie dans la cour. Réaliser différents panneaux (une dizaine pour les plus jeunes, puis de plus en plus nombreux : des stops, des feux pouvant passer aux trois couleurs selon que l'on accroche un disque rouge, orange ou vert à un petit crochet, des sens interdits, des stationnements interdits) et tracer au sol des passages protégés pour les piétons. Un disque ou un triangle de carton peint, collés sur une baguette de bois plantée dans un baril de lessive rempli de sable, font des panneaux bien stables.
Les enfants suivent le parcours à pied, ou sur leurs gros jouets porteurs.

- Réaliser des parcours dans la classe, dans la salle de jeux, dans la cour de récréation, dans l'école, s'orienter dans un labyrinthe, décoder, coder un itinéraire, suivre un parcours fléché… tous ces jeux d'orientation peuvent être couplés avec des jeux de reconnaissance de sons (yeux bandés, on écoute et on suit les indications sonores codées des membres de son équipe) ou avec des jeux de vocabulaire (tourne à droite, avance de deux pas en diagonale, etc.).

- Piloter des mobiles radioguidés : les enfants doivent d'abord recenser tout ce qui est nécessaire pour que la voiture fonctionne (piles, bouton de marche-arrêt…). Puis ils cherchent quelles manipulations permettent de diriger la voiture et suivent des directives orales (démarre, tourne à droite, recule…). On peut aussi suivre des parcours sur lesquels les enfants tracent des flèches de direction à la craie.

- Utiliser en "libre service" les jeux des magazines (labyrinthes, coloriages selon des zones chiffrées, puis, un jour de panne sèche, fabriquer ses propres labyrinthes pour les autres.

- La marelle.
(Voir différents types de marelles ci-contre.)

Classifier, sérier, dénombrer, mesurer

TROIS TYPES DE MARELLES CLASSIQUES

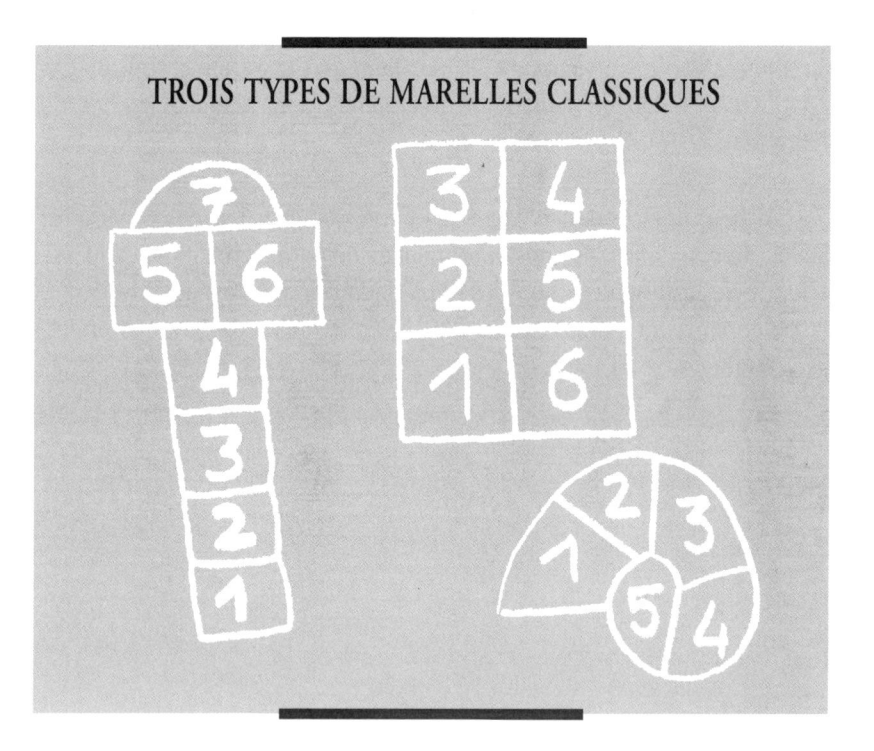

- Le jeu de "Jacques a dit" et ses variantes.
— L'application simple du jeu permet non seulement de vérifier la connaissance du vocabulaire ("Jacques a dit: mettez-vous près des cerceaux" et tous les enfants doivent effectivement se regrouper près des cerceaux), mais aussi de souligner les contraires

UTILISER LE VOCABULAIRE DANS TOUTE SA DIVERSITÉ

Sur, sous, d'un côté, de l'autre, entre, en bas, en haut, devant, derrière, dedans, dehors, au-dessus, au-dessous, en face de, de chaque côté, loin de, près, à l'intérieur, à l'extérieur, à gauche, à droite, dos à dos, face à face, à droite de, à gauche de, ici, là, juste avant, juste après, 1er, 2e, 3e, 4e, dernier.

LES GRANDS DOMAINES D'ACTIVITÉS

("Mettez-vous près des cerceaux" et tous les enfants doivent s'éloigner le plus possible, puisque ce n'est pas Jacques qui a donné l'ordre). On peut corser le jeu, en demandant aux enfants, dans le deuxième cas, de dire le mot "loin".

– On peut aussi jouer à "Jacques et son copain" (jeu des contraires) avec deux enfants désignés et remplacés de temps en temps. La classe donne des consignes à l'un des deux (Jacques, qui s'exécute) et l'autre (son copain) fait immédiatement le contraire de la consigne. On inverse ensuite les rôles.

BIBLIOGRAPHIE

GÉNÉRALITÉS

Connaître l'école
J. Férole
HACHETTE

Orientations, Projets, Activités
pour l'école maternelle
Pierre, Terrieux, Babin
HACHETTE

Le projet d'école
Ministère de l'Éducation nationale
HACHETTE

Guide pratique
de l'évaluation à l'école
Rossano, Vanroose
RETZ

L'évaluation en maternelle
Tavernier
BORDAS

Les cycles à l'école primaire
Ministère de l'Éducation nationale
HACHETTE

Pédagogie différenciée
H. Przesmycki
HACHETTE

Cheminement en maternelle
CEPEC
HACHETTE

De la psychologie à la pédagogie
Testu
NATHAN

Apprendre, oui, mais comment ?
Meirieu
ESF

Tout est langage
F. Dolto

L'école maternelle à 2 ans,
oui ou non ?
B. Zazzo

Activités en ateliers
à l'école maternelle
A. COLIN

De la maternelle
au cours élémentaire
Col. R. Tavernier
BORDAS

Le savoir en construction
B. Mari Barth
RETZ

BIBLIOGRAPHIE

LANGAGE, LECTURE, ÉCRITURE

Comment les enfants
apprennent à parler
Bruner
RETZ

La maîtrise de la langue
à l'école
Ministère de l'Éducation nationale
HACHETTE

Former des enfants lecteurs
(1 et 2)
Groupe de recherche d'Ecouen
HACHETTE

Former des enfants
producteurs de textes
Groupe de recherche d'Ecouen
HACHETTE

Former des enfants lecteurs
et producteurs de poèmes
Groupe de recherche d'Ecouen
HACHETTE

Apprendre à lire en maternelle
H. Gilabert
ESF

Apprendre à lire et à écrire
E. Charmeux
L'ÉCOLE EN QUESTION

Travailler par cycles en français
Mettoudi, Yaiche
HACHETTE

Les cheminements de l'écriture
Tavernier
BORDAS

Des enfants, des écrits, la vie
Chenouf
MDI

La lecture à l'école
E. Charmeux
SUDEL

Lire et écrire
Hebrard, Clesse, Chartier
HATIER

Lire et raisonner
Douming, Fijalkow
ESF

Lire de 2 à 5 ans
Douming, Fijalkow
AFL

L'activité graphique
à l'école maternelle
L. Lurçat
ESF

Comptines à malices
M. O. Taberlet
COLIN-BOURRELIER

Comptines numériques
AGIEM
CDDP DE L'AUBE

Le clavier poétique
Morel, J. de Minibel
L'ÉCOLE

Collection
"Vivre à la maternelle" :
le graphisme
NATHAN

BIBLIOGRAPHIE

DOMAINE DES MATHÉMATIQUES

Travailler par cycles
en mathématiques
Mettoudi, Yaiche
HACHETTE

Comment les enfants
apprennent à calculer
R. Brissiaud
RETZ

L'apprentissage de l'abstraction
B. Mari Barth
RETZ

Activités numériques
à l'école maternelle
AGIEM
CNDP DE L'AUBE

Collection "Diagonale" :
Maths en herbe
Bregeon
NATHAN

DÉCOUVERTE DU MONDE

Sciences physiques
et technologie à l'école
élémentaire
CRDP DE NANTES

Initiation technologique
à la maternelle
Klante
MDI

Les sciences à la maternelle
Chauvel, Michel
RETZ

À la découverte
du monde vivant
Bornancin, Moulary
NATHAN

Du temps vécu au temps
de l'histoire (tome 1)
CRDP DE LILLE

DOMAINE ARTISTIQUE

L'éducation artistique à l'école
Ministère de l'Éducation nationale
HACHETTE

Les arts plastiques :
contenus, enjeux et finalités
Lagoutte
COLIN

La valise atelier
Lagoutte
HACHETTE

Des chemins pour l'art
Breton, Jenger
NATHAN

Les arts plastiques à l'école
Tavernier
BORDAS

L'art de la couleur
J. Siten
DESSAIN ET TOLRA

BIBLIOGRAPHIE

Le manuel de l'artiste
R. Smith
BORDAS

L'invention musicale
en maternelle
M. Frapat
CRDP DE VERSAILLES

ÉDUCATION PHYSIQUE

Enseigner l'éducation physique
à l'école maternelle
CRDP DE GRENOBLE

Livret du CDDP
de la Haute-Marne Cycle 1
MAGNARD

Éducation physique
à l'école maternelle
REVUE EPS

Trois ans d'éducation physique
à l'école maternelle
Brincat, Garcia
HACHETTE

ABRÉVIATIONS
ET SIGLES LES PLUS COURANTS

AEPS : Animations éducatives périscolaires (conduites par des associations hors temps scolaire)

AGIEM : Association générale des instituteurs d'école maternelle

AIS : Adaptation et intégration scolaire (pour enfants handicapés)

ATSEM : Agents territoriaux spécialisés des écoles maternelles

BAFA : Brevet d'aptitude aux fonctions d'animateur

BO : Bulletin officiel

CAFIMF : Certificat d'aptitude à la fonction d'instituteur maître formateur

CAPSAIS : Certificat d'aptitude pédagogique spécialisé pour l'adaptation et l'intégration scolaire

CEFISEM : Centre de formation et d'information pour la scolarisation des enfants de migrants

CLD : Congé de longue durée

CLIN : Classe d'initiation (pour élève non francophone)

CLM : Congé de longue maladie

CPAIEN : Conseiller pédagogique auprès de l'inspecteur de l'Éducation nationale

CPC : Conseiller pédagogique de circonscription

CPEM : Conseiller pédagogique en éducation musicale

CRDP : Centre régional de documentation pédagogique

CNDP : Centre national de documentation pédagogique

DRAC : Direction régionale de l'action culturelle

EPS : Éducation physique et sportive

FAS : Front d'action sociale

FCPE : Fédération des conseils de parents d'élèves

IA : Inspecteur d'académie

IEN : Inspecteur de l'Éducation nationale

IMF : Instituteur maître formateur

IUFM : Institut universitaire de formation des maîtres (anciennement EN : École normale)

MGEN : Mutuelle générale de l'Éducation nationale

NUMEN : Numéro d'identification personnel donné par l'Éducation nationale

OCCE : Office central de la coopération à l'école

PEEP : Parents d'élèves de l'enseignement public

PVP : Professeur de la ville de Paris (professeur de dessin, EPS et musique pour Paris uniquement)

RASED : Réseau d'aides spécialisées aux enfants en difficulté

ZEP : Zone d'éducation prioritaire

ZIL : Zone d'intervention localisée (pour les remplaçants)

LA CLASSE maternelle

LA CLASSE MATERNELLE, un outil de travail indispensable

Conçue et imaginée par des instituteurs qui ont les mêmes préoccupations que vous, LA CLASSE MATERNELLE n'a d'autre but que de faciliter votre travail quotidien. Comment ? En vous proposant le choix le plus large possible de fiches et de dossiers pratiques prêts à l'emploi. Ce sont des outils de travail sûrs et souples qui vous aident à faire avancer vos élèves plus rapidement. Vous pouvez trouver, en effet, dans les 260 fiches publiées chaque année, des plans de travail, des emplois du temps, des modèles de leçons, des projets d'école et de nombreux conseils pratiques, testés dans leur propre classe par les collègues qui les proposent. Toutes les disciplines sont abordées, à tous les niveaux de la petite (2 ans) à la grande section.

LA CLASSE MATERNELLE vous apporte aussi, régulièrement et en toute indépendance, les principales informations sur l'école et votre environnement professionnel : les nouveaux textes officiels, les expériences pédagogiques, les jeux et concours réservés aux écoles, les manifestations et expositions, les anecdotes en France et à l'étranger, les chiffres et statistiques sur l'école, les nouveaux ouvrages pédagogiques et livres pour enfants, etc.

LA CLASSE MATERNELLE paraît 10 fois par an, de septembre à juin.

Vous pouvez souscrire un abonnement (180 F) ou demander une documentation en écrivant à LA CLASSE MATERNELLE, 12 rue Raymond Poincaré, 55800 Revigny-sur-Ornain. Tél. : 29. 70. 56. 33.

INDEX

A

Absences *(180)*
Accueil *(34, 38 à 41)*
Activités artistiques *(273 à 285)*
Activités scientifiques *(252 à 261)*
Activités des premiers jours *(38 à 59)*
Activités "tampons" *(68)*
Affichages *(25, 35, 96, 101)*
AGIEM *(126)*
Aires d'activités *(104 à 110)*
Album de vie de la classe *(182, 236)*
Aménagement de la classe *(19 à 27)*
Animaux *(110, 256)*
Arts plastiques *(279 à 285)*
Ateliers *(109, 162)*
ATSEM *(179)*
Attribution des classes *(14)*
Audiovisuel *(83)*
Autonomie *(57, 94, 136, 201 à 218, 236)*

B

BCD *(80)*
Bibliothèque de la classe *(107)*
    pédagogique *(127)*
Bilan *(210)*

C

Cahier de correspondance *(183)*
Cahiers des élèves *(92, 237)*
Cahier-journal *(29, 78)*
Calendriers *(97, 232)*
Classes de découverte *(118 à 123)*
Coins-jeux *(47, 105 à 107)*
Collation *(207)*
Conseils des maîtres *(195 à 197)*
Conseiller pédagogique *(193)*
Coopérative scolaire *(172)*
Correspondance scolaire *(164, 224)*
CRDP, CDDP *(125)*
Création de textes *(226 à 229)*
Cuisine *(105, 262 à 265)*
Cycles *(10, 166)*

D

Décloisonnement *(168)*
Découverte du monde *(244 à 272)*
Découverte des sens *(254)*
Dessins *(94, 278 à 285)*
Directeur *(177)*
Dortoir *(24)*
Doudous *(59)*

E

Écriture *(220 à 240)*
Éducation physique *(211 à 218)*
Élevages *(110 à 112)*
Emploi du temps *(25, 62 à 69, 99)*
Enfant difficile *(152 à 156)*
Évaluations *(84 à 91)*
Expression orale *(219)*

F G H

Fête de fin d'année *(173)*
Fêtes traditionnelles *(265 à 269)*
Formation continue *(124 à 127)*
Graphisme *(73, 240 à 243)*

INDEX

Handicapés *(147)*
Hygiène *(143 à 146)*

I

Infirmerie *(36)*
Informatique *(82)*
Inspecteur *(191)*
Intervenants extérieurs *(123, 170)*

J K L

Jurons *(133)*
Kermesse *(175)*
Langage *(136, 219 à 243)*
Lecture *(219)*
Liste des élèves *(16)*

M

Magnétophone *(107)*
Magnétoscope *(83)*
Mathématiques *(286 à 300)*
Médecin scolaire *(142, 190)*
Mémoire *(238)*
Motricité *(213)*
Musique *(273 à 278)*

O P

Ordinateur *(82)*
Outils dangereux *(134, 203)*
Parents d'élèves *(182 à 188)*
Plantes *(110, 256)*
Préparations *(70, 76)*
Progressions *(72 à 75)*
Projet d'école *(11 à 13)*
Punitions *(131)*

R

Récompenses *(133)*
Récréation *(17, 151)*
Règlement de l'école *(25, 205)*
Regroupement *(45, 58)*
Remplaçant *(180)*
Réseau d'aides spécialisées *(189)*
Responsabilités de l'enseignant *(138)*
Retour au calme *(218)*
Réunion de parents d'élèves *(184 à 186)*
    de prérentrée *(14 à 17)*
Revues pédagogiques *(127)*

S

Sécurité *(134, 139 à 142)*
Séparations difficiles *(39)*
Sortie avec la classe *(113 à 124)*
Surveillance de récréation *(17)*

T U

Tableaux des activités *(96 à 101, 231 à 235)*
Tableau de répartition des élèves par âge *(26)*
Télévision *(78)*
Travail en groupes *(160)*
Urgence médicale *(142)*

TABLE DES MATIÈRES DÉTAILLÉE

CHAPITRE I

LA RENTRÉE ! 7

Le cadre de votre enseignement 8

- Pédagogie et "paysage différencié" 8
  - *En zone urbaine* 8
  - *Dans une école rurale* 8
  - *En l'absence de classe maternelle* 9
  - *En ZEP* 9
- Les cycles 10
  - *Buts et organisation* 10
  - *Les trois cycles* 10
- Le projet d'école 11

La réunion de prérentrée 14

- L'attribution des classes 14
  - *Cas les plus fréquents* 14
  - *Autres cas* 16
- La distribution des listes d'élèves 16
- L'attribution des locaux 17
- Les surveillances (cantine, entrée, sortie, récréation) 17
- Si vous n'arrivez pas dans l'école le jour de la prérentrée 17
- L'autonome 18

Aménager sa classe 19

- Le mobilier que vous découvrez en entrant 19
- Les tableaux 19
- Un peu de rangement 20
- Propositions d'aménagement minimum de classe 20
- L'affichage réglementaire 20
  - *Emploi du temps* 25
  - *Règlement intérieur de l'école* 25
  - *Le tableau de répartition par âge* 26
  - *Liste des textes* 27

TABLE DES MATIÈRES DÉTAILLÉE

Préparer la rentrée des élèves 27

- Pour commencer : ce qui est indispensable 28
  - *Registres et documents réglementaires* 28
  - *Autres documents utiles* 31
- Le matériel à mettre en place 32
  - *Emploi du temps de la journée de rentrée* 32
  - *Quelques ateliers* 33
  - *Rassurer les plus petits* 33
  - *Prévoir* 33

Visiter votre école 35

- L'affichage, les registres dans l'école 35
- L'infirmerie 36
- Le matériel commun à toute l'école 36

Le premier jour de classe 38

- L'accueil 38
  - *Dans la classe des petits* 38
  - *Dans les classes des moyens et des grands* 40
- Le déroulement de la journée 42

La première semaine 48

- En petite section 48
  - *Le deuxième jour* 48
  - *Le troisième jour* 49
  - *Le quatrième jour* 51
- En moyenne et grande section 52
  - *Le deuxième jour* 52
  - *Le troisième jour* 54
  - *Le quatrième jour* 55

Les premières semaines : activités types (toutes sections) 56

- On s'organise tous ensemble dans la classe 56
  - *Le fonctionnement* 56
  - *La décoration* 56
  - *La convivialité* 57
- On apprend à se débrouiller tout seul 57
- On organise une visite guidée de l'école 59

TABLE DES MATIÈRES DÉTAILLÉE

CHAPITRE II

PÉDAGOGIE ET ORGANISATION DE LA CLASSE 32

Vos "outils" 62
- L'emploi du temps 62
- Les activités tampons 68
- Temps forts / Temps faibles 69
- Organiser un trimestre, une partie de l'année autour d'un thème 70
- Vos préparations 70
    - *Organiser son temps de préparation* 70
    - *Les outils et les traces* 72
    - *Les progressions* 72
    - *Les fiches de préparation* 75
    - *Le cahier-journal* 78
- Matériel pédagogique à enrichir tout au long de l'année 78
    - *La télévision* 78
    - *La télématique et l'informatique* 82
    - *Matériel audiovisuel, machine à écrire, imprimerie* 83
- Évaluer le travail de l'élève 84
    - *Les "grilles" d'évaluation* 84
    - *La pratique* 85
    - *Associer l'enfant à l'évaluation* 89
- Évaluer votre propre travail 90
- Les corrections, les bilans 90
    - *Les buts* 90
    - *Les moyens* 90

Les "outils" des élèves 92
- Petits et grands (ou gros) cahiers 92
    - *Les grands (ou gros) cahiers* 92
    - *Les dossiers collectifs* 93
    - *Les petits cahiers* 93
- Que faire de tous les dessins ? 94

Ranger et classer 94
Utiliser certains dessins 95

L'affichage et la décoration en classe 96

- L'affichage fonctionnel 96
  - *Le tableau des présences* 96
  - *Le tableau du restaurant scolaire* 97
  - *L'éphéméride / le calendrier* 97
  - *Le tableau météorologique* 98
  - *Le tableau des responsabilités* 98
  - *L'emploi du temps* 98
  - *Le tableau d'activité en ateliers dirigés* 100
  - *La frise du temps* 100
  - *Le tableau des chiffres de 1 à 10* 101
- L'affichage décoratif 101
  - *Les productions des enfants* 101
  - *D'autres affichages et objets décoratifs* 102

Organiser des aires d'activités dans la classe 104

- L'aire de rassemblement 104
- Les différentes aires d'activités 105
  - *Les coins-jeux d'imitation* 105
  - *La cuisine* 105
  - *La chambre* 106
  - *La salle de bains* 106
  - *L'épicerie* 106
  - *Le garage avec circuit* 106
  - *Coin des déguisements* 106
  - *Le coin du téléphone* 107
  - *Le magnétophone* 107
  - *Bibliothèque – coin-lecture – coin-écoute* 107
  - *Les ateliers* 109
  - *Jeux d'eau, de sable, de graines* 110
- L'aire élevage et nature 110

Les sorties 113

- Sortir avec une classe de maternelle 113
  - *Les ressources* 113
  - *Sortie : mode d'emploi* 114
  - *Les sorties culturelles* 117

TABLE DES MATIÈRES DÉTAILLÉE

Les classes de découverte 118
■ Les partenaires extérieurs 123
   Participation à une activité pédagogique 123
   Subvention, aide matérielle 124
■ Se former – s'informer 124
   La formation continue 124
   Les centres de documentation 125
   Les organismes spécialisés 126
   Les revues pédagogiques 127

CHAPITRE III

LES RELATIONS HUMAINES 130

Les enfants et vous 130

■ Face à la classe 130
   Discipline et confiance 130
   Créer un vrai groupe-classe 131
   Pas de punition en maternelle 131
   Les "gros mots" 133
   Les récompenses 133
   Outils dangereux - la sécurité 134
   Le langage 136
   Responsabiliser 136
   Neutralité 137
   Fumeur ? 138
   Responsabilité de l'instituteur 138
   Surveillance des élèves 139
   Conduite à tenir en cas d'accident 141
   L'hygiène scolaire 143
   Le sommeil 146
   Intégrer un enfant handicapé 147
   Accueillir un enfant malade 148
   Les disparités culturelles 149

- L'enseignant face à l'élève 150
  - *L'enfant socialisé pour la première fois* 150
  - *L'angoisse de la cour de récréation* 151
  - *Les situations difficiles* 152
  - *Les questions "embarrassantes"* 157

Les enfants entre eux 160

- La vie dans la classe 160
  - *Le travail en groupe* 160
  - *Le travail en ateliers libres* 162
  - *Les correspondants* 164
- La vie dans l'école 166
  - *Le fonctionnement par cycles* 166
  - *Les intervenants extérieurs* 170
  - *La coopérative* 172
  - *L'exposition des travaux d'élèves* 173
  - *La fête à l'école* 173
  - *La kermesse* 173

Les relations entre les adultes de l'école 177

- Le directeur 177
- Les collègues 178
- Les ATSEM 179
  - *Les textes officiels* 179
  - *La réalité dans certaines écoles* 180
- Les remplaçants 180
- Les parents d'élèves 182
  - *Ils doivent être associés à la vie de l'école* 182
  - *La lettre de présentation* 183
  - *La première réunion* 184
  - *Les représentants de parents d'élèves* 186
  - *Petits problèmes avec les parents* 186
- Le personnel des RASED 189
- Les médecins de l'Éducation nationale 190

TABLE DES MATIÈRES DÉTAILLÉE

- L'équipe de la circonscription d'inspection du premier degré 191
  - L'inspecteur 191
  - Le conseiller pédagogique 193
- Les relations avec la municipalité 194
  - Le rôle de la municipalité 194
  - Le personnel de service 194
- Les équipes / les conseils 195
  - L'équipe pédagogique 195
  - Les temps de concertation 195
  - Le conseil des maîtres 195
  - L'équipe pédagogique de cycle 196
  - Le conseil des maîtres de cycle 196
  - Le conseil d'école 196
  - L'équipe éducative 197

CHAPITRE IV

LES GRANDS DOMAINES D'ACTIVITÉS 199

Socialisation et autonomie 201

- Compétences à acquérir 201
- Activités susceptibles de contribuer à l'acquisition de ces compétences 201
  - Organiser l'autonomie 201
  - Les outils dangereux 203
  - Apprendre à vivre ensemble 205
  - La collation du matin 207
  - D'autres activités pour découvrir les autres 208
  - Une séance de bilan 210
  - L'éducation physique et sportive 211

TABLE DES MATIÈRES DÉTAILLÉE

Langage et écriture ... 219

- **Compétences à acquérir** ... 219
  - *Langue orale* ... 219
  - *Lecture* ... 219
  - *Initiation à la production de textes* ... 220
  - *Dessin, graphisme et écriture* ... 220
- **L'acquisition des compétences liées à la pratique de la langue** ... 221
  - *Communiquer pour reporter des résultats* ... 221
  - *Être "facteur"* ... 221
  - *La marionnette de la classe* ... 222
  - *La lettre aux correspondants* ... 224
  - *Création de textes* ... 226
  - *Plusieurs façons de raconter une histoire* ... 230
  - *Les tableaux d'activités* ... 231
  - *L'album de vie de la classe* ... 236
  - *Le cahier de vie personnel* ... 237
  - *Jeux de mémoire* ... 238
  - *Exercices de graphisme vers l'écriture* ... 240

Découvrir le monde ... 244

- **Compétences à acquérir** ... 244
- **Approche de l'espace** ... 244
  - *Jeux à partir du plan de la classe* ... 245
  - *Les panneaux des paysages* ... 246
  - *Champs lexicaux liés à l'espace* ... 246
  - *L'environnement immédiat de l'enfant* ... 247
  - *L'espace lointain* ... 247
  - *Pollution, protection de l'environnement* ... 247
- **Approche du temps** ... 248
  - *La chronologie* ... 248
  - *Le passage, la durée, les rythmes du temps* ... 249
  - *L'âge* ... 251
  - *Hier et aujourd'hui* ... 251

TABLE DES MATIÈRES DÉTAILLÉE

- Approche du corps 252
    - *Démarche générale* 252
    - *Une représentation du corps : le géant* 253
    - *Jeux de découverte des sens* 254
- Plantes et animaux 256
    - *Plantes faciles à cultiver* 256
    - *La citrouille* 257
    - *Jeux à propos des animaux* 258
- L'univers des objets et de la matière 259
    - *Éveiller l'esprit scientifique* 259
    - *L'outil et sa fonction* 259
    - *Découverte dirigée* 260
- Des activités, des occasions pour faire "découvrir le monde" aux enfants ... 262
    - *La cuisine* 262
    - *Les fêtes traditionnelles* 265
    - *Tirer parti des événements fortuits* 270

Imaginer, sentir, créer 273

- L'éducation artistique en maternelle 273
    - *Éducation musicale* 273
    - *Arts plastiques* 273
- Musique ! 274
    - *Instruments variés* 274
    - *Quelques idées d'activités* 274
    - *Chants et chansons* 275
    - *Jeux d'écoute* 276
    - *Rondes et jeux chantés* 278
- Arts plastiques 279
    - *Des techniques diverses* 279
    - *Outils et matières variées* 279
    - *Le commentaire des dessins* 280
    - *Quelques idées d'activités* 281

Classifier, sérier, dénombrer, mesurer... 286

- ■ Compétences liées aux mathématiques 286
  - *Approche du nombre et de la mesure* 286
  - *Structuration de l'espace* 287
- ■ Activités susceptibles de permettre l'acquisition de ces compétences 287
  - *Approche du nombre et de la mesure* 287
  - *Structuration de l'espace* 296

Bibliographie 301
Abréviations et sigles 305
Index 307
Table des matières détaillée 309